交通建设工程质量检测机构高质量管理指南

黄　勇◎主编

人民交通出版社
北　京

内 容 提 要

本书共分十章,涵盖交通建设工程质量检测机构高质量发展概述、组织管理、资质管理、人力资源管理、质量管理、技术管理、安全与风险管理、资产管理、智慧化发展、文化建设等内容,强调检测机构在日常运营中必须遵循的基本原则和规范,以及持续改进和创新的重要性,旨在为读者提供实用的指导信息。

本书可供交通建设工程质量检测机构管理者和相关工作人员阅读使用。

图书在版编目(CIP)数据

交通建设工程质量检测机构高质量管理指南/黄勇主编. —北京:人民交通出版社股份有限公司,2025.9. —ISBN 978-7-114-20750-1

Ⅰ. U491-62

中国国家版本馆 CIP 数据核字第 2025PW1439 号

Jiaotong Jianshe Gongcheng Zhiliang Jiance Jigou Gaozhiliang Guanli Zhinan

书　　名: 交通建设工程质量检测机构高质量管理指南
著 作 者: 黄　勇
责任编辑: 姚　旭
责任校对: 赵媛媛　魏佳宁
责任印制: 张　凯
出版发行: 人民交通出版社
地　　址: (100011)北京市朝阳区安定门外外馆斜街 3 号
网　　址: http://www.ccpcl.com.cn
销售电话: (010)85285857
总 经 销: 人民交通出版社发行部
经　　销: 各地新华书店
印　　刷: 北京交通印务有限公司
开　　本: 787×1092　1/16
印　　张: 17.25
字　　数: 374 千
版　　次: 2025 年 9 月　第 1 版
印　　次: 2025 年 9 月　第 1 次印刷
书　　号: ISBN 978-7-114-20750-1
定　　价: 96.00 元

编委会名单

参编单位

四川省公路规划勘察设计研究院有限公司

四川华腾公路试验检测有限责任公司

四川济通工程试验检测有限公司

四川公路工程咨询监理有限公司

四川金通工程试验检测有限公司

四川蜀工公路工程试验检测有限公司

甘肃省公路工程质量试验检测中心有限公司

甘肃省交通规划勘察设计院股份有限公司

甘肃智通科技工程检测咨询有限公司

广西交科集团有限公司

广西交投科技有限公司

江西省天驰高速科技发展有限公司

江西省公路工程监理有限公司

贵州黔通工程技术有限公司

上海城校工程检测有限公司

中咨公路养护检测技术有限公司

山东省交通科学研究院

日照港湾工程检测有限公司

重庆华盛检测技术有限公司

云南航天工程物探检测股份有限公司

厦门捷航工程检测技术有限公司

亿通工程检测有限责任公司

前　言

党的二十届三中全会通过的《中共中央关于进一步全面深化改革　推进中国式现代化的决定》，进一步强调高质量发展是全面建设社会主义现代化国家的首要任务，擘画了全面深化改革的时代蓝图。在高质量发展的伟大实践中，习近平总书记高度重视交通运输事业发展，多次强调"加快建设交通强国"，指出在深化交通领域改革实践中要将交通发展置于国家发展战略全局的高度。中共中央、国务院先后印发《交通强国建设纲要》《国家综合立体交通网规划纲要》等重要文件，为加快建设交通强国作出顶层设计，并明确指出确保交通建设工程质量是"发展底线"。

经过30余年的发展，交通建设试验检测行业在技术创新、运营体系建设、科研成果与标准制定等方面取得了辉煌成就，对加快建设交通强国和质量强国起到至关重要的基础性作用。未来，我国新型工业化、信息化、城镇化和农业现代化加快发展，新建及改扩建的公路建设投资仍维持一定规模，将带动试验检测行业持续发展；养护检测市场空间巨大，检测装备与技术的革新应用需求迫切，技术创新将成为行业发展的重要驱动力。此外，在国家基本建设体制的深化改革背景下，公路水运工程质量检测机构纳入国务院行政许可清单，质量检测机构等级评定转变为行政许可，对检测机构提出更高的要求，检测业务将向着以检测为基础支撑的综合型质量咨询服务转变，检测机构参与市场的模式也将发生变化。因此，检测机构需要不断创新，提升服务品质，加强人才培养与技术研发，实现高质量发展，以适应新的市场需求。

为贯彻落实《公路水运工程质量检测管理办法》（交通运输部令2023年第9号），应对检测行业新变局，规范交通建设工程质量检测机构的管理，提升检测工作的质量和服务水平，我们携手多位交通建设检测领域专家，共同编写了这本《交通建设工程质量检测机构高质量管理指南》。

本书旨在为交通建设工程质量检测机构提供一套科学、系统、实用的管理方法和操作手册，共分十章，涵盖高质量发展概述、组织管理、资质管理、人力资源管理、质量管理、技术管理、安全与风险管理、资产管理、智慧化发展、文化建设方面的内容，强调了检测机构在日常运营中必须遵循的基本原则和规范，以及持续改进和创新的重要性，为读者提供实用的指导信息。

在编写过程中，我们广泛征求了业内专家和一线技术人员的意见，力求使本书内容贴近实际，便于参考借鉴。我们相信，本书的出版将对提高我国交通建设工程质量检测机构的管理水平、确保工程质量安全，起到积极的推动作用。

在此，我们对甘肃省公路工程质量试验检测中心有限公司等22家参与编写的检测机构以及其他参与审阅和提供支持的单位和个人表示衷心的感谢。希望本书能够成为交通建设工程质量检测机构管理者和相关工作人员的“良师益友”，为我国交通建设事业的发展贡献力量。

编　者

2025 年 5 月

目　　录

第一章　交通建设工程质量检测机构高质量发展概述

当前，我国经济已由高速增长阶段转向高质量发展阶段，高质量发展是全面建设社会主义现代化国家的首要任务。为响应交通强国战略号召，公路水运工程质量检测机构应发展新质生产力，推动自身高质量发展。

第一节　国家政策

2017年，中国共产党第十九次全国代表大会首次提出"高质量发展"表述，表明我国经济已由高速增长阶段转向高质量发展阶段。

2019年9月，中共中央、国务院印发《交通强国建设纲要》，要求坚持新发展理念，坚持推动高质量发展，坚持以供给侧结构性改革为主线，坚持以人民为中心的发展思想，牢牢把握交通"先行官"定位，适度超前，进一步解放思想、开拓进取，推动交通发展由追求速度规模向更加注重质量效益转变，由各种交通方式相对独立发展向更加注重一体化融合发展转变，由依靠传统要素驱动向更加注重创新驱动转变，构建安全、便捷、高效、绿色、经济的现代化综合交通体系，打造一流设施、一流技术、一流管理、一流服务，建成人民满意、保障有力、世界前列的交通强国。

2022年10月，在中国共产党第二十次全国代表大会开幕会上，习近平总书记提出，"高质量发展是全面建设社会主义现代化国家的首要任务"。[1]

2023年2月，中共中央、国务院印发《质量强国建设纲要》。建设质量强国是推动高质量发展、促进我国经济由大向强转变的重要举措，是满足人民美好生活需要的重要途径。以习近平新时代中国特色社会主义思想为指导，立足新发展阶段，完整、准确、全面贯彻新发展理念，构建新发展格局，统筹发展和安全，以推动高质量发展为主题，以提高供给质量为主攻方向，以改革创新为根本动力，以满足人民日益增长的美好生活需要为根本目的，深入实施质量强国战略，牢固树立质量第一意识，健全质量政策，加强全面质量管理，促进质量变革创新，着力提升产品、工程、服务质量，着力推动品牌建设，着力增强产业质量竞争力，着力提高经济发展质量效益，着力提高全民质量素养，积极对接国际先进技术、规则、标准，全方位建设质量强国，为全面建设社会主义现代化国家、实现中华民族伟大复兴的中国梦提供质量支撑。

---

[1] 出自《人民日报》(2022年10月26日)01版。

2023 年 9 月，习近平总书记在黑龙江考察期间，首次提到一个令人耳目一新的词汇——“新质生产力”。❶

2023 年 12 月，习近平总书记在中央经济工作会议上指出，“要以科技创新推动产业创新，特别是以颠覆性技术和前沿技术催生新产业、新模式、新动能，发展新质生产力”。❷

2024 年 6 月，《求是》杂志发表习近平总书记重要文章《发展新质生产力是推动高质量发展的内在要求和重要着力点》。文章指出，新质生产力的显著特点是创新，既包括技术和业态模式层面的创新，也包括管理和制度层面的创新。

2024 年 7 月，中国共产党第二十届中央委员会第三次全体会议提出，高质量发展是全面建设社会主义现代化国家的首要任务。必须以新发展理念引领改革，立足新发展阶段，深化供给侧结构性改革，完善推动高质量发展激励约束机制，塑造发展新动能新优势。要健全因地制宜发展新质生产力体制机制，健全促进实体经济和数字经济深度融合制度，完善发展服务业体制机制，健全现代化基础设施建设体制机制，健全提升产业链供应链韧性和安全水平制度。

第二节 制度体系

交通建设行业是关系国计民生的支柱性基础产业。我国正处于由高速度发展向高质量发展转型的关键阶段，公路水运工程质量检测机构（简称“检测机构”）以工程质量服务提供者的角色，在工程全寿命周期中起到保驾护航的作用。

国际上，特别是发达国家和地区，对检测机构较为普遍的管理模式是由行业管理协会和政府监管部门共同对商业性检测机构进行管理。政府通过建立比较完善的市场管理机制，促使检测机构自发性地通过提高自身业务能力来获得更多业务利润的良性循环。

与国外发达国家相比，我国对检测机构的监管更为全面与细致。我国制定了多层次的管理规定，包括法律法规、部门规章以及其他管理规定，通过强化各级政府的监管以规范检测机构的行为，确保工程质量，并引导其通过提高自身业务能力实现更好的发展。

一、主要法律法规

（一）《建设工程质量管理条例》

《建设工程质量管理条例》（2000 年 1 月 30 日国务院令第 279 号发布，2017 年、2019 年两次修订）是制定《公路水运工程质量检测管理办法》（交通运输部令 2023 年第 9 号）唯一的法规依据。该条例规定，凡在中华人民共和国境内从事建设工程的新建、扩建、改建等有关活动及实施对建设工程质量监督管理的，必须遵守本条例。

---

❶ 出自《人民日报》（2023 年 09 月 09 日）01 版。

❷ 出自《人民日报》（2023 年 12 月 13 日）01 版。

（二）《中华人民共和国计量法》

《中华人民共和国计量法》（1985 年 9 月 6 日第六届全国人民代表大会常务委员会第十二次会议通过，2009 年、2013 年、2015 年、2017 年、2018 年五次修订）是检测机构的仪器设备量值溯源、计量单位规范使用的依据。

（三）《中华人民共和国标准化法》

《中华人民共和国标准化法》（1988 年 12 月 29 日第七届全国人民代表大会常务委员会第五次会议通过，2017 年修订）是检测机构使用标准开展检测的依据。

二、部门规章

（一）《公路水运工程质量检测管理办法》

《公路水运工程质量检测管理办法》（交通运输部令 2023 年第 9 号，简称《公路检测管理办法》），自 2023 年 10 月 1 日起施行，是检测机构申请检测资质、开展试验检测活动、接受监督管理、承担法律责任最重要的依据。

（二）《检验检测机构资质认定管理办法》和《检验检测机构监督管理办法》

《公路水运工程质量检测管理办法》虽不再将取得资质认定作为申请检测机构资质的条件，但是申请检测机构资质的机构应该具有有效运行的质量保证体系，检测机构根据法律法规、标准（包括但不限于国家标准、行业标准、国际标准）建立的质量体系适合继续运行使用。因此，检测机构应遵守《检验检测机构资质认定管理办法》和《检验检测机构监督管理办法》。

《检验检测机构资质认定管理办法》（国家质量监督检验检疫总局令 2015 年第 163 号公布，根据 2021 年 4 月 2 日《国家市场监督管理总局关于废止和修改部分规章的决定》修改），是检测机构取得资质认定证书、使用资质认定标志（CMA）的依据。该办法规定了资质认定的条件和程序、技术评审管理和监督检查的要求。

《检验检测机构监督管理办法》（国家市场监督管理总局令 2021 年第 39 号）的颁布是为了加强对检测机构的监督管理，规范检测机构从业行为，营造公平有序的检验检测市场环境。

三、其他管理文件

（一）《公路水运工程质量检测管理办法》配套文件

交通运输部 2023 年 10 月 7 日发布的《公路水运工程质量检测机构资质等级条件》及《公路水运工程质量检测机构资质审批专家技术评审工作程序》（交安监发〔2023〕140 号）、交通运输部办公厅 2024 年 8 月 1 日发布的《交通运输部办公厅关于做好公路水运工程质量检测机构资质评审有关工作的通知》（交办安监函〔2024〕1432 号），规范了检测机构资质审批行政许可工作，是检测机构申请资质、管理部门组织开展资质评审及审批的重要依据。

（二）交通运输管理部门其他管理规定及管理标准

《公路水运工程试验检测专业技术人员职业资格制度规定》和《公路水运工程试验检测

专业技术人员职业资格考试实施办法》是公路水运工程试验检测从业人员参加考试、获取相应级别及专业的职业资格证书的依据。试验检测人员继续教育执行《公路水运工程试验检测人员继续教育办法(试行)》。

《水运工程试验检测仪器设备检定/校准指导手册》《公路工程试验检测仪器设备服务手册》是检测机构进行仪器设备的检定/校准、开展有效溯源的重要支持文件。

《公路水运试验检测数据报告编制导则》是检测机构规范编制记录表、检测类报告和综合评价类报告的重要依据。

《公路水运工程试验检测信用评价办法》是交通运输部对检测机构、检测人员实施信用评价及发布结果的依据。该办法的实施有助于加强公路水运工程试验检测管理和信用体系建设,增强检测机构和人员的诚信意识,促进试验检测市场健康有序发展,营造诚信守法的检测市场环境。

《工地试验室标准化建设要点》规定了工地试验室的机构设置、建设、管理要求,是检测机构规范建设、运行工地试验室的重要依据。

(三)检测机构资质认定相关管理规定及管理标准

《检验检测机构资质认定评审准则》(2023 年第 21 号公告,简称《资质认定评审准则》)规定资质认定评审的内容与要求、评审方式与程序,是资质认定部门对检测机构申请资质认定事项是否符合资质认定条件以及相关要求进行技术性审查的重要依据,也是检测机构规范管理、开展自我评价的参考。

《检测和校准实验室能力的通用要求》(GB/T 27025—2019,简称《实验室通用要求》)、《检验检测机构诚信基本要求》(GB/T 31880—2015)对检测机构的能力建设、体系建立、诚信建设等作出了规定,检测机构在运行过程中可参考执行。

(四)各省(区、市)管理规定

除国家、行业相关政策规定,各省(区、市)针对检测机构出台了各类法规、规章、管理办法。各检测机构应认真学习领会所属地区相关管理规定,并将其融入机构的管理体系。

第三节　检测机构高质量发展的要点

高质量发展不仅能够提升检测机构的市场竞争力和社会责任感,还能够促进检测机构的持续改进和创新,对于保障公共安全、促进交通行业健康发展具有深远影响。

一、当前的机遇与挑战

随着我国新型工业化、信息化、城镇化和农业现代化加快发展,人均国民收入稳步增长,经济结构加快转型,交通运输总量保持较快增长态势,各项事业发展要求提高国家交通运输网的服务能力和水平,相应地,交通基础设施建设仍将持续。以公路为例,一些先期建成路段由于设计标准较低,已经无法适应目前大交通量的需求,面临着改建、扩建、提升路面等级等问题。截至 2023 年末，我国公路总里程达 543.68 万 km，其中二级及以上等级公路里程 76.22 万 km，占公路总里程的 14.0%。未来我国新建及改扩建的公路建设投资仍将维持一定规模，将带动试验检测服务行业持续发展。随着公路数量和规模持续增长，未来公路养护检测市场空间巨大。

过去 20 多年是公路水运工程建设行业的高速发展期，孕育了大量的公路水运工程质量检测机构。截至 2024 年 11 月，全国公路水运工程质量检测机构共 2453 家。

如何围绕公路水运工程的建设、运营，开发基于交通数字化、智能化的前沿检测技术，助力行业持续高质量发展，是检测机构面临的挑战，也是其实现可持续、高质量发展的机遇。

二、高质量管理的手段

公路水运工程质量检测机构的高质量管理应覆盖机构日常运行的全要素、全过程，主要体现在以下几个方面。

（一）夯实基础，构建合理高效的组织管理体系

首先，检测机构要建立合理的组织机构，明确各个部门和岗位的职责和权限；其次，构建全面的内部管理制度体系。工地试验室是检测机构的有效延伸，母体机构应着力实现工地试验室硬件建设标准化、检测工作规范化、质量管理精细化、数据报告信息化。

（二）求真务实，实施严谨的资质管理

检测机构资质是从事检测工作的基础。检测机构应依据《公路检测管理办法》及配套文件，优化配置资源，强化建设能力，做好资质的申请、评审和维护工作。

（三）培养人才，优化人力资源管理

在一切资源中，人力资源是创造企业价值的核心力量，是检测机构获得竞争优势的决定性资源。检测机构应做好人力资源战略策划管理，建立卓越的管理团队和技术团队，加强人才培养和继续教育。

（四）持续改进，开展全过程质量管理

质量管理是指检测机构进行检测时，与工作质量有关的相互协调的活动。检测机构需积极地建立一套适合自身特点的质量管理体系，并确保该管理体系能够得到有效、可控、稳定地实施，满足机构发展要求。通过内部和外部质量管理活动，保证检测结果的准确性、可靠性和有效性。

（五）系统管控，促进高水平技术管理

检测机构的技术水平是检测机构的核心竞争力。技术管理是多方面、系统性的管理过程，通过样品管理、方法管理、设备管理、设施和场所环境管理、质量检测结果和数据管理、记录报告管理、资料管理等各个环节高效的管理和控制，提高检测结果的可信度。通过对技术与设备研发的投入和管理，鼓励技术人员进行创新，实现可持续发展。

（六）严谨防控，做好安全与风险管理

检测机构高效运转的背后，潜藏着不容忽视的安全与风险隐患。一旦发生重大安全事

件,检测机构将面临高昂的经济赔偿、法律诉讼,甚至可能面临停业整顿的风险。因此,检测机构的安全与风险管理至关重要。通过全面识别各类危险源并实施科学有效的安全管理,对风险进行分析并进行控制,全面做好安全与风险管理。

(七)优化配置,实施高效的资产管理

高新技术、高效能运营、高质量服务是检测机构发展方向,这离不开大量资产的投入。因此,科学有效地进行资产管理尤为重要。资源优化配置是确保资源高效利用的关键手段。资产管理既要做好有形资产管理,又要做好无形资产管理。

(八)开拓创新,推进智慧化发展

检测行业的智慧化发展是行业发展的一个全新的阶段,利用智能化、信息化技术,使各要素、各环节实现智慧化,推动人才、设备、技术、业务、资本等要素资源配置优化,推动检测业务流程、服务方式重组变革,推动检测机构优化组织资源,提高管理效率,全面提升检测机构管理水平,从而提高检测机构的竞争力。

(九)追求卓越,建设一流企业文化

企业文化如企业之气质,对内凝聚员工,对外吸引客户,是体现企业核心价值观、展现企业软实力的重要因素。诚信是检测机构应遵循的基本道德规范,是机构立业的基石,做好诚信建设是检测机构文化建设的首要任务之一。品牌承载的是市场,尤其是目标客户对检测机构的认可程度,机构应不断推进品牌建设,着力打造符合自身特色的检测机构品牌。在当今瞬息万变的商业环境中,如何科学地制定高质量发展战略对检测机构的长远发展至关重要。新时代,检测机构还应充分发挥好党建在企业文化建设中的引领作用。

第二章 交通建设工程质量检测机构组织管理

交通建设工程质量检测机构是负责对交通工程进行检测和监测的专业机构。其主要职责是保障工程质量和安全，确保工程按照相关标准和法规进行施工、验收和评价。因此，建立健全组织机构对检测机构的正常运转至关重要。其主要应包括管理层、技术运作部门、质量管理部门、支持服务部门等。其中，管理层负责制定单位的总体发展战略、政策、体系，确保所需的资源；技术管理是检测机构工作的主线；质量管理是技术管理的保证；支持服务是技术管理资源的有效保障。各部门之间应当建立有效的沟通和协作机制，形成良好的工作氛围。

第一节 检测机构组织管理

检测机构应明确其内部构成，并通过组织结构图、岗位职责描述或相关文件来表述。非独立法人的检测机构，应明确其与所属法人以及所属法人的其他组成部门的相互关系。检测机构应配备检测活动所需的资源，包括人员、设施、设备、系统及支持服务。

一、检测机构概况

检测机构资质分为公路工程和水运工程专业。公路工程专业设甲级、乙级、丙级资质和交通工程专项、桥梁隧道工程专项资质。水运工程专业分为材料类和结构类。水运工程材料类设甲级、乙级、丙级资质；水运工程结构类设甲级、乙级资质。

检测机构应当具备相应条件：①是依法成立的法人；②具有一定数量的具备公路水运工程试验检测专业技术能力的人员；③拥有与申请资质相适应的质量检测仪器设备和设施；④具备固定的质量检测场所且环境条件满足质量检测要求；⑤具有有效运行的质量保证体系。

检测机构应确定全权负责的管理层。管理层履行对管理体系的领导作用和承诺：①对公正性作出承诺；②制定质量方针和质量目标；③负责管理体系的建立和有效运行；④确保管理体系所需的资源；⑤确保管理体系要求融入检测活动的全过程；⑥组织管理体系的管理评审，确保管理体系实现其预期结果；⑦满足相关法律法规要求和客户要求；⑧提升客户满意度；⑨运用过程方法建立管理体系和分析风险、机遇；⑩当策划和实施管理体系变更时，保持管理体系的完整性。

检测机构人员具有所需的权力和资源，职责包括：①实施、保持和改进管理体系；②识别试验结果与管理体系或试验室活动程序的偏离，并采取措施以预防或最大限度减少上述偏离；③向检测机构管理层报告管理体系运行状况和改进需求；④确保试验室活动的有效性。

检测机构明确对试验室活动全面负责的人员:①由负责不同技术领域的多名技术人员组成;②技术能力应覆盖检测机构所从事的检测活动的全部技术领域。

二、活动范围

检测机构应满足法律法规、标准、机构客户、法定管理机构和提供承认的组织要求的方式。在机构检测能力范围内开展试验室活动,包括在固定设施、固定设施以外的地点、临时或移动设施的检测活动,不包括持续从外部获得的检测活动。

三、部门组成

检测机构的设置包括管理层、技术管理部门、质量管理部门、支持服务部门。为明确管理、技术运作和支持服务间的关系,一般用组织机构图(包括内部机构图和外部隶属关系图),并结合质量职责分配表、岗位职责的文字描述来表述。

在组织机构图中(图 2-1),可用方框表示各种管理职务或相应的部门,箭头表示权力指向。该图应表明各种管理职务或部门在组织机构中的地位及它们间的相互关系。在绘制组织机构图的过程中,应把机构的管理层、质量管理部门、技术运作部门和支持服务部门之间的关系尽量表示出来,必要时可用文字补充说明。

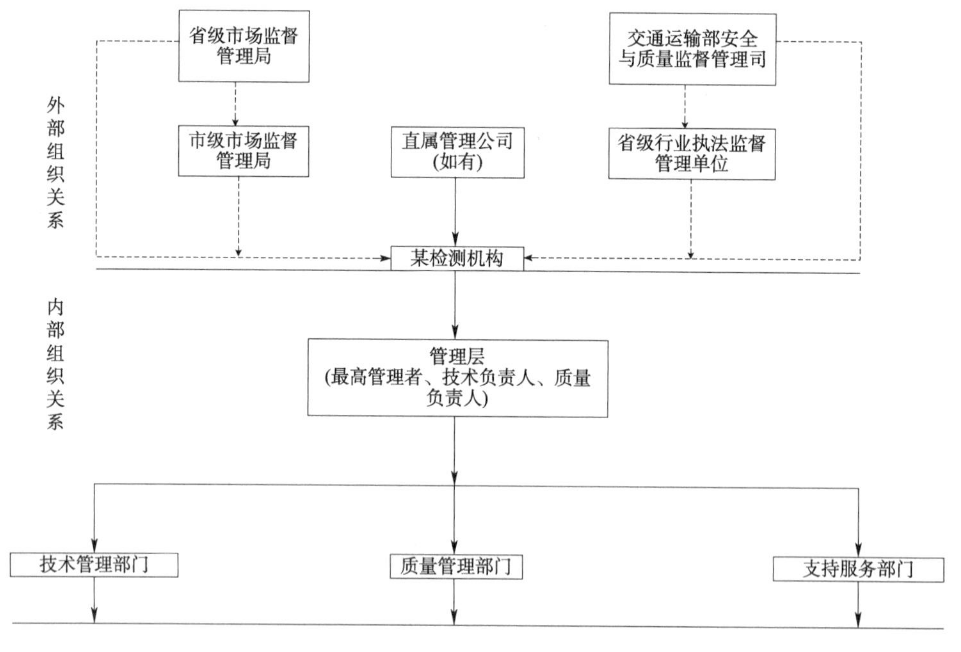

图 2-1 组织机构图示例

注:根据各检测机构,下设各专业检测部室、外派机构及功能室。

当需要时,可编制质量职责分配表,应明确决策领导职能、执行职能、协同配合职能等。按照质量管理体系的要求逐条逐款地将质量职能分解到有关的领导、部门和岗位,要分工清晰、职责明确,防止职能交叉重叠甚至错位,部门/岗位职责的文字描述要求简单、明确地指出该管理部门/岗位的工作内容、职责、权力、与其他部门的关系和任职条件。按《实验室通用要求》要素编制的质量职责分配表示例见表2-1。

质量职责分配表示例　　表2-1

要素名称	机构负责人	技术负责人	质量负责人	质量管理部门	支持服务部门	技术管理部门	专业检测室/外派机构
通用要求							
公正性	★	☆	☆	☆	☆	☆	☆
保密性	★	☆	☆	☆	☆	☆	☆
结构要求	★	◇	◇	☆	◇	◇	◇
资源要求							
总则	★	☆	☆	☆	☆	☆	☆
人员	★	◇	◇	☆	◇	◇	◇
设施和环境条件	★	◇	◇	☆	◇	☆	☆
设备	★	◇	◇	☆	◇	☆	☆
计量溯源性	◇	★	◇	☆	◇	☆	☆
外部提供的产品和服务	★	◇	◇	☆	◇	◇	◇
要求、标书和合同评审	★	★	◇	◇	◇	◇	◇
方法的选择、验证和确认		★	◇	◇	◇	☆	☆
抽样		★	◇	☆	◇	☆	☆
检测物品的处置		★	◇	☆	◇	◇	◇
技术记录		★	◇	◇	◇	☆	☆
测量不确定度的评定		★	◇	◇	◇	☆	☆
确保结果有效性		★	◇	☆	◇	☆	☆
报告结果		★	◇	☆	◇	☆	☆
投诉	◇	◇	★	◇	☆	◇	◇
不符合工作	◇	★	★	☆	◇	◇	◇
数据控制和信息管理	◇	★	◇	☆	◇	◇	◇
方式	★	◇	☆				
管理体系文件	★	◇	☆	☆	◇	◇	◇
管理体系文件的控制	★	★	◇	☆	◇	◇	◇
记录控制		★	★	☆	◇	◇	◇
应对风险和机遇的措施	★	☆	☆	☆	☆	☆	☆
改进	☆	☆	★	☆	☆	☆	☆
纠正措施	☆	★	★	☆	☆	☆	☆

续上表

要素名称	机构负责人	技术负责人	质量负责人	质量管理部门	支持服务部门	技术管理部门	专业检测室/外派机构
内部审核	◇	◇	★	☆	◇	◇	◇
管理评审	★	◇	☆	☆	◇	◇	◇
其他要求	★	◇	◇	◇	◇	◇	◇

注：★-负决策责任；☆-负执行责任；◇-协助执行。

第二节　工地试验室机构设置、建设验收及管理规程

工地试验室由检测机构设置在公路水运工程施工现场，要求提供设备、派驻人员、承担授权范围内的试验检测业务，同时完成作为参建单位的独立职能部门履行合同约定的管理职责。工地试验室是检测机构的有效延伸，对工程质量控制起着不可替代的作用。母体机构应着力实现工地试验室硬件建设标准化、检测工作规范化、质量管理精细化、数据报告信息化，助推高质量发展和平安百年品质工程建设。

一、工地试验室机构设置及职责

（一）工地试验室机构设置

1. 设置模式

结合项目属地建设管理模式，工地试验室一般分为施工单位工地试验室、监理单位工地试验室和建设单位中心试验室三类。其中，监理单位工地试验室在二级监理模式下设置驻地办工地试验室、总监办工地试验室，一级监理模式下设置总监办工地试验室，履行监理试验室职责；建设单位中心试验室指由建设单位直接委托第三方检测机构设立的工地试验室，履行中心试验室相关职责及合同约定的其他职责，部分中心试验室还履行总监办工地试验室职责。

2. 相关规定

（1）授权组建工地试验室的检测机构上年度信用评价等级应为 B 级及以上。

（2）同一标段内监理、施工单位不得委托同一检测机构为其提供工地试验室服务。

（3）对于路线较长、交通不便的山区项目，可根据情况设立分试验室。主、分试验室必须为同一检测机构，分试验室为该工地试验室的分支机构，由检测机构统一授权，并明确其检测范围、人员配置等。

（4）工地试验室应在通过备案验收或能力核验后方可开展工作，且只能在授权范围内承担本项目的质量检测工作，不得对外承揽质量检测业务。

（二）各级工地试验室职责

各级工地试验室均必须严格执行试验检测标准，贯彻执行其母体机构发布的质量手册、

程序文件等质量体系文件，坚持实事求是。它们均需对原材料、配合比、结构或构件、现场路基、拌和站混凝土性能进行检测，为施工生产提供科学、准确、公正、及时的试验数据，但在具体职责上有所不同。

1. 施工单位工地试验室职责

(1)在项目经理部和母体机构的领导下，按照合同文件的要求建立项目部工地试验室，建立健全试验室质量管理体系。接受质监部门、建设单位、合同段监理单位、母体机构的监督、检查、指导和管理。

(2)结合工程施工进度，按照标准、规范、规程要求，实施本合同段材料、标准试验、工艺试验及现场检测工作，出具试验检测报告，对试验检测数据的科学性、准确性、公正性及代表性负责。

(3)建立健全试验检测工作管理台账，发现不合格材料及实体指标报告，应立即通知项目部质监部门相关人员采取措施，协助解决施工中的工艺、材料等技术问题。

(4)做好本合同段工地试验室人员、仪器设备、样品、标准方法、设施与环境、记录和报告、外委工作、信息化、档案资料、化学品(试剂)的管理工作，确保其质量、安全保证体系正常运行。

(5)按照建设单位的要求，参与试验检测质量管理文件、表格的编制及其他试验检测质量检查工作，参与项目新工艺、新方法、新技术的研究工作。

(6)按照项目档案管理要求，配合项目部技术人员，做好试验检测相关资料的整理和归档管理工作。

(7)协助有关方面，调查施工中出现的质量问题或质量事故，为调查处理提供真实、完整的试验数据、证据和信息，参与必要的试验检测工作。

(8)完成本合同段项目部及上级单位安排的其他工作。

2. 监理单位工地试验室职责

监理单位工地试验室的职能介于施工单位工地试验室和建设单位中心试验室之间，既要接受建设单位的监督管理，也要监管施工单位工地试验室，其主要职责是进行复核和验证试验。

(1)监管职责：对施工单位工地试验室的工作实施全面监督管理，包括人员、仪器设备、样品、标准方法、设施与环境、记录和报告、外委工作、信息化、档案资料、化学品(试剂)管理等。在施工前对施工单位工地试验室的建设进行督导和指导。按照相关要求对工程质量进行监管，及时汇总、上报试验检测资料，做好整理、存档、保管工作。

(2)选料试验：按设计文件提供的料源，在施工单位自检的基础上，通过试验进行选料试验，确定合适的生产厂家/供货商。

(3)标准试验：对各种混合材料的配合比、标准击实以及所用原材料进行验证，在合同规定期限内，按规定权限予以批复；对施工单位申请使用的商品混凝土或商品混合料配合比进行试验验证。

(4)工艺试验:参与施工单位的有关工艺性试验工作,包括各类试验段(路基、路面)、混合材料预拌等过程中的试验工作,以决定是否同意正式开工。

(5)抽检试验:监理单位工地试验室在施工单位工地试验室自检合格的基础上进行抽检。对钢筋、水泥、沥青、石灰和碎石等原材料及水泥混凝土、沥青混合料和无机结合料稳定材料等混合料进行抽检,抽检频率按批次应不低于规定施工检验频率的10%;对分项工程中的关键项目进行抽检,抽检频率应不低于规定施工检验频率的20%。特殊项目应委托有相关资质的单位另行检测。

(6)验收试验:对已完工的工程项目进行试验检测,以准确地评价工程内在品质。

(7)参与工程验收评定;参与交(竣)工验收准备工作;参与工程质量事故和质量举报的调查处理。

(8)参与新技术、新材料、新设备、新工艺等研究项目的试验工作。

(9)配合监督机构的试验检测工作,承办上级和领导交办的其他工作。

3.建设单位中心试验室职责

建设单位中心试验室、监理单位工地试验室及施工单位工地试验室一起以“控制材质、科学配比、优化工艺、确保质量”为目标,以“日常巡检、疑问复核、异议纠纷”为重点,实施三级质量监督检测体系,对整个工程质量进行监督和抽检。其主要职责是:

(1)贯彻、执行国家及行业主管部门关于工程建设试验检测方面的法律、法规、规范、规程和建设单位相关制度、规定;积极配合行政主管部门、建设单位开展各类督查工作。

(2)负责项目全线试验检测体系管理;建立试验室的质量体系,使之持续有效地运作;制定对全线监理单位工地试验室、施工单位工地试验室监督管理办法。

(3)负责提出满足项目施工质量控制需要的试验检测方案;负责试验检验表格、专项质量检验评定标准的编制;及时汇总、上报试验检测资料,做好整理、存档、保管工作。

(4)对主要材料进行质量鉴定,对监理工程师批准的施工单位拟定采购的材料进行抽检;对商品构件进行质量抽检;抽检频率必须满足建设单位对工程质量监管的要求,并随时响应建设单位提出的检测要求。

(5)组织施工单位进行标准化试验,审批施工单位申报的重要工程材料及混合料配合比,在合同规定的期限内予以批复。

(6)监督、指导施工单位工地试验室、监理单位工地试验室的试验检测工作,对其设备功能、人员及其资质、操作方法、资料管理等工作进行有效的监督、检查,做到统一规范。

(7)参与和组织分项工程的验收与评定,参加工程质量事故的调查、处理和定论;参与交工、竣工验收的准备工作,以及参与验收报告的编制工作。

(8)做好日常工程质量监测工作,提供试验检测抽样数据并发布全线质量抽查月报。

(9)参与对外委试验检测单位的资质审查,加强对外委试验检测工作的管理;参与新技术、新材料、新设备、新工艺等研究项目的试验工作。

(10)配合上级行业主管部门、建设单位组织开展质量管理专项活动。

(11)参与隐蔽工程、关键工程及路基转区、桥隧工程主要转序验收,参与首件工程和项目交(竣)工验收工作。

(12)负责仲裁施工单位工地试验室与监理单位工地试验室之间的质量纠纷。

(13)完成建设单位领导交办的其他工作。

二、工地试验室建设及验收

1. 试验室建设筹备

检测机构在接到工地试验室检测业务后,应组织专人熟悉设计图纸、合同文件。明确工地试验室拟开展的检测项目,预估检测工作量,选派试验室主任、技术负责人(或质量负责人)、试验检测师、助理试验检测师、试验辅助人员、驾驶员、后勤人员等组成检测队伍,初步确定设备配置方案。工地试验室主任、技术负责人的选拔任用,可采取组织提名或公开竞聘方式。其他人员由试验室主任、技术负责人推荐或员工自荐,经检测机构管理层讨论决定后进入项目。

2.《工地试验室建设方案》审批

根据合同及施工需求,检测机构应组织前期人员及时进场进行试验室筹备和建设。前期人员应迅速实地踏勘走访,综合考虑各方面环境条件,编制详细的《工地试验室建设方案》报母体机构审批后实施。《工地试验室建设方案》包括但不仅限于人员、设备设施、拟开展检测项目和参数、试验室布局、建设细部构造、进度计划、保证措施、交通工具、办公及生活设施、文化建设等内容。

3. 工地试验室验收

1)母体机构验收与授权

(1)工地试验室建设完成,经自查,人员已经培训、考核合格,环境条件满足要求,设备检校且确认合格,各类档案、台账已完备,工地试验室各项管理体系已建立后应向母体机构递交书面报告申请验收。

(2)在接到工地试验室申请验收报告后,母体机构应组织专人到现场对试验室建设的各项内容进行逐项检查,指出存在的问题,留下书面反馈意见,提出后期工作建议。

(3)工地试验室应根据母体机构检查意见,逐一整改并书面回复后,母体机构应派人对整改情况进行核实。

(4)母体机构在核实存在问题已全部整改后,根据现场设备、人员、环境情况,在资质范围内进行授权。授权内容包括工地试验室可开展的质量检测项目及参数、授权负责人、授权工地试验室的公章、授权期限等。授权书应加盖母体机构行政章及资质等级专用标识章。

2)申请

(1)工地试验室根据合同约定,结合项目建设实际情况,依据相关要求完成筹建并取得母体授权后,编制《工地试验室验收申请书》。

(2)申报材料应确保人员、场地、仪器设备、功能室面积等基本信息准确无误,并如实填报。

(3)申报工地试验室应提供足够的辅助材料，以证明检测技术和管理水平达到要求。辅助材料包括但不限于以下内容：

①工地试验室授权书复印件；

②母体机构公路水运工程质量检测机构资质证书及资质认证证书复印件；

③人员配置数量计算书；

④工地试验室在岗人员身份证，试验检测人员证书、学历、职称复印件；

⑤主要仪器设备检定/校准证书复印件；

⑥试验室平面布置图；

⑦试验室组织机构框图；

⑧试验室质量管理体系框图；

⑨质量检测主要工作流程图；

⑩试验室管理制度、岗位职责及主要仪器设备操作规程；

⑪如设分试验室，其申报材料应单独成册。

3)资料报审

(1)工地试验室将申请材料报上一级管理单位审查，审核内容是否齐全、形式是否规范，如不符合相关要求，及时完成整改。

(2)逐级完成审查后，连同材料上报至项目建设单位。

4)建设单位初验

(1)受理后，项目建设单位应组织或授权项目相关单位对申报单位工地试验室进行现场初验。

(2)初验主要是针对材料的真实性进行检查。对工地试验室的人员、环境、面积、布局、仪器摆放、仪器设备数量、仪器设备检定校准、管理体系文件等情况进行全面的检查，以确保现场实际情况与申报材料的一致性。

(3)初验后，工地试验室根据项目建设单位出具的整改意见进行整改。

5)现场评审

(1)接受质监机构的验收检查及组织的专家现场评审。

(2)通过验收评审的工地试验室到项目所在地的质监机构进行备案登记。

三、工地试验室管理

(一)组织管理

1. 一般规定

(1)工地试验室在母体机构授权的业务范围内，为工程建设现场提供质量检测服务并出具质量检测报告，不得对外承揽检测业务，不得对社会出具质量检测报告。

(2)工地试验室应建立完善的组织机构，通过组织机构框图表明工地试验室的隶属关系和各工作室之间的关系。绘制内部和外部组织机构框图可遵循以下原则：

①用方框图表示各管理单位、岗位或相应的工作室，箭头表示管理的指向，通过箭头将各方框连接，明确各管理单位、岗位或工作室在组织机构中的地位及相互关系。

②组织机构框图内部关系根据工地试验室的特点、大小和职责等因素来确定，包括工地试验室名称、授权负责人、各工作室等相互之间的组织结构关系。

③组织机构框图外部关系表示工地试验室的地位和外部管理关联关系，实线表明与母体试验室、项目经理部、各级工地试验室等直接管理部门的关系，虚线表示与项目建设单位、质监机构等间接管理部门的关系。

(3)工地试验室实行授权负责人责任制，授权负责人对工地试验室运行管理工作和质量检测活动全面负责，主要有以下职责：

①审定和管理工地试验室的资源配置，确保工地试验室人员、设备、环境等满足质量检测工作需要。签发工地试验室出具的质量检测报告，对质量检测数据及报告的真实性、准确性负责。对违规人员有权辞退。

②建立完善的工地试验室质量保证体系和管理制度，包括人员、设备、环境，以及检测流程、样品管理、操作规程、不合格品处理等各项制度，并监督各项制度的有效执行。

③严格按照国家和行业标准、规范、规程以及合同的约定，独立开展质量检测工作。有权拒绝影响检测活动公正性、独立性的外部干扰，保证检测数据客观、公正、准确。

④实行不合格品报告制度，建立不合格质量检测项目台账。对于签发的、涉及结构安全的产品或质量检测项目的不合格报告，工地试验室授权负责人在项目规定的时限内报送相关单位。

(4)工地试验室应根据母体机构质量体系文件相关要求，结合项目具体特点和建设单位相关管理要求，将工地试验室涉及的必要管理要求、技术要求，建立各项管理制度和作业指导书，形成工地试验室质量管理体系文件。结合工程自身特点，编制检测大纲和实施细则，保证试验室在实际运行工作中满足相关标准要求和有关规定，确保质量检测工作的质量。

检测大纲一般包括工程概况、检测任务及工作目标组织机构、质量保证体系、检测功能室规划、试验检测人员及仪器设备配置、各项管理制度、检测工作重难点及重点控制环节、廉政防控体系等。

检测实施细则一般包括检测计划(含外委检测计划)、检测频率、检测工作流程、检测方法、试验检测人员分工、试验检测相关标准、规范、操作规程及受控文件、试验检测各类台账等。

(5)工地试验室应完善管理制度及职责，结合项目特点，编制简洁、适用、针对性且操作性强的各项管理制度及岗位职责。管理制度应包括且不限于以下制度和职责：

①工地试验室工作职责；

②人员管理制度；

③仪器设备(参考标准、有证标准物质)管理制度；

④环境条件管理制度;

⑤取样及样品管理制度;

⑥化学品(试剂)管理制度;

⑦标准、文件管理制度;

⑧质量检测记录、报告管理制度;

⑨档案资料管理制度;

⑩质量检测工作程序及质量管理制度;

⑪质量检测报告审核签发制度;

⑫外委试验取送样管理制度;

⑬不合格品管理制度;

⑭检测事故分析报告制度;

⑮安全管理制度;

⑯廉政管理制度;

⑰主要岗位人员工作职责:试验室主任/授权负责人职责、技术负责人职责、质量负责人职责、试验检测师职责、助理试验检测师职责、样品管理员职责、化学药品管理员职责、设备管理员职责、资料管理员职责;

⑱中心试验室、监理单位工地试验室对管辖工地试验室管理制度。

2. 母体机构对授权工地试验室监督管理

(1)母体机构应按要求规范授权。完整的授权资料应包含授权书、母体机构资质证书正副本影印件,母体机构主要质量体系文件(质量手册、程序文件、作业指导书、质量记录等)。

(2)母体机构应对工地试验室履行指导和监管职责,对工地试验室建设方案、检测大纲、实施细则进行审批。

(3)母体机构应对派驻现场的试验检测人员组织岗前培训,定期对现场试验检测人员能力水平进行考核。

(4)母体机构自工地试验室组建开始,每年组织不少于两次系统监督检查,检查不得流于形式,应涵盖工地试验室所有检测工作内容。检查过程应有详细记录,检查结果应有正式书面文件通知。对检查中存在的问题,工地试验室整改应有具体措施,形成正式书面文件进行整改回复,报母体机构进行跟踪验证。

(5)任何单位和个人都有权向母体机构投诉或举报违法违规的质量检测行为。

(6)工地试验室应定期或不定期向母体机构进行工作报告。工地试验室发生重大事项时应及时向母体机构进行报告。发生重大、特大质量事故,及时向母体机构汇报,并形成书面材料,必要时请母体机构指导工作。

3. 工地试验室对分试验室的管理

(1)现场设立的分试验室是该工地试验室的下设分支,由工地试验室对其进行监督与管理。分试验室需明确分试验室质量检测工作范围和内容、分室负责人、人员数量和分工。

（2）分试验室所有工作均在通过能力核验确定的参数范围内开展，在工地试验室管理体系下开展，不得违规超范围试验，不得对外承接质量检测任务。配合比、标准试验等应由工地试验室承担。分试验室不配备公章，报告由工地试验室授权负责人签发。

（3）工地试验室应加强人员管理，经常组织试验人员学习培训，做好相关记录。工地试验室根据工程总体进度计划安排分试验室的质量检测计划，分试验室应按照计划按时组织完成，工地试验室必须以定期检查、随时巡查的方式对分试验室进行监督管理，检查工作每月不少于1次。

（4）分试验室负责人负责分试验室的日常管理工作。对施工过程中所管辖标段进场材料、半成品、成品进行现场质量控制，例如：各工艺试验参数的采集，路基、桥梁施工现场检测，混凝土施工配合比通知单的签发，混凝土试件制作，混凝土常规指标检测，部分原材料常规指标的批量检测，特殊材料的外委见证取样，试验资料的整理，各试验报表的及时上报等。

（5）分试验室负责人对检测过程中发现的施工材料、半成品、成品存在质量隐患（问题）的，应及时通知工地试验室负责人，以便对问题进行及时分析、处理，确保工程质量。

（6）分试验室负责人应协助工地试验室负责人完成各项工作，及时解决质量检测过程中存在的问题。

（7）分试验室在施工过程中要严格遵守试验室廉政制度和各项工作纪律。

（8）分试验室应建立检测、质量事故及不合格数据上报制度，及时向工地试验室汇报。

4. 监理单位工地试验室对施工单位工地试验室的管理

（1）监理单位工地试验室应加强对施工单位工地试验室的各项管理工作。应对工程项目的材料、工艺、施工质量等进行有效的监督、检查与控制，以确保各项工程的质量达到相关规定的要求。

（2）监理单位工地试验室应对施工单位工地试验室的人员、设备、试验方法和资料管理等方面进行日常监督、检查和管理，保证施工单位工地试验室管理体系正常运转。

（3）监理单位工地试验室必须以定期检查、随时抽查的方式对下级施工单位工地试验室进行监督管理，每月不少于1次对施工单位工地试验室进行监督管理。

5. 建设单位中心试验室对管辖试验室的管理

（1）建设单位中心试验室应加强对监理单位工地试验室、施工单位工地试验室的各项管理工作。

（2）建设单位中心试验室负责管辖范围内的质量检测体系管理，督促、指导各级工地试验室建立健全检测质量管理体系。

（3）建设单位中心试验室必须以定期检查、随时巡查的方式对所在项目各级工地试验室进行监督管理，每季度应至少开展一次综合考核。重点对人员履约情况、质保体系运转情况、检测场地环境、仪器设备管理和检测报告质量等进行检查，检查考核过程中存在的问题应及时反馈，并督促整改到位。

（4）中心试验室可组织各级试验室开展能力验证/比对活动，不断促进各级工地试验室检测能力提升。

(5)中心试验室应定期组织全线试验检测工作专题会议,对全线试验检测阶段性工作进行总结、评价,对下一段检测工作重点、方法提出要求和建议。

6.检查及处理

(1)对工地试验室的监督及检查主要应包括下列内容:

①工地试验室是否按照有关要求建立,是否取得能力核验批复;

②有无超授权参数范围进行检测;

③原始记录、质量检测报告的真实性、规范性和完整性;

④样品的管理是否符合要求;

⑤试验检测场地环境情况,仪器设备的运行、检定/校准情况;

⑥质量保证体系运行的有效性;

⑦工地试验室持证试验检测人员能力保持情况;

⑧工地试验室和检测人员质量检测活动的规范性、合法性、真实性;

⑨依据职责应当监督检查的其他内容。

(2)工地试验室有下列行为的,根据情节轻重,母体机构应责令限期整改或者暂停工地试验室的相关检测活动:

①工地试验室进行超出批准的质量检测业务范围的;

②核准的质量检测仪器设备未经批准移作他用的;

③采用无效的技术标准、规范、规程的;

④弄虚作假、捏造数据,伪造质量检测报告的;

⑤玩忽职守,营私舞弊,造成质量检测工作差错且影响工程质量,并造成严重损失的。

(3)试验室检测人员出现下列情况之一的,根据情节轻重进行处理:

①不遵守检测人员职业道德和工作准则,造成不良影响的;

②因质量检测工作失误,造成工程质量事故或经济损失的;

③出具虚假质量检测数据或报告的;

④在日常试验工作中不能胜任本职工作的。

(二)外委工作管理

(1)工地试验室应建立外委试验管理制度,加强外委试验管理,严格按照有关规定进行外委试验。

(2)工地试验室应按照母体机构授权的质量检测项目和参数开展质量检测活动,对未授权、不具备质量检测条件或能力的检测项目和参数应进行外委。

(3)选择的外委试验单位应经建设单位认可。外委参数为公路水运工程质量检测机构资质等级条件中包含的主要检测参数时,应委托具有公路水运工程质量检测资质的质量检测机构开展检测,其他应委托依法取得相应资质的检测机构开展检测。具有公路水运工程质量检测资质的检测机构上年度信用评价等级为B级及以上。

(4)外委试验应签署合同,且应留有公路水运工程质量检测资质或其他依法取得的相应资质证书复印件等资质证明材料,并建立档案。

(5)外委试验取送样程序、检验频率、取样数量、方法及委托的检测参数等应符合有关规定。各工地试验室应建立外委试验台账,对外委试验报告要单独管理,对外委试验结果进行确认,并填写外委检测报告确认记录。

(6)建设单位、监理、施工单位等多方的同一标段,外委试验不得委托同一家检测机构进行。

(7)各工地试验室的外委试验项目,宜留样以备复验,直至各方对外委试验结果没有争议,方可对留样进行处理。

(三)不合格品管理

(1)工地试验室应建立不合格报告制度,按照有关规定上报并进行处理,填写不合格检测结果报告台账。

(2)不合格的材料应按规定程序进行退场处理,严禁使用未经检验、检验不合格或未经监理单位工地试验室签认、验收的材料、设备及构配件。

(3)施工单位应会同监理单位封存不合格材料,并进行退场处理。退场过程应留存相关影像资料。

(4)监理单位工地试验室及中心试验室对抽检不合格的材料,应将不合格结果及时通知下级工地试验室,做好不合格品台账的登记工作。

(5)下一级工地试验室接到不合格结果通知后,应立即采取相应措施进行处理,并将处理闭合情况报送至上一级工地试验室。

(6)对于自检或抽检不合格的工序、构配件、工程部位,施工单位应采取有效管控措施进行处理后重新进行工序报验,合格后方可转入下一道工序。

(7)对试验结果不合格的样品,应进行留样,直至不合格数据处理闭合后方可清理。

(四)信息化管理

1. 一般规定

(1)质量检测工作管理中应进行信息化管理和数据共享。在管理中使用信息化技术,推动了质量检测工作在工程项目建设中发挥更重要的作用。

(2)质量检测信息化管理应遵循集成化管理原则,统一信息化管理平台,实现“统一领导、分级管理”,信息化管理平台应配套移动终端应用。

(3)提倡数据自动采集,自动传输,减少人工输入。鼓励应用新技术,推动传统管理模式向信息化、智能化的管理模式转变。

(4)质量检测工作管理宜根据工程实际情况,采用成熟、实用的信息化管理功能模块。管理文件宜数据化,所有数据的输入、输出、查询、修改等应具备可溯源性,实现痕迹化管理。

(5)项目建设单位应在质量检测信息化管理系统的建立过程中发挥主导作用,应提前规划,统一标准,统一管控,明确信息化管理需要应用的场合、实现的功能及达到的效果。

2. 具体要求

1) 人员考勤管理

人员管理系统按项目人员管理办法及相关法律法规实现人员实名制管理。可采用人脸识别、指纹打卡等信息化监控管理手段，杜绝人员挂证不到岗、代签检测记录报告、不做试验出报告等不良现象。

2) 质量检测信息化平台管理

试验室应配备工地试验室信息化所需的软、硬件设施，贯彻执行国家、行业关于信息化的有关规定。建设项目的参建单位可以通过构建统一的工地质量检测信息化管理平台，提高检测工作效率、减少人为差错、实现数据资源共享，有利于质量检测管理的科学与规范，为工程质量管理提供分析决策。工地试验室信息化管理平台可由以下子系统组成：

(1) 记录、报告标准化子系统：按照《公路试验检测数据报告编制导则》有关规定，提供统一规范的记录、报告文件标准格式，能自动按照现行标准、规程对原始数据进行计算、绘图、数值修约，提示平行度超差，给出正确的检测结果判定和规范的检测结论。

(2) 试验工作日常管理子系统：提供人员管理、设备管理、标准规范管理、样品管理、项目参数管理、试验台账管理等功能模块，能做到互联共享。

(3) 质量检测数据库子系统：将各类检测数据（包括自动采集、上传的数据）、管理台账、人员及设备等信息传到"质量检测数据库"，可根据管理的不同需求，对各类数据进行统计分析，并通过网络技术，为不同质量管理部门提供查询、管理、监督的服务功能，实现数据资源共享与交流。

3) 试验设备数据上传管理

试验室需对重要力学设备安装自动采集装置，对重要数据进行监控。如通过对压力机、万能材料试验机、抗折抗压试验机等安装自动采集装置，实现对水泥混凝土（抗压强度、抗折强度）、砂浆（抗压强度）、岩石（抗压强度）、钢筋焊接及机械连接（屈服强度、抗拉强度）、水泥（抗压强度、抗折强度）等检测项目参数的检测数据自动采集及上传，确保数据的原始性和真实性。另外，拌和站的质量控制与管理也是保证工程质量的重要环节。有条件的建设项目可对拌和站要求安装自动采集设备，对相关数据的采集与上传一并纳入管理。

4) 主要试验视频监控管理

主要试验操作（包括采用压力机、万能材料试验机、抗折抗压试验机等试验）应安装视频监控设施。

第三章　交通建设工程质量检测机构资质管理

公路水运工程质量检测机构开展公路水运工程质量检测活动，需具备规定的资质条件，取得相应的资质等级证书。资质管理在规范市场秩序、确保检测人员专业技能、出具权威检测报告等方面发挥着重要作用。

第一节　资质管理规定

为加强公路水运工程质量检测机构资质管理，规范检测机构的资质审批，保证公路水运工程建设质量，国务院办公厅、交通运输部发布有关文件，明确了资质许可条件、资质申请、评审、审批、延续、变更和注销等规定，强调了检测机构应具备的基本条件。申请和具备资质的检测机构及其开展的质量检测活动，均必须遵循和符合资质管理的有关规定。

一、资质管理规定概述

（一）资质管理规定的出台背景

2022 年 1 月，《国务院办公厅关于全面实行行政许可事项清单管理的通知》（国办发〔2022〕2 号）将公路水运工程质量检测机构资质审批明确为行政许可事项。为适应公路水运工程检测机构资质审批列入国家行政许可的变化，满足交通工程建设新形势的发展需要，交通运输部于 2023 年 8 月颁布了《公路水运工程质量检测管理办法》，并陆续出台了资质条件、资质评审工作程序等资质管理配套文件。这些管理办法和管理制度文件，共同形成了检测机构资质管理的成套规定，成为检测机构资质申请和资质管理维护的依据，以及许可机关评审审批检测机构资质的依据。

资质许可制度和资质管理规定的实施，在给检测机构带来更明确的法律保障等利好条件的同时，也带来了更为强效有力的管束。资质管理规定对机构的质量检测活动、各类资源的配备和管理、检测技术能力保证、质量体系运行等全方位提出明确要求，机构的发展将因此获得更为强力的推进和规范，拥有更为良性有序的运营环境。在加快建设交通强国和工程建设科技水平不断提升的形势需求下，在法律和资质政策制度的保障下，检测机构的高质量发展将迎来新一轮的发展机遇，具有更广阔的发展空间。检测机构应抓住机遇，积极适应政策和形势变化，勇于创新和迎接挑战，在新形势、新条件下谋求高质量发展，不负交通强国战略使命，在交通工程建设领域发挥更大作为。

（二）资质管理的基本规定

《公路水运工程质量检测管理办法》第二章“检测机构资质管理”规定了检测机构资质

的等级和专业划分，资质申请机构的条件，资质申请的许可机关、申请资料、专家技术评审，资质证书变更、资质延续和终止等要求。

二、资质等级条件的具体规定

在资质管理基本规定的原则要求基础上，《公路水运工程质量检测管理办法》及其配套文件制定了具体的资质等级条件及技术评审工作程序。资质等级条件和相应的技术评审核查要求，是检测机构开展资质申请筹备、接受资质评审、进行资质维护的具体依据。

（一）检测能力基本要求

交办安监函〔2024〕1432 号文件中，各资质等级检测能力基本要求以检测项目参数及其对应的主要仪器设备要求列表方式体现。以公路工程综合甲级为例，其检测能力基本要求和主要仪器设备见表 3-1。只有完整、准确、深刻理解了此张表格内容的要求，方能具体指导检测机构做好资质条件的筹备、维护工作。

检测能力基本要求和主要仪器设备（公路工程甲级） 表 3-1

质量检测项目	主要质量检测参数	仪器设备配置
土	含水率，密度，相对密度，颗粒分析，界限含水率，稠度，击实试验（最大干密度、最佳含水率），加州承载比（CBR），粗粒土和巨粒土最大干密度，回弹模量，固结试验（压缩系数、压缩模量、压缩指数、固结系数），内摩擦角，凝聚力，自由膨胀率，烧失量，有机质含量，酸碱度，易溶盐总量，砂的相对密度	烘箱，天平，电子秤，环刀，储水筒，灌砂仪，相对密度瓶，恒温水槽，沙浴，标准筛，摇筛机，密度计，量筒，液塑限联合测定仪，收缩皿，标准击实仪，CBR 试验装置（路面材料强度仪或其他荷载装置），表面振动压实仪（或振动台），脱模器，杠杆压力仪，千分表，承载板，固结仪，变形量测设备，应变控制式直剪仪（或三轴仪），百分表（或位移传感器），自由膨胀率测定仪，高温炉，油浴锅，酸度计，电动振荡器，水浴锅，瓷蒸发皿，相对密度仪

1. 检测参数的必选与可选要求

在检测能力基本要求的列表中，区分了必选和可选两种参数：黑体为必选参数，非黑体为可选参数。必选参数为具备相应资质等级的检测机构必须具备的检测能力参数，少一个即视为不具备相应的资质等级检测能力；可选参数可根据自身需要和能力选择申请，但可选参数申请的数量应不低于本等级可选参数总数量的 60%。

2. 检测参数依据的标准

检测项目参数的依据是相应的检测技术标准。检测技术标准规定了检测方法、检测仪器设备、检测环境条件、检测数据处理、结果评判等检测参数能力和相关资源配备的全方面要求。要掌握检测项目参数的检测技术，具备相应的检测技术能力，科学合理配备管理维护检测仪器设备和环境设施条件等检测资源，首先需学习和掌握相应的检测技术标准规范的要求，也是深入、全面解读资质等级条件尤其是检测能力基本要求和仪器设备的首要环节。

交办安监函〔2024〕1432号中质量检测能力基本要求和主要仪器设备表仅列出检测参数和仪器设备要求，未具体列出所执行的基础标准依据。以下将从检测技术标准的类别、标准文件的选用规则等方面进行说明。

1）标准规范文件的选择

同一个检测项目参数，可能涉及不同的发布机构、专业和行业的标准规范。选用正确、适用的标准，应以能科学合理、正确和准确反映公路水运工程质量检验判定的实际需求为原则，结合公路水运工程建设实际需求、专业性质、产品特点和既有的标准规范现状条件及行业惯例等因素进行综合考虑和选定。

标准规范选用的一般规则：

（1）试验检测标准均应现行、有效。

（2）当有公路、水运行业标准可依据且其足够指导检测工作的具体开展时，首选公路、水运行业标准。

（3）当没有公路、水运行业标准可依据，则一般按国家标准、其他行业标准或协会标准（通常指中国工程建设标准化协会CECS标准）的顺序先后选用。

（4）当虽有公路、水运行业标准，但其不尽完善时，可配合采用国家标准和其他相近行业标准［如水运材料甲级序号"9无机结合料稳定材料"中的"配合比设计"，可采用《港口道路与堆场施工规范》（JTS/T 216—2021）配合《公路工程无机结合料稳定材料试验规程》（JTG 3441—2024）使用］。

（5）当某个检测参数具有两个或两个以上符合标准选用原则、可独立指导检测参数的检测时，无论其内容规定是否一致，主要应依据检测标准颁布实施的先后顺序选择。一般均采用后发布的标准为依据。

（6）产品有国家标准的通用材料，如钢材、预应力锚具夹具、水泥、掺合料、外加剂、防水材料、沥青、土工合成材料（除塑料排水板）等，无论是否有公路、水运工程的行业标准，建议采用国家标准。

（7）混凝土用的集料、砂浆等通用材料（产品）的质量指标检测，虽有国家标准检测方法，但这些材料（产品）的使用环境具有明显的行业与专业特点，其行业标准检测方法更适合行业特点，且规定了公路（水运）工程混凝土用集料、混凝土、砂浆的技术质量指标要求的标准，一般指相配套的公路（水运）行业的检测方法标准，故应遵循本条第（2）款的规定，采用公路（水运）行业标准。

（8）当具体工程项目依据其具体情况，对某个检测参数的检测依据标准有具体明确的特殊规定时，执行其具体规定的要求。

（9）选择检测依据标准尚应考虑相应的公路（水运）工程设计、施工、质量控制、评定验收等标准中对该参数的具体要求和引用标准，当无上述各条款所列的条件制约时，应按其引用的标准作为相应参数的检测依据。

2）标准规范文件与检测参数和仪器设备对照表

为更清晰明确解读每个检测项目参数的依据文件，可针对每个检测项目参数，逐一列出相应依据的标准规范文件的名称和编号。同时，可将每个检测项目的仪器设备进行编号，列出每个检测参数相应的仪器设备编号。由此一一对应，更方便、清晰地指导资质申请、维护中技术和管理人员的理解。示例见表 3-2、表 3-3。

检测参数和仪器设备对照表 表 3-2

资质等级	检测项目	主要质量检测参数	仪器设备配置
水运工程材料甲级	外加剂	减水率，凝结时间差，泌水率比，压力泌水率比，安定性，含气量及经时变化量，收缩率比，抗压强度（混凝土、胶砂、水泥砂浆），抗压强度比，渗透高度比，吸水量比，透水压力比，限制膨胀率，坍落度增加、保留及损失值，耐盐水浸渍性能，电化学综合防锈性能，盐水浸烘试验后的锈蚀率，含固量，含水率，密度，细度，pH 值，氯离子含量，硫酸钠含量，总碱量，氧化镁，相容性，水泥净浆流动度	混凝土搅拌机，标准振动台，标准养护室，贯入阻力仪，坍落度仪，含气量测定仪，容量筒，泌水率筒，压力泌水仪，维卡仪，雷氏夹膨胀值测定仪，沸煮箱，秒表，试验筛，压力试验机，测长仪，混凝土抗渗仪，砂浆抗渗仪，烘箱，天平，电子秤，混凝土收缩仪或接触法引伸仪，钢直尺，钢筋锈蚀测量仪，饱和甘汞参比电极，膨胀剂限制膨胀率测定仪，千分表，电解池试验装置，水泥胶砂搅拌机，水泥胶砂振实台，砂浆稠度测定仪，酸度计，相对密度计，高温炉，火焰光度计，砂浆扩展度筒，水泥净浆搅拌机，滴定设备

检测参数、检测标准、判定标准及仪器设备对照表 表 3-3

检测参数	仪器设备配置	检测标准	判定标准
减水率	混凝土搅拌机，坍落度仪，天平，电子秤，钢直尺	《混凝土外加剂》（GB 8076—2008） 《普通混凝土拌合物性能试验方法标准》（GB/T 50080—2016） 《水运工程混凝土试验检测技术规范》（JTS/T 236—2019）	《混凝土外加剂》（GB 8076—2008） 《砂浆、混凝土防水剂》（JC/T 474—2008） 《混凝土膨胀剂》（GB/T 23439—2017） 《水运工程结构耐久性设计标准》（JTS 153—2015）
凝结时间差	标准振动台，贯入阻力仪，秒表，试验筛		
含气量及经时变化量	标准振动台，含气量测定仪		
收缩率比	混凝土收缩仪或接触法引伸仪，千分表		

续上表

检测参数	仪器设备配置	检测标准	判定标准
抗压强度比[外加剂(减水剂、泵送剂、早强剂、缓凝剂、引气剂)、防水剂]	压力试验机,钢直尺	《混凝土外加剂》(GB 8076—2008)(混凝土试件) 《砂浆、混凝土防水剂》(JC/T 474—2008)(砂浆试件、混凝土试件) 《水运工程混凝土试验检测技术规范》(JTS/T 236—2019)	《混凝土外加剂应用技术规范》(GB 50119—2013) 《喷射混凝土用速凝剂》(GB/T 35159—2017)
泌水率比	标准振动台,泌水率筒,秒表,电子秤	《混凝土外加剂》(GB 8076—2008) 《普通混凝土拌合物性能试验方法标准》(GB/T 50080—2016) 《水运工程混凝土试验检测技术规范》(JTS/T 236—2019)	

3.检测参数的检测方法要求

《公路水运工程质量检测机构资质等级条件》中的质量检测能力基本要求和主要仪器设备表中,未明确列出检测参数的具体检测方法的标准名称以及方法的必选和可选区分规定。检测技术标准规范中对某个检测参数,往往规定有不同的检测方法。检测能力对检测方法的要求,应从检测项目参数对应列出的仪器设备配置要求推定。

(1)当参数具有两个或两个以上检测方法时,具体检测方法体现在仪器设备的要求上,检测机构应根据仪器设备配置表确定相应的检测方法要求并进行设备配备。

如:水运材料甲级序号“14 钢材与连接接头”中对应黑体参数“焊缝质量”,仪器设备配置要求列出了“超声焊缝探伤仪”“X 光焊缝探伤仪”“磁粉探伤仪”“着色渗透探伤剂”,其中“超声焊缝探伤仪”为黑体,其余为非黑体。则在焊缝质量检测能力上应具备“超声法”并进行相应的设备配备,“射线法”“磁粉法”“渗透法”可选择具备或不具备。

(2)当一种设备配备对应多种检测方法时,则需具备和掌握的检测方法以公路水运工程检测领域内常用的方法要求为主。

如:公路工程甲级序号“8 掺和料”中的黑体参数“氧化钙含量”,其检测方法有 EDTA 滴定法(基准法)、氢氧化钠熔样 - EDTA 滴定法(代用法)、高锰酸钾滴定法(代用法)三种。设备表上所列的相应黑体设备“滴定设备”对应了 EDTA 滴定法(基准法)、氢氧化钠熔样 - EDTA 滴定法(代用法)、高锰酸钾滴定法(代用法)。则按通常做法,应选择 EDTA 滴定法(基准法)为必备方法,氢氧化钠熔样 - EDTA 滴定法(代用法)、高锰酸钾滴定法(代用法)为可选择或不选择的方法,其他方法可不作要求。

(二)仪器设备要求

仪器设备要求是与检测能力基本要求紧密关联和对应的一项资质许可条件。《公路水运工程质量检测机构资质等级条件》的质量检测能力基本要求和主要仪器设备配备表中，对应各检测项目参数及其依据的检测方法标准，分别列出了要求配备的主要仪器设备。在技术评审条件核查表中，列出了"主要仪器设备"的条件核查项，对设备配备及其检定/校准规定了核查的符合性标准（表 3-4）。关于仪器设备的检定/校准要求，还体现在条件核查表的"质量保证体系"核查项中，对"原始记录和检测报告"的核查规定："使用未经检定或者校准的仪器、设备、设施，且相应的检测结果、数据存在错误或无法复核"为一种的不实报告情形，一旦发现，即判为条件核查不符合。因此，设备的配备和设备的量值溯源工作是仪器设备条件核查的两个重点。

主要仪器设备配置和检校要求　　表 3-4

条件	核查情况		符合情况
主要仪器设备	设备配置	主要仪器设备配置满足资质等级条件规定的参数检测要求	□符合 □不符合
	检定/校准	主要仪器设备按有关规定进行检定/校准、确认	□符合 □不符合
		现场检测操作考核所涉及的仪器设备有效检定/校准率____%（≥90%为符合，<90%为不符合） 仅书面审查时机构提交的仪器设备有效检定/校准率____%（≥95%为符合，<95%为不符合）	□符合 □不符合

1. 仪器设备的配备

应根据《公路水运工程质量检测机构资质等级条件》中所列的主要仪器设备表，结合检测能力基本要求（检测项目参数表）和检测方法标准的有关规定，完整、正确地配置仪器设备。

1）仪器设备的必选与可选要求

对应必选和可选参数，仪器设备也区分为必选设备（黑体）和可选设备（非黑体）。必选设备必须全部配备，而可选设备可根据所申请的检测项目参数和检测方法的需要而配备。

2）仪器设备的配备和所有权要求

检测机构应根据所申请的专业等级标准的要求，配备所有黑体设备和所申请的非黑体参数相应的非黑体设备。配备的仪器设备在功能、量程、准确性上应满足相应检测参数检测方法标准的规定，且对配备的设备检测机构必须拥有其所有权。

3）配套的非主要仪器设备要求

检测能力基本要求和仪器设备表中，仅列出主要的仪器设备，其他非主要但属检测方法需使用到的配套设备设施和材料（如化学分析检测所需的玻璃器皿、溶液试剂等一些小件仪器和材料）未列出，检测机构同样应按要求予以配备，功能、量程、准确性同样应满足要求，且具备相应的所有权。

4）仪器设备的量值溯源特点

主要仪器设备配备表中列出的仪器设备多数为有量值溯源要求（即检定、校准要求）的设备。但也列出一些无量值溯源要求、相对贵重，且对相应检测项目参数的开展实施影响较大的工具类设备（如水运材料甲级序号“1 土”中的“电动脱模仪”，序号“3 岩石”中的“锯石机”“磨石机”；公路工程甲级序号“20 路基路面”中的“钻孔机”等）。

检测机构应对所有列出的主要仪器设备进行检定或校准，检定或校准结果应满足检测参数所依据的检测标准规范的规定（在进行资质申请的技术评审时要求现场检测操作考核时所涉及的仪器设备的有效检定/校准率应不低于90%；仅书面审查时仪器设备的有效检定/校准率应不低于95%）。

5）对主要仪器设备配置表的其他说明

（1）表中一些称为“××装置”的设备，一般不仅包含一种仪器设备，而是一整套仪器设备。其中，便于独立检校的仪器一般单列，而“装置”中其余的组配件均包含在该“装置”中。

如：材料甲级序号“5 水运混凝土、砂浆”中的“混凝土弹性模量测定装置”“电迁移法试验装置”，结构（地基）甲级序号“1 混凝土结构”中的“抗氯离子渗透试验装置”，其中的千分表、真空表、电流表、电压表已单列于仪器设备配置表中，余下的装置包含表架、试验水槽、真空泵、电通量法模具、电迁移法模套和支架等，这些组配件中不少也有检校要求；再如标准中多处所列的“滴定装置”，共包含一整套化学分析滴定所需的玻璃器皿，如滴定管、移液管、容量瓶等。检测机构应注意对“装置”类设备整套配备完整，并有针对性开展检校工作。

（2）在同一个检测项目中所列的名称相同的仪器设备，可能对应功能、量程要求不同的多台仪器设备。

如：水运工程材料甲级序号“5 水泥混凝土、砂浆”中的“压力试验机”，用于混凝土、砂浆、灌浆材料抗压时对其量程要求不同；序号“12 土工合成材料”中的“渗透仪”，用于土工膜、复合土工膜等膜类和机织、编织土工布等非膜类土工合成材料的渗透系数检测时，渗透仪的功能、结构有差异；公路工程甲级中序号“7 外加剂”中的“收缩膨胀仪”用于混凝土收缩率比和砂浆收缩率比检测时，其设备的结构形式不同。

此情况下，若该名称的设备涉及多个申请的参数，则其对应的各种量程、功能的设备均应配备。其中，黑体参数对应的设备必须配备，否则不予通过；非黑体参数若未配备视为该参数不具备开展的条件。若仅涉及一个参数，只是因该参数有不同方法，而机构仅具备其中一种方法的量程或功能的设备，可视为满足了资质等级标准要求。

（3）各检测项目的仪器设备配置表中，均按所在检测项目对应要求的主要仪器设备予以列出，故检测项目与项目之间会出现设备重复列出的情况；但也有少部分检测项目中所需的设备，因考虑在别的检测项目中已列出，而予以省略的情况。

如：材料甲级序号“2 集料”中“岩石抗压强度”所需的石料加工设备未列出，因其在序号“3 岩石”中已列出，且同为黑体设备。

（4）专业重叠部分的仪器设备可共用。

2. 设备的检定/校准

检定和校准工作是设备管理的核心内容，也是资质条件评审时关系条件核查符合性的重要的审查、核查内容。检定和校准工作的有效性、符合性,往往体现检测机构的技术和管理水平的基本情况,也是检测机构质量保证体系有效运行的重要评判指标。

《公路水运工程质量检测机构资质等级条件》的检测能力基本要求和主要仪器设备表中所列的仪器设备,多数均有计量功能和检校的要求。为保证满足资质评审的条件核查要求,防范不符合情况的发生,建议检测机构按以下几点开展工作。

1)全面辨析和梳理仪器设备的量值溯源要求

所有设备应进行计量性能和量值溯源参数的分析和确认。一台设备(包括检测软件、标准物质、标准试剂等,下同)需开展检定、校准的参数往往有多个。检测机构应对照检测标准规范的要求和设备检校的有关标准规范规程,辨析和确定需开展检定或校准的参数。只有对可能影响检测数据准确性和可靠性的所有参数均得到有效检校,才能证明该设备与检测相关的计量性能符合检测标准要求。

在进行检校参数确认时,应同时根据参数计量特性的稳定性情况,结合设备的使用频度、使用环境等情况,区分首检、周期检、过程检对参数的检校时间周期进行界定确认。

首检指设备启用时进行的检校工作,检校参数应覆盖该设备使用中所有有数据输出或以数据表达的性能项目;周期检是以相对固定的周期开展的检校工作,其检校的参数可在首检的基础上减少一些性能稳定、精度不易改变或相应周期的检测工作不使用到的计量功能参数;过程检是指根据检测方法标准,在每次检测前或间隔检测方法中所规定的周期(或使用次数)后必须校准的工作(如水泥细度试验筛间隔使用次数100次后的标定、回弹仪每次使用前后的率定工作)。

2)检校机构的选择和确认

检定机构应是国家法定计量检定机构或政府计量行政主管部门授权的计量技术机构,且其资质和业务范围能涵盖检测机构送检设备的各项检定参数;校准机构除可选择业务范围覆盖检测机构计划校准参数且具备检定资质的机构外,应选择通过中国合格评定国家认可委员会(CNAS)校准实验室认可。

检测机构应查对检校机构的各类资质证书、相关的授权和审批文件,对其资格、能力进行确认。在进行其能力确认时,应同时关注和核查检校机构的业务参数范围和执行的检校规范,保证与设备检校所要求的技术标准相一致。

检测机构也可采用内部校准进行计量溯源。

3)仪器设备检校结果的确认

检校结果的确认工作是检测机构对检校结果符合性、完整性、有效性的最后确认。条件核查表中明确指出对仪器设备确认工作的要求。检测机构应重视此项工作的作用和意义,认真按要求做好确认工作,使确认工作成为检测机构对仪器设备量值溯源工作质量的重要把关。

检校结果的确认一般先经由设备管理部门、设备使用部门(检测部门)初步确认后,由技术负责人审批确认。确认的主要依据为相应的检测技术标准和设备检校规程,并应结合设备的实际使用条件;确认结论应包含对各检校参数的量程、精度等计量性能和允许偏差的符合性判断，给出是否准予使用以及可能有的使用限制要求。若存在修正因子，尚应明确修正因子的具体数据和修正方法与条件。

4）仪器设备的期间核查

检测机构根据技术能力范围、设备的重要性及可能产生的风险等因素，综合确定期间核查对象。一般包括使用非常频繁的、经常移动到现场检测的、恶劣环境下使用的、性能不稳定的设备，如电子天平、烘箱等。

其间核查工作的方法一般有：使用有证标准物质和标准样品进行核查、使用仪器附带设备进行核查、仪器之间的比对、使用不同的检测方法比对、保留样品再测试等。机构应编制期间核查规程以供执行。

关于仪器设备的量值溯源技术和管理要求，详见本书第六章第三节。

（三）人员要求

人员是检测机构的首要资源和第一要素，是重要的资质许可条件。交办安监函〔2024〕1432 号附件 2《公路水运工程质量检测机构各资质等级人员配备要求》规定了公路水运工程检测机构各资质等级人员配备要求。此项要求全部为黑体，是必须具备的条件，任何一项不能满足，则视为不满足资质人员条件，见表 3-5。根据此项规定，结合人力资源和社会保障部、交通运输部有关试验检测专业技术人员的规定，以下对公路水运工程检测机构资质中有关人员配备的要求进行解释。同时，根据条件核查表中所列的人员培训的核查要求（表 3-6），提出人员培训工作的重点要求。

检测机构人员配备要求　　表 3-5

一、公路工程质量检测机构资质等级条件 人员配备要求					
项目	材料甲级	材料乙级	材料丙级	交通工程专项	桥梁隧道工程专项
持试验检测人员证书总人数	≥50	≥23	≥9	≥28	≥30
持试验检测师证书人数及专业配置	道路工程≥10 人 桥梁隧道工程≥7 人 交通工程≥3 人	道路工程≥6 人 桥梁隧道工程≥2 人	道路工程≥3 人 桥梁隧道工程≥1 人	交通工程≥13 人	道路工程≥3 人 桥梁隧道工程≥12 人
相关专业高级职称（持试验检测师证书）人数及专业配置	道路工程≥6 人 桥梁隧道工程≥5 人 交通工程≥1 人	道路工程≥2 人 桥梁隧道工程≥1 人	—	交通工程≥8 人	道路工程≥1 人 桥梁隧道工程≥7 人

续上表

项目	材料甲级	材料乙级	材料丙级	交通工程专项	桥梁隧道工程专项
技术负责人	1.相关专业高级职称； 2.持试验检测师证书； 3.8年以上试验检测工作经历	1.相关专业高级职称； 2.持试验检测师证书； 3.5年以上试验检测工作经历	1.相关专业中级职称； 2.持试验检测师证书； 3.5年以上试验检测工作经历	1.相关专业高级职称； 2.持交通工程试验检测师证书； 3.8年以上试验检测工作经历	1.相关专业高级职称； 2.持桥梁隧道工程试验检测师证书； 3.8年以上试验检测工作经历
质量负责人	1.相关专业高级职称； 2.持试验检测师证书； 3.8年以上试验检测工作经历	1.相关专业高级职称； 2.持试验检测师证书； 3.5年以上试验检测工作经历	1.相关专业中级职称； 2.持试验检测师证书； 3.5年以上试验检测工作经历	1.相关专业高级职称； 2.持试验检测师证书； 3.8年以上试验检测工作经历	1.相关专业高级职称； 2.持试验检测师证书； 3.8年以上试验检测工作经历

二、水运工程质量检测机构资质等级条件

人员配备要求

项目	材料甲级	材料乙级	材料丙级	结构(地基)甲级	结构(地基)乙级
持试验检测人员证书总人数	≥26人	≥11人	≥7人	≥22人	≥9人
特试验检测师证书人数及专业配量	水运材料≥10人	水运材料≥4人	水运材料≥2人	水运结构与地基≥8人	水运结构与地基≥3人
相关专业高级职称(持试验检测师证书)人数及专业配置	水运材料≥5人	水运材料≥2人	—	水运结构与地基≥4人	水运结构与地基≥1人
技术负责人	1.相关专业高级职称； 2.持水运材料试验检测师证书； 3.8年以上试验检测工作经历	1.相关专业高级职称； 2.持水运材料试验检测师证书； 3.5年以上试验检测工作经历	1.相关专业中级职称； 2.持水运材料试验检测师证书； 3.5年以上试验检测工作经历	1.相关专业高级职称； 2.持水运结构与地基试验检测师证书； 3.8年以上试验检测工作经历	1.相关专业高级职称； 2.持水运结构与地基试验检测师证书； 3.5年以上试验检测工作经历

续上表

项目	材料甲级	材料乙级	材料丙级	结构(地基)甲级	结构(地基)乙级
质量负责人	1. 相关专业高级职称; 2. 持试验检测师证书; 3. 8 年以上试验检测工作经历	1. 相关专业高级职称; 2. 持试验检测师证书; 3. 5 年以上试验检测工作经历	1. 相关专业中级职称; 2. 持试验检测师证书; 3. 5 年以上试验检测工作经历	1. 相关专业高级职称; 2. 持试验检测师证书; 3. 8 年以上试验检测工作经历	1. 相关专业高级职称; 2. 持试验检测师证书; 3. 5 年以上试验检测工作经历

注:1. 表中一项不满足视为不符合。

2. 试验检测人员证书名称及专业遵循国家设立的公路水运工程试验检测专业技术人员职业资格制度相关规定。

人员培训条件核查要求 表 3-6

条件	核查情况		符合情况
质量保证体系	人员培训	检测人员培训有计划,培训内容满足知识更新要求,培训情况有记录	□符合 □不符合

1. 人员配备规定

人员配备要求包含持证人员总数、持试验检测工程师人数和专业配置、相关专业高级工程师(持试验检测工程师证)的人数和专业配置、技术负责人要求(包括职称、持试验检测师证和专业配置、试验检测工作经历三方面)、质量负责人要求(包括职称、持试验检测师证、试验检测工作经历三方面)。

根据交办安监函〔2024〕1432 号,有关人员配备的要求全部为黑体字的必备要求,即有一项不符合即不符合资质等级条件要求。

1)试验检测证书规定

(1)资格证书性质:

我国公路水运工程试验检测人员的资格和证书的有关规定,起始于《公路水运工程试验检测管理办法》(交通部令 2005 年第 12 号)及相应试验检测人员考试办法的规定。依此规定而取得的公路水运试验检测人员的资格属行政许可和认定。至 2014 年,国务院出台了《国务院关于取消和调整一批行政审批项目等事项的决定》(国发〔2014〕50 号),取消了"公路水运试验检测人员资格许可和认定"的要求。在此情况下,为加强公路水运工程试验检测人员的管理和队伍建设,提高试验检测人员的专业技术素质,人力资源和社会保障部、交通运输部印发了《公路水运工程试验检测专业技术人员职业资格制度规定》和《公路水运工程试验检测专业技术人员职业资格考试实施办法》的通知(人社部发〔2015〕59 号)。该文规定:于 2015 年 9 月 1 日起,按国家和交通运输行业规定所考取的公路水运工程试验检测专业技术人员职业资格证书为国家职业资格证书;公路水运工程试验检测职业资格包括道路工程、桥梁隧道工程、交通工程、水运结构与地基、水运材料 5 个专业，分为助理试验检测师和试验检测师 2 个级别；国家设立公路水运工程试验检测专业技术人员水平评价类职业资格制度，公路水运工程助理试验检测师和试验检测师职业资格实行考试的评价方式；本规定施行前，依据《公路水运工程试验检测管理办法》（交通部令 2005 年第 12 号）及相应试验检测人员考试办法要求，取得的试验检测员、试验检测工程师证书效用不变。

（2）历次证书的专业划分和对应关系：

根据人社部发〔2015〕59 号文，为做好公路水运工程试验检测人员制度实施和衔接工作，交通运输部办公厅于 2015 年 9 月发布了《交通运输部办公厅关于公路水运工程试验检测人员职业资格有关事项的通知》（交办安监〔2015〕143 号）。该通知列出了历次证书专业划分和对应关系，见表 3-7。

历次证书专业划分和对应表　　表 3-7

<table>
<tr><th>类别</th><th>2006 年</th><th>2007 年、2009—2014 年</th><th colspan="2">国家职业资格</th></tr>
<tr><td colspan="5">公路工程</td></tr>
<tr><td rowspan="6">试验检测工程师</td><td rowspan="2">路基路面（道路）</td><td>公路</td><td rowspan="6">试验检测师</td><td rowspan="2">道路工程</td></tr>
<tr><td>材料</td></tr>
<tr><td rowspan="2">桥梁隧道</td><td>桥梁</td><td rowspan="2">桥梁隧道工程</td></tr>
<tr><td>隧道</td></tr>
<tr><td rowspan="2">交通工程</td><td>交通安全设施</td><td rowspan="2">交通工程</td></tr>
<tr><td>机电工程</td></tr>
<tr><td rowspan="6">试验检测员</td><td>材料试验</td><td>材料</td><td rowspan="6">助理试验检测师</td><td rowspan="2">道路工程</td></tr>
<tr><td rowspan="3">工程检测</td><td>公路</td></tr>
<tr><td>桥梁</td><td rowspan="2">桥梁隧道工程</td></tr>
<tr><td>隧道</td></tr>
<tr><td rowspan="2">交通工程</td><td>交通安全设施</td><td rowspan="2">交通工程</td></tr>
<tr><td>机电工程</td></tr>
<tr><td colspan="5">水运工程</td></tr>
<tr><td rowspan="3">试验检测工程师</td><td>材料</td><td>材料</td><td rowspan="3">试验检测师</td><td>水运材料</td></tr>
<tr><td rowspan="2">结构</td><td>结构</td><td rowspan="2">水运结构与地基</td></tr>
<tr><td>地基与基础</td></tr>
<tr><td rowspan="3">试验检测员</td><td>材料</td><td>材料</td><td rowspan="3">助理试验检测师</td><td>水运材料</td></tr>
<tr><td rowspan="2">结构</td><td>结构</td><td rowspan="2">水运结构与地基</td></tr>
<tr><td>地基与基础</td></tr>
</table>

注：2007 年、2009—2014 年取得的证书均有效，并且只要获得被整合专业中的一个就能等同于整合后的专业，如原来得公路工程公路专业等同于现有的包含了公路专业和材料专业在内的道路工程专业。

2)检测人员的劳动关系要求

(1)资质等级申请和评审时,对照相应的资质条件要求的人员,均应为与检测机构签订劳动(聘用)合同,并按要求缴交社会保险的人员(资质评审核查时要求机构提交资质申请时近3个月的连续有效的社保缴纳记录)。人员均应在公路水运工程试验检测管理信息系统中完成登记。

(2)当检测机构为集团公司、高校、科研院所等下属单位时,其上级机构委派至检测机构的检测人员,若年龄未超过60岁,可纳入检测机构符合资质条件要求的人员进行计数和确认。

(3)劳务派遣、外包人员,以及独立法人机构下属公司或其他公司人员,不纳入符合资质条件要求的人员进行计数和确认。

3)检测人员的其他要求

(1)同时申请不同专业、等级资质的检测机构,其技术负责人可按不同专业、类别和等级相应的要求分别配置,也可由同一人担任。当由同一人担任时,该技术负责人应同时满足相应的资质等级条件对技术负责人的职称证书、试验检测师证书专业的要求。

(2)行政、质量负责人所持的检测人员证书(包括职称证书、试验检测师证书)可在不同资质中使用。

(3)当同一人持有多个专业检测人员证书,可在同一机构、不同的资质类别和等级资质中使用,但使用次数不得超过2次。

(4)各资质等级条件的人员配备表中,职称的"相关专业"指的是土木类、交通运输类、交通运输工程类、城市轨道交通类、水利类、地质勘察与测绘类、电气工程类、信息与通信工程类、土建施工类、材料类等专业。

(5)各资质等级条件的人员配备表中,"持试验检测证书总人数"应是持有和检测机构申请的资质专业对应的检测人员资格证书的人员总数。

(6)检测机构的检测人员不得同时在两家及以上检测机构从事检测活动。

2. 人员培训

人员培训是人员管理的核心内容。人员培训工作直接关系检测人员的专业知识、业务技术技能、职业素养的培养、形成、保持和提升。做好人员培训工作是检测机构一项基础性管理工作,也是检测机构质量保证体系正常有效运行的重要条件。《公路检测管理办法》第三十八条明确要求:"检测机构应当加强检测人员培训,不断提高质量检测业务水平";交办安监函〔2024〕1432号的条件核查表中,对人员培训规定:"检测人员培训有计划,培训内容满足知识更新要求,培训情况有记录"。针对上述要求,人员培训的重点工作如下:

1)建立人员培训的组织管理体系

检测机构首先应建立人员培训管理组织体系,明确人员培训的管理职责分工要求。

2)制定人员培训和管理程序制度

针对人员培训和管理,制定相应的管理程序文件,明确人员培训计划、培训内容、培训方式、培训实施、培训效果考核、培训记录等要求。

3)培训需求的收集和培训计划的编制

检测机构应制定培训计划以供执行。制定培训计划前,应先根据机构的经营发展和技术开发规划,当阶段国家、行业、地方政府颁布执行的与试验检测工作相关的政策和规章制度,技术标准规范情况,内部管理制度更新变化情况,结合检测机构人员的实际业务、技术水平和人员职业发展规划,收集确定人员的培训需求。根据培训需求编制培训计划,培训计划可采取在每年初(或上年度末)制定年度总体培训计划。每个季度或每个月再根据情况的变化,在年度培训计划的基础上进行调整、补充、修改,编制阶段性的培训实施计划。

培训计划中应明确培训内容、参加人员、主办单位或部门、培训方式、培训时间、培训地点、授课人员、培训课时、考核方式、培训参考的文件资料、培训所获取的证书名称种类等。

4)培训内容

检测机构的人员培训内容主要应包括:

(1)国家、行业主管部门要求的上岗资格取证培训;

(2)与工作有关的基础和专业理论知识;

(3)相关的检测技术标准规范、规程;

(4)实际操作技能,包括样品抽取和制备、检测设备操作和检测方法等;

(5)检测仪器设备量值溯源的有关理论知识;自校准的方法和知识;设备的维护保养知识和实务;

(6)安全管理和安全生产的法律法规、规章制度和安全操作规程及安全风险管控知识;

(7)检测机构的质量管理体系文件,主要包括质量手册、程序文件、作业指导书;

(8)国家、地方、行业主管部门有关试验检测的法律、法规、规章制度;

(9)国家、地方、行业主管部门要求检测人员继续教育培训的其他内容;

(10)与试验检测有关的新理论、新技术、新方法、新规定(此项内容主要指新颁布的技术标准规范、管理规章制度,主要应通过对培训计划的动态管理和适时调整及时纳入培训计划内容中)。

5)培训方式和培训实施

(1)培训方式可结合实际情况采用内培(由检测机构组织集中授课培训或通过师带徒方式进行的实习培训)和外培(由外部机构组织的学习培训),以及内培和外培相结合的方式。

(2)培训计划制定后,应认真按计划实施。对每次的培训,均应事先明确培训学习的内容和相应的资料。对于内部组织的培训,机构的培训主管部门应组织对内部培训资料审查,保证培训的内容与计划要求一致,以利于培训按计划有效实施;对外部组织的培训,应要求参培人员收集好培训资料,培训结束后应提交给公司培训管理部门进行必要的核查,使培训管理部门了解、掌握培训的实际情况。培训过程应要求参培人员做好笔记记录,积极参与培训考核工作。

6)培训效果的考核

培训效果的考核和奖罚,对于掌握、评价培训是否达到预期计划的效果,并据此对之后的培训计划和相关工作的安排调整,都是必不可少的一项工作。同时,对检测人员的学习积极性、主动性会形成有益的鞭策和促进。对于外培的情况,可依据培训组织部门颁发的培训考试合格证书对其培训效果予以确认;对于内培的情况,培训主管部门应预先编制好考题、考卷等资料,在当次培训结束后,及时对参培人员进行考核。考核可视培训的具体内容,采取书面考试、现场操作考核、提问发言等方式。培训考核内容和结果应形成记录。对于培训不合格的人员,应考虑采取复培等方式予以补救。当考试结果涉及人员所在岗位的必备知识和要求时,应对照上岗条件对相应人员的工作作出必要的调整。检测机构尚应对每期的培训进行整体效果的评价,以利于为今后的工作改进、计划调整等提供依据。

机构尚应对培训计划、培训方式、培训教材、考核方式等措施的整体有效性进行评价,采取必要的纠正和改进措施,促使机构培训工作持续保持有效、适宜,满足机构的发展需求。

7)人员的授权

检测机构应对人员培训和考核的结果进行有效应用,在培训考核的基础上建立人员授权制度。对检测技术和管理人员分级、分类制定任职和上岗资格条件要求,对经过培训且考试考核合格、各项资格条件满足要求的人员进行授权,保证每个检测技术和管理上岗人员的专业知识、业务能力、技术和管理水平以及资格条件满足规定要求。

8)培训的记录和资料

人员培训过程的各个环节都应形成记录等资料,予以收集归档保管。培训的有关记录和资料主要包括培训计划、培训台账、培训教材资料、人员考核与奖罚资料、培训效果评价资料等。资质条件核查中对检测机构人员培训情况的核查,主要方式之一是通过对反映检测机构人员培训实际情况的记录和资料进行评审核查。同时,可通过对与培训内容有关人员的检测工作开展情况、所负责的检测记录和报告的符合性情况,以及针对性问题的提问等方式进行核查评审。

关于人员培训的管理要求详见本书第四章第五节。

(四)检测场所要求

检测场所是《公路检测管理办法》规定的资质许可条件之一,明确要求申请检测机构资质的检测机构应具备固定的质量检测场所,且环境条件满足质量检测要求。交安监发〔2023〕140号的等级条件要求中,具体规定了各资质等级机构所应配备的检测场所环境要求,见表3-8、表3-9。交安监〔2023〕140号中的技术评审工作程序要求在书面审查时,要根据检测机构提供的质量检测场所的平面布置图、各功能检测室的平面布置图及环境条件描述,以及申请人提供的音像资料来审查检测机构检测场所和环境条件的符合性情况。在进行现场核查时,专家组应核查检测场地面积及布局、环境条件、各检测区设备布置、操作规程和管理制度、安全防护及环境保护等情况,评价各检测功能区域划分和设备布置是否清晰、合理、科学、规范,环境条件是否满足相关技术标准,规程制度是否齐全并及时更新等,并具体核对申请人用房产权证明或租赁期限证明材料是否有效(租赁期限应大于或等于5年)。在交办安监函〔2024〕1432号的评审报告的条件核查表中,具体把场所面积、场所产权证明或租赁时长是否符合规定要求、现场检测操作考核参数所涉及的质量检测环境不符规定要求之处的数量是否超过规定处数(不得大于3处)直接作为资质条件符合性的评判依据,见表3-10。

公路工程试验检测机构质量检测环境要求 表3-8

项目	甲级	乙级	丙级	交通工程专项	桥梁隧道工程专项
试验检测用房使用面积(不含办公面积)(m^2)	≥1300	≥700	≥400	≥900	≥900
	试验检测环境应满足所开展检测参数要求,布局合理,干净整洁				

注:本表内容为强制性要求。

水运工程试验检测机构质量检测环境要求 表3-9

项目	材料甲级	材料乙级	材料丙级	结构甲级	结构乙级
试验检测用房使用面积(不含办公面积)(m^2)	≥900	≥3600	≥200	≥500	≥200
	试验检测环境应满足所开展检测参数要求,布局合理,干净整洁				

注:本表内容为强制性要求。

检测场所条件核查要求 表3-10

条件	核查情况		符合情况
检测场所(检测用房,不含办公用房)	证明材料	□有产权证明或□租赁合同期限≥5年	□符合 □不符合
	面积(m^2)	等级条件要求____m^2,实际确认____m^2	□符合 □不符合
	环境条件	现场检测操作考核参数所涉及的质量检测环境____处不规范(≤3处为符合,>3处为不符合)	□符合 □不符合

根据以上对检测场所条件的要求和相关文件,总结以下相关的要求和注意事项。

1.检测场所面积

资质条件中对各资质等级的检测场所面积有明确的规定,均为必须满足的强制性要求。检测场所面积指的是检测用房面积,不含办公场所面积。检测用房包括各检测操作场所、收(留)样用房、样品制备间、设备库房等与质量检测工作直接相关的用房。

当检测机构拥有多种资质时(包括本行业和非本行业的资质),检测场所面积允许不同资质的检测业务共同使用。在计算所申请检测机构资质的检测场所面积时,应注意列出既有资质所共用的场所(按资质申请表第七张表的要求填写)。虽然对多资质共用的情况无量化面积的规定,检测场所面积累计值满足资质条件要求,则强制性要求即已满足。但列出此表,可较直观、清晰地判定检测机构的检测场所面积是否充足和适宜。因为面积是否充足,往往还影响设备的合理布置、安全防护措施的充分实施。这是检测机构在申请资质、自查和筹备资质申请条件应考虑的因素。

2. 检测场所布局和设备布置

检测场所布局主要根据检测场所功能和相应使用到的设备要求来划分。场所布局应遵循功能区划分清晰明确、便于检测操作使用和管理、便于环境条件要求的维护和监控、相互无干扰、对检测质量和安全环保无不利影响等原则。对于有废气和废水排出、有较大振动和噪声产生、有较高热量产生，或可能有飞溅物产生、有辐射的检测场所，应选择有效的隔离、封闭或疏导等处理和防范措施。若涉及有毒、有害、易燃、易爆等物品的处理和存放，还应符合国家、行业、地方有关的法律法规和规章制度的要求。

3. 检测场所的环境条件维护和监控

对各检测场所均应依据检测技术标准规范的相关要求，明确相应的环境条件要求（包括温度、湿度等）和保持维护及监控这一环境条件的要求，包括所需的设施设备和监控设备（如温控仪、抽湿机、温湿度监控仪等），建立环境条件的监控制度，实施检测场所环境条件的全面控制，为检测工作提供能够持续和稳定地符合环境技术条件要求的受控场所。

4. 检测场所的标识和标牌

检测场所应根据各个功能区域划分，做好场所的标识标牌，以及必要的安全或环境条件保持的提示、警示。标识标牌的基本标识内容包括场所名称、环境条件要求。

为提醒、方便检测人员对仪器设备操作规程和注意事项及环境条件的严格执行，更好地规范检测设备的操作使用，保证检测环境要求，检测场所要求将场所中设备的操作规程、环境条件及其维护保持监控制度上墙明示。检测机构应将上墙的文件作为体系文件进行有效性和受控管理，及时进行必要的更新。

5. 检测场所环境条件的记录

每个有环境条件要求的检测场所，均应建立独立的记录。在进行每项检测工作时，应在检测前、中、后核查环境条件与检测技术要求的相符性，并记录在相应的检测原始记录中。

（五）样品管理

样品管理在评审报告条件核查表中被列于“质量保证体系”条件核查中，见表3-11。

样品管理条件核查要求　　表3-11

条件	核查情况		符合情况
质量保证体系	样品管理	建立样品管理制度	□符合 □不符合
		样品的采集、标识、分发、流转、制备、保存、处置符合标准等规定，有下列情形之一的即为“不符合”： （一）存在样品污染、混淆、损毁、性状异常改变导致数据、结果存在错误或者无法复核等情形； （二）存在调换检验检测样品或者改变其原有状态进行检验检测的	□符合 □不符合

保证样品的代表性、完整性、有效性，是保证检测结果准确性和可靠性的重要前提。实施样品管理的目的，就是要通过对样品的抽取采样、包装封样、标识、分样、流转、制备、保存、保管、处置等各流程环节进行控制和管理，从而保证样品符合有关的技术标准要求，实现样品的代表性、完整性、有效性要求，同时杜绝样品管理条件核查中列明的“样品污染、混淆、损毁、性状异常改变导致数据、结果存在错误或者无法复核等情形”“调换检验检测样品或者改变其原有状态进行检验检测”这些一旦出现即被判为核查条件不符合的情况发生。以下针对样品管理的各主要环节列出其主要的控制和管理要求。

1. 样品的抽取和采样

(1)抽样工作任务的受理和下达：抽样工作任务由业务受理员与委托方办理抽样委托时正式受理，受理时应明确抽样的时间、地点、样品名称、数量等具体要求，并由业务受理员和委托方双方签名确认；抽样工作任务应由业务受理员在接受委托后将抽样任务信息录入检测软件，下达抽样人员(或书面下达抽样人员)。

(2)抽样的标准依据选择和抽样计划编制：根据客户要求和工程项目的专业性质等确定抽样工作的技术标准(选择原则与本章第一节“二、(一)、2”条检测参数的标准规范依据的选用原则一致)。

抽样的标准依据确定后，对于工作量较大、涉及面较广，或方法较为复杂、对环境等条件有较高要求、抽样操作对检测结果有较大影响，或抽样方法规定不尽完善的抽样工作，应编制专项抽样计划。

(3)抽样的实施和抽样记录：抽样人员应严格按抽样方法和(或)抽样计划实施抽样，保证抽样的数量、点位符合标准和计划要求；抽样应做好原始记录，原始记录信息应完整，必要时应绘制抽样位置的示意图和(或)采用文字等方法进行说明。抽样人员应在抽样的同时收集好样品的质保书、合格证、说明书等原始技术资料。

2. 样品的包装、封样标识和运输

抽样时应根据样品的特点、特性选择适用的包装容器，包装容器应不影响样品的内外在性质；样品抽取好并包装(必要时)后，抽样人应对每个样品进行必要的封样标识和签字确认，注明抽样日期、抽样人、样品原始编号等。

样品进行包装、封样并标识后，抽样人员应负责对样品采取妥善的方法运输至检测机构的收样地点，装卸运输过程应保证样品不破损、不变质、不混淆，并保护好封样标识。

3. 样品的接受和核查

(1)当由检测机构负责抽样时，抽样人员在完成抽样任务后应负责将样品运输至本机构的收样地点，与业务受理员和样品管理员办理样品交接手续。样品管理员根据抽样任务单要求、抽样记录及抽样人员提交的产品质保书、合格证、证明书等技术资料进行样品符合性、有效性核查，并在抽样任务单上确认签字。

(2)当非检测机构抽样时，由业务受理员在受理检测业务时接受样品。业务受理员应根据委托方的检测需求和所填的检测委托单及所一同提交的产品质保书、说明书等资料，查看样品性状（包装、外观、数量、型号、规格、等级等）是否符合检测的规定要求和样品技术资料的陈述，并予以记录和委托方确认签字。

4. 样品的备样

备样指除一次检测所需的样品数量外，另备份一份满足一次检测所需的样品数量。

除备样成本较高、难度较大不易备样或由于样品特点其备样对检测结果追溯性、复现性意义不大的样品，其他样品检测机构一般均需备样，以备有疑义时复查、复检之用。备用样品应满足再检验和（或）复查、复核的要求。

5. 样品的标识

（1）检测机构应建立和实施样品的标识系统，对样品的抽取、包装、运输、接收、储存、制备、流转、处置过程中均进行规范标识。标识应具有唯一性和追溯性，以有效避免样品实物的混淆和与相关记录的不对应、不可溯。样品标识一般采用在样品上粘贴或挂设标签或牌卡，并在标签或牌卡上标注标识内容的方式。

（2）样品标识内容一般由唯一性编号和样品检验状态组成。唯一性编号可采用连续不重复编号的方法；样品检验状态一般区分为“待检”“检后”“备样”三种，“待检”“备样”由业务受理员或样品管理员在业务受理时标注在样品标识标签或牌卡上，“检后”标识则一般由检验人员在检测工作完成后及时标注。

6. 样品的分发交接

检验人员在检验前与样品管理员依据检测任务信息进行样品交接，交接时应核查样品状态，符合要求后向样品管理员办理领样手续。需分割由不同班组完成的样品，在业务受理完成后直接由业务受理员和样品管理员分割下发，也可按检测先后顺序流转。分割和流转的样品应做好原样品标识的转移，并在原标识上加注区分号。

7. 样品的制备

样品的加工制备应符合相应的标准、规范、作业指导书的规定和随样品提供的有关说明，且制备样品的方法和过程应保证不使样品性能退化、损坏。样品的制备加工过程中应注意对样品标识的保护和妥善转移，以保证样品的可追溯性。

8. 样品的储存和保管

（1）检测机构应设有专门和适宜的样品储存场所，配备样品间、样品柜（架）和盛装容器等，用于储存各类样品；样品间由样品管理员负责管理，上锁保管，限制出入；样品应根据“待检”“备样”“检后”分类并整齐存放。

（2）样品储存环境和盛装样品的容器应适宜、适用，保证样品在储存期间受安全保护、不受损、不变质、不丢失、不混淆且易于区分；样品的存储场所应配备保持、维护和监控样品存储环境条件的设施设备，建立环境条件监控等记录，对样品的存储条件要求进行保持、维护和监控。

（3）样品管理员负责样品的出、入库和储存保管工作，建立样品管理台账，按规定记录样品的存储、领取、处置等情况，做到账物一致。

(4)需进行养护的样品(如混凝土、砂浆、稳定层试件、灌浆材料试件等),应在业务受理并接受样品后直接放入其养护室或养护箱养护和储存保管。应严格控制养护环境条件,按规定定期进行监控记录。

(5)易燃、易爆、有毒、有害的危险样品应隔离存放,做出明显标识。样品管理员和检测等有关人员应根据专业要求和危险品有关的管理制度,对危险样品妥善保管。

9.样品的处置

样品的处置包含检后样品、备份样品的处置。处置的方式应考虑相关标准的规定、顾客的要求、环境保护、必要时对检测过程的可复现性,以及合理和易操作等要求分类进行处置。对样品的处置要求,应标注于委托书中和任务单中,处置前需经由检测部门负责人的审批。样品的处置和审批应予以记录。

关于样品管理的要求,详见本书第六章第一节。

(六)原始记录和检测报告

原始记录和检测报告是检测机构工作最终产品的载体和体现。给出完整信息的检测原始记录和报告,往往集中体现了检测机构的技术能力水平及检测工作的符合性和规范性,聚合了检测机构的多项质量体系管理工作实施情况和其有效性。也正是因此,列于条件核查表“质量保证体系”条件核查项中的原始记录和检测报告的条件核查项(表3-12),是核查细目最多、评审核查结果出现问题较多的一项核查内容。核查要求详细列明了在技术评审时原始记录和检测报告核查所发现的问题性质和频次与机构资质条件符合性判定的标准。

原始记录和检测报告条件核查要求 表3-12

核查情况	符合情况
有下列情形之一并且数据、结果存在错误或者无法发核的不实检测报告,即为“不符合”: 1.使用未经检定或者校准的仪器、设备、设施的; 2.违反国家有关强制性规定的检验检测规程或者方法的; 3.未按照标准等规定传输、保存原始数据和报告的	□符合 □不符合
有下列情形之一的虚假检测报告,即为“不符合”: 1.未经检验检测的; 2.伪造、变造原始数据、记录,或者未按照标准等规定采用原始数据、记录的; 3.减少、遗漏或者变更标准等规定的应当检验检测的项目,或者改变关键检验检测条件的; 4.伪造检验检测机构公章或者检验检测专用章,或者伪造报告签发人签名或者签发时间的	□符合 □不符合
原始记录和质量检测报告内容清晰、完整、规范,检测数据可追溯,相关信息符合规范要求,质量检测报告存在下列情形之一的,即为“不符合”;或任一情形报告均未达到最大份数,但各种情形报告总数多于或等于10份的,即为“不符合”: 1.样品数量不足或抽检频率不足,且结论不准确的报告多于或等于3份; 2.检测依据的标准规范不正确且未进行任何说明的报告多于或等于3份; 3.原始记录或报告中主要仪器设备及编号、试验条件、样品抽取或测点布设等关键信息不全,且导致试验结果无法复现、追溯的,或导致检测结论不准确的报告多于或等于3份;	□符合 □不符合

续上表

核查情况	符合情况
4. 未严格按相关标准规范要求的步骤进行检验检测，且对试验结果产生影响的报告多于或等于3份，或导致检测结论错误的报告1份； 5. 原始记录和报告信息不一致的报告多于或等于3份	□符合 □不符合

以下将依据条件核查表中所列的原始记录和检测报告各核查项符合性判定规定，针对性逐项展开进行解释。

1. 不实检测报告和虚假检测报告问题

此类问题为否决项问题，一旦被发现存在此类问题，无论出现该类问题的记录或报告的份数多少，均判定该检测机构的资质条件不符合。

(1)不实检测报告之一："使用未经检定或者校准的仪器、设备、设施，且相应的检测结果、数据存在错误或无法复核"。

检测机构应对检测结果、抽样结果的准确性或有效性有影响，或计量溯源性有要求的仪器、设备、设施有计划地进行检定或校准。设备、设施在投入使用前，应通过检定或校准、核查等方式，确认其是否满足检测技术标准规范的要求，这是对检测机构所使用的检测设备、设施的量值溯源工作的基本要求，资质管理中检测机构的检校工作重点要求见本章第一节第二、(二)、2条。

检测原始记录中应体现检测所使用的主要的和有检定或校准要求的仪器设备的名称、管理编号，并由此能进一步查阅到相应的仪器设备的检定或校准证书，且检定或校准证书的内容和结果数据应能表明其量值性能符合要求，数据可追溯，证书在有效期内。需检定或校准的仪器设备，若无法提供有效的检定或校准证书，且相应的应检参数缺失，检校结果、数据存在错误或无法复核，则该机构的该项资质条件核查结果判定为不符合。

有效的检定和校准证书应满足以下几方面要求：

①检定或校准机构具备国家相应的资格条件要求；

②检定或校准的参数完整，与检测数据相关的主要检校参数齐全；

③检定或校准的结果符合检测等有关标准规定；

④仪器设备使用时尚在检定或校准证书所明示的有效期内；

⑤证书的签章齐全、有效。

(2)不实检测报告之二："违反国家有关强制规定的检验检测规程或方法，且相应的检测结果、数据存在错误或无法复核"。

检测工作的技术标准依据可区分为强制性和非强制性两大类。国家和行业标准的标准号后未加"T"的，为强制性标准，其中的规定除有注明外，均视为强制性要求；国家和行业标准的标准号后加"T"的，以及地方和协会、团体标准，均属非强制性标准，其中的规定均属非强制性要求。检测机构在进行检测依据标准的选择确定，以及检测标准方法的选用时，即应区分出强制和非强制两大类检测规程和方法。对于强制性要求的检测规程和方法且按标准选用原则必须选用时,对其实施和执行情况应加强监督、检查和控制,保证强制性规定得到落实执行。检测标准规范依据的选用原则见本节的相关规定。

原始记录和检测报告中均应体现所选用的检测规程方法。若该选用而未选用正确的、强制规定的检验检测规程或方法,且相应的检测结果、数据存在错误或无法复核,则该机构的该项资质条件核查结果判定为不符合。

(3)不实检测报告之三:“未按照标准等规定传输、保存原始数据和报告,且相应的检测结果、数据存在错误或无法复核”。

对于检测过程中产生的原始数据、检测结果,均应按相应的标准和检测机构的有关规定进行传输、保存,以保证检测数据结果的可追溯、可复核和必要的安全性、保密性要求,并作为检测过程行为的重要的真实性原始证明。

检测机构应建立并执行检测数据信息管理程序制度。通过对检测用的网络系统、计算机或自动化设备、计算机软件等进行有效的控制,对计算机或自动化设备的数据采集、处理、记录、报告、存储、传输和检索进行规范管理,以确保数据在输入或采集、数据存储、数据转移和数据处理过程中的完整性和保密性,并对其信息管理系统进行有效管理。

技术评审时,检测机构应按要求展示检测原始数据的传输和保存过程和保存结果。技术评审条件核查时所抽查到的原始记录和报告与计算机或自动化设备中相应的数据应能相互吻合一致。同时,数据的传输、保存应完整、正确、稳定、可追溯和复核。否则,将判定为该项资质条件核查结果不符合。

关于检测数据的控制管理要求详见本书第六章第五节。

(4)虚假检测报告之一:“未经检验检测的”。

(5)虚假检测报告之二:“伪造、变造原始数据、记录,或未按标准等规定采用原始数据、记录的”。

检测数据和检测报告的真实性是检测机构资质条件核查中最基本的一项条件要求。如果出现未经检测即出具检测数据和报告,或伪造、变造原始数据、记录,或未按标准等规定采用原始数据、记录的,属有意、人为造假行为,一旦发现即触及否决项,将判定为原始记录和检测报告的资质条件核查结果不符合。

可判定为存在此类问题的情况有如下几种:

①不能提供检测原始记录;

②提供的检测原始记录不真实,存在伪造、变造原始数据、记录的情况;

③提供的检测报告和相应的原始记录内容无法对应。

(6)虚假检测报告之三:“减少、遗漏或者变更标准等规定的应当检验检测的项目,或者改变关键检验检测条件的”。

要判定某种材料、产品、工程结构或部位的品质、性能是否符合质量指标要求和合格标准,往往需进行多项参数的检测并对多项检测结果进行综合判定。如果减少、遗漏了标准规定的主要指标项目的检测,或是主要参数的检测结果数据被减少或遗漏,则必然影响最终的检测结果合格判定的科学性、完整性和准确性;而改变关键的检验检测条件(如温度、时间等),必然影响检测数据的正确性和准确性,从而导致最终判定结果的错误。一旦发现存在这些问题,无论是主观人为或是无意的,在资质条件核查时,均被视为触及了否决项,判定为资质条件不符合。

(7)虚假检测报告之四:"伪造检验检测机构的公章或者检验检测专用章,或者伪造报告签发人的签名或签发时间的"。

具备公路水运工程质量检测机构资质等级的检测机构出具的检测报告,应加盖检测机构的公章或者检验检测专用章、计量认证资质认定章(当有时),可根据需要加盖资质等级专用标识章。《公路水运工程质量检测管理办法》明确规定检测报告需要由具备公路水运试验检测师资格的授权签发人签发。如果出现伪造公章或专用章或者伪造签发人签名或签发时间等有意的造假行为,均视为该机构违反了资质条件规定,判定为资质条件核查结果不符合。

2. 五种问题情形报告

此类问题可归为非否决项问题,指出现该类问题的记录或报告的份数若达到或超过相应的规定,或出现规定的各种问题的总份数达到规定数量,则判定该检测机构的资质条件不符合,否则仍可判定相应的资质条件为符合。

1)"样品数量不足或抽检频率不足,且结论不准确的报告多于或等于3份"

检测方法标准中一般均规定了样品数量(如组数、个数、点数、根数、重量、体积、尺寸等)的要求。样品数量是影响检测数据和结果的重要因素之一;抽检频率则和抽检的样品数量所代表的检验批量有关。在有关的材料、产品标准、质量检验验收、施工技术标准规范中,往往规定有检验批的划分和每批量的样品抽检数量要求。如果检验批超过规定要求,或是在规定的检验批量中所取的样品数量不足,均可视为抽检频率不足。显然,抽检频率也直接影响检测结果判定。

样品数量和抽检频率作为重要的与检测相关的信息,应体现在原始记录和检测报告的专项栏目中和检查过程相关环节的记录中。同时,也应在业务受理时体现在检测委托单的专项栏目中,以及样品的出入库记录和样品管理台账中。若为检测机构负责抽样的情况,还将体现在抽样记录中。核查样品数量时,首先检测原始记录和报告中的样品信息应符合相关要求。同时,当追溯相关的记录时,有关的信息应当是一致的。如果不一致,或记录直接显示样品数量、抽样频率不足,排除填写笔误导致的情况,即可判断为样品数量或抽检频率不足。检测机构应加强抽样和样品的管理工作,避免此类问题的产生。

当受客观条件的限制或影响,样品数量或抽检频率不足,检测机构应将此情况作为一种偏离情况,在相应的原始记录和检测报告中加以明示和说明,以提醒相应的数据和结果存在的局限性,并做结果仅供参考的必要申明。

2)"检测依据的标准规范不正确且未进行任何说明的报告多于或等于3份"

开展检测工作之前,必须先行正确选择和确定检测所依据的标准规范,本节前文给出了选择确定标准规范依据的一般规则和方法。检测机构应建立和执行检测方法管理程序和有关的作业指导书，保证检测方法选用正确，由此保证检测结果的正确有效。

如果由于工程项目或委托方的具体要求，或是其他某些特殊的原因，致使选用的标准规范不符公路水运工程的相关要求或标准选用的一般规则和方法，那么检测机构应在原始记录和检测报告中加以说明。

3）“原始记录或报告中主要仪器设备及编号、试验条件、样品抽取或测点布设等关键信息不全，且导致试验结果无法复现、追溯的，或导致检测结论不准确的报告多于或等于 3 份”

原始记录作为试验检测全过程的真实和唯一的记录，必须包含足够的信息，以让试验检测过程能够完整复现和追溯，并证明试验检测与其依据的标准方法的符合性，为取得的检测数据和结果的有效性、可比性提供佐证。检测报告的主要功能是向委托方和有关方明确检测的结果结论，并载明支撑相应检测结果结论的条件信息（如检验检测的依据、检测和审核审批人员），以及与委托方直接相关的信息（如委托方的名称、送检样品的数量、代表批量等）。

检测机构应制定和执行检测记录和检测报告的有关管理程序，明确记录和报告应包含的主要内容，并设计制定各类检测记录和检测报告的格式，作为相应的作业指导书指导和规范原始记录和检测报告的填写及管理工作。科学合理且完善的检测记录和报告格式，是避免必须填写的信息被遗漏，并作为正确引导和规范有序实施检测方法步骤的“利器”。

4）“未严格按相关标准规范要求的步骤进行检验检测，且对试验结果产生影响的报告多于或等于 3 份，或导致检测结论错误的报告 1 份”

熟悉检测工作依据的标准规范的要求，掌握规定的方法步骤，同时以严谨认真的态度对待检测工作和标准要求，严格执行标准规范的要求，这是对一名合格的检测人员的业务水平、专业素养的基本要求。

未执行检测依据的标准规范所规定的方法步骤，必然会影响检测的结果结论。这种影响的程度有所不同，有些只是影响到某个数据的检测误差超标，致使该数据结果的准确度不足，但对检验结论尚未造成影响，而有些则影响检测中的多个数据结果，或是对某个关键数据产生较大影响，进而导致检验结论的错误。

对检测原始记录和检测报告的审查，尤其是检测原始记录的审查中，若存在未按照标准规范规定的方法步骤进行检测的行为，常可从记录的信息内容（检测的过程记录信息、所用的仪器设备、环境条件信息、数据的处理方法等）中发现。要避免出现这类问题，直接相关的措施有：

（1）人员方面：检测人员应正确选择、熟练掌握并严格执行标准的规定；检测机构应加强人员的业务和职业素养的培养、培训，并建立对人员和检测过程的监督监管机制；

（2）资源配备：配备符合检测条件要求的各类资源，包括设备设施、材料、场所环境，并对这些资源要素进行有效管控；

（3）制定科学合理、内容完善的、符合标准规范规定的检测方法步骤的各类检测原始记录和检测报告格式，以有效规范和指导检测行为。

5）"原始记录和报告信息不一致的报告多于或等于3份"

检测报告依据检测原始记录进行编制，检测报告中的检测原始信息必然且必须全部来自原始记录。检测报告是根据原始记录中记录的检测数据和采用的质量评判标准，在报告中给出检验检测结论，即检测报告是出自原始记录。虽然检测原始记录和检测报告的功能作用有所不同，形式和包含的内容项目也不尽相同（如检测报告中的委托方信息在原始记录中没有，这是盲样管理的要求；检验结论在原始记录中也不一定包含），但涉及主要检测条件、检测对象、检测方法等原始信息的内容，原始记录和检测报告均应体现，同时也必然相同。如果不一致，可能是因为无意的疏漏错误，或是有意的弄虚作假。对此问题检测机构应予以重视，减少和避免出现此类问题。

（七）现场检测操作

现场试验操作考核是现场核查中针对机构的实际质量检测能力的主要核查工作。通过现场试验操作考核，评价、评审检测机构的检测人员条件、人员对检测操作方法和结果评判标准以及相关质量检测知识的掌握情况、原始记录和检测报告出具的规范性情况、所使用设备和环境条件的符合性情况等。专家组将主要根据此项考核情况，确认检测机构的质量检测能力范围，以及参数的检测方法、测量范围、测量精确度等检测能力限制条件。

条件核查表中，将现场检测操作归入质量保证体系评审条件核查（表3-13）。把现场检测操作中所抽取考核的必选参数是否能够按照标准、规范和规程所规定的方法完成，作为该项条件是否符合资质条件要求的判定标准，必选参数有一项未按要求完成，即为不符合；若为可选参数未按要求完成，则该项参数不予确认。同步对现场考核所使用的仪器设备的有效检校率、环境条件的规范性进行核查，若有效检校率小于90%或环境条件的不规范处多于3处，即确认相应条件核查不符合。

人员培训和现场检测操作条件核查要求　　表3-13

核查情况		符合情况
人员培训	检测人员培训有计划，培训内容满足知识更新要求，培训情况有记录	□符合 □不符合
现场检测操作	能够按照标准、规范和规程所规定的方法完成考核参数的现场试验 考核抽取必选参数___个，未完成参数___个 （全部完成为符合，有1个及以上未完成为不符合）	□符合 □不符合
	考核抽取可选参数___个，未完成参数___个（未完成的可选参数不予确认）	

根据以上条件核查要求，结合试验检测工作的特性和影响要素，总结以下几方面关键控制点：

（1）检测人员为资质申报中的人员，持有考核项目所属专业的职业资格证书。检测机构对每个现场考核参数可至少提供3名持证检测人员备选，其中至少有1名试验检测师。操作人员由评审专家指定或随机确定，拟安排的实操人员比例一般不低于该机构当次申报持证检测人员数量的60%,且应尽量减少人员交叉重复情况。

(2)选用的检测方法标准和质量评判标准正确适用。

(3)检测样品的外观性状、尺寸、数量符合标准规范的规定;检测前检测人员对样品进行了核查并记录;工程现场实地试验考核,应重点关注是否科学合理地制定了抽样方案。

(4)工程现场实地试验考核时,应在试验操作前收集和记录与检测操作和数据分析及结果评判相关的工程项目和工地现场信息。

(5)检测的环境条件符合标准规范规定要求;检测前后检测人员对环境条件进行了核查并记录。

(6)检测仪器设备的功能、量程、精度符合标准规范规定;设备进行了有效检校且结果符合技术要求;检测前后检测人员对仪器设备的状态和检校情况进行了检查、测试并记录。

(7)检测的操作方法步骤和仪器设备的使用操作符合标准规范、操作规程的规定,做到正确、规范、熟练。

(8)检测数据的采集、读取、记录、计算、处理、修约,计量单位正确、规范、符合要求;数据记录进行复诵、核对。

(9)检测原始记录与检测过程同步进行;记录的内容正确、完整、清晰、规范。

(10)检测结果和检测结论的判定符合标准规范的规定;结论表述正确、完整、准确。

(11)检测报告的内容完整、正确、清晰。

(12)检测记录和报告的签字真实、齐全、有效,用章规范。

(13)检测人员对专家提问的其所承担的检测领域的相关专业知识、技术要求和方法步骤规定能正确、完整、熟练地回答。

(八)质量保证体系文件

质量保证体系文件是质量保证体系的文字载体,是评审报告列出的质量保证体系条件核查项中的具体核查项目之一。要建立质量保证体系,首先应编制和建立质量保证体系文件,以明确规定和表达质量保证体系的要求。《公路水运工程质量检测管理办法》明确规定,申请资质时,检测机构应提交质量保证体系文件。资质审批中的技术评审活动中,质量保证体系文件是书面审查的主要内容之一;技术评审条件核查表中,质量保证体系文件的要求作为基本要求,是评审报告列出的对质量保证体系条件核查的第一项要求:“质量手册、程序文件等质量保证体系文件应齐全”。

国家标准《检测和校准实验室能力的通用要求》(GB/T 27025—2019)(简称《实验室通用要求》),系统完整规定了检测机构质量体系应包含的要素和要求。该标准从机构、人员、场所、设备、质量体系等方面规定了对检测机构进行资质认定能力评价时的通用要求,适用于申请和拥有资质认定证书的各行各业的检测机构。一家检测机构可以根据自身的需要拥有多行业资质,但一家检测机构仅能有一个质量保证体系。目前申请或拥有公路水运工程质量检测机构资质等级的检测机构，多数均申请或拥有资质认定证书。因此，《实验室通用要求》实际已成为目前多数检测机构建立质量体系的主要依据。对质量保证体系的要素和内容的要求，即是对质量保证体系文件的要求。结合《实验室通用要求》和《公路检测管理办法》及其配套文件中有关质量保证体系的要求，将检测机构质量保证体系文件通常的层级分类和应包含的主要内容及文件名称汇总列于表3-14，供检测机构参考。

质量体系文件汇总清单　　表3-14

序号	文件层级类别	文件名称	文件的作用和主要内容
1	第一层级	质量手册	为检测机构质量体系的纲领性文件，明确管理体系的建立依据、要素、体系的整体构架、组织和职责
2	第二层级	质量管理程序文件	为管理体系具体实施的主要依据，明确了各项工作的具体工作内容、流程和管理规定
2.1	维护公正性和诚信程序		
2.2	保护客服秘密和所用权程序		
2.3	人员培训和管理程序		
2.4	质量监督管理程序		
2.5	环境设施和条件控制管理程序		
2.6	检测仪器设备管理程序		
2.7	检测仪器设备量值溯源程序		
2.8	标准物质溯源和管理程序		
2.9	检测仪器设备期间核查程序		
2.10	文件控制程序		
2.11	合同评审程序		
2.12	检测分包程序		
2.13	服务和供应品的质量控制程序		
2.14	服务客户程序		
2.15	投诉处理程序		
2.16	不符合工作处理和纠正措施及风险控制程序		
2.17	记录管理程序		
2.18	内部审核和管理评审程序		
2.19	检验检测方法控制和检验检测工作程序		
2.20	自制定检验检测方法控制程序		
2.21	开展新检验检测方法和新检验检测项目管理程序		
2.22	测量不确定度评定程序		
2.23	数据信息管理程序		

续上表

序号	文件层级类别	文件名称	文件的作用和主要内容
2.24	抽样控制和样品管理程序		为管理体系具体实施的主要依据,明确了各项工作的具体工作内容、流程和管理规定
2.25	检验检测结果有效性质量控制程序		
2.26	检测报告管理程序		
2.27	安全管理程序		
3	第三层级	作业指导书	
3.1	管理类作业指导书		是对第二层次文件的补充,对管理工作和技术工作的进一步细化
	公司管理用表汇编		
	资质申报作业指导书		
	检测报告质量目标考核及奖惩办法		
	主要人员岗位任职条件		
	危险物品管理制度		
	新人员上岗前基本培训、考核和资格确认管理制度		
	检测环境条件管理制度		
	样品室管理制度		
	现场检测工作作业指导书		
	现场检测仪器设备使用管理		
	安全用电管理作业指导书		
	……		
3.2	技术类作业指导书		
	检测记录报告格式汇编		
	检测仪器设备操作规程汇编		
	检测仪器设备期间核查规程汇编		
	检测仪器设备维护作业指导书		
	标准物质、检测耗材和化学试剂一览表		
	试验溶液管理办法		
	数据处理作业指导书		
	软件适用性确认作业指导书		
	钢结构保护电位、自然腐蚀电位检测作业指导书		
	……		

第二节　资质的申请

资质申请和审批所依据的管理规章制度文件，与本章第一节资质条件要求所依据的文件一致，主要有《公路水运工程质量检测管理办法》及其配套文件交安监发〔2023〕140号和交办安监函〔2024〕1432号，交安监发〔2023〕140号中与交办安监函〔2024〕1432号不同之处，执行交办安监函〔2024〕1432号的具体规定。

《公路水运工程质量检测管理办法》规定，检测机构从事公路水运工程质量检测活动，应当按照资质等级对应的许可范围承担相应的质量检测业务。资质的申请和获取，直接关系到检测机构检测业务开展的合法和合规性。《公路水运工程质量检测管理办法》及其配套文件交安监发〔2023〕140号和交办安监函〔2024〕1432号，规定了公路水运工程质量检测机构资质申请的基本程序和需提供的申请资料的要求。作为一家检测机构，需要科学合理地确定资质申请的方向，做好资质申请的有关筹备工作，保证各项资质条件满足资质许可条件的要求，按规定程序进行申请、提交资料，配合许可机关组织进行的资质评审和审批，最终按计划完成确定的资质申请目标。本节将按资质申请工作开展的顺序，针对资质申请筹备工作的重点和难点进行总结和解释。

一、资质申请方向的策划

（一）策划工作的考虑因素

《公路检测管理办法》规定，检测机构从事公路水运工程质量检测活动，应当按照资质等级对应的许可范围承担相应的质量检测业务。检测机构是否要申请公路水运工程质量检测机构资质，申请专业、类别、等级的资质，应从以下各方面进行综合考虑，找准定位，做出决定：

（1）检测机构自身或其上级单位对机构发展规划与要求；

（2）检测机构业务经营计划覆盖的地区、区域公路或水运工程的发展变化情况、各类检测业务规模和业务量；

（3）检测机构业务经营计划覆盖的主要地区、区域既有的检测资源、力量分布；

（4）检测机构自身的基础情况、检测技术能力的可提升空间和难易度、所需主要资源的可获得情况和投入产出的可行性与合理性；

（5）检测机构获得资质后在市场经营、技术提升和经济收益上的可持续性。

（二）资质等级和能力范围的确定

资质条件区分各类资质专业和等级，规定了相应必须达到的强制性检测基本能力要求，即必选检测参数（黑体参数）的规定。一旦选定了资质的专业和等级，相应的黑体参数即选定；同时，各类资质等级的检测能力基本要求中，也列出了部分可以由检测机构选择具备或不具备的非黑体检测参数（但选择的非黑体参数数量必须不少于整体数量的60%），在确定了资质申请的专业、等级之后，还应对照资质条件中的检测基本能力要求列表，对申请的非黑体可选参数进行选择确定。黑体和非黑体的参数均确定后，方可确定机构计划申请的具体的检测能力范围，从而为资质申请的筹备工作确定了依据。

（三）检测技术标准依据的确定

在确定了资质申请的检测能力范围即检测参数后，应逐一进行各检测参数依据的技术标准规范的选择确定。检测技术标准规范规定了检测的技术方法、检测所需的仪器设备设施、场所环境条件以及结果结论评判标准。只有确定了依据的标准规范，资质申请的筹备工作才拥有了具体、翔实、可操作的指导依据。为此，检测技术标准依据的确定应在资质策划阶段即开展，以使策划结果既能为后续的各项资质申请筹备工作找准方向，又能提供具体的工作依据。

关于检测技术标准依据的确定详见本章第一节。

二、资质申请的筹备

检测机构应依据资质申请的专业、类别和确定的检测参数能力范围，围绕资质许可条件和评审核查要点，有计划、有步骤、有组织地开展资质筹备工作。

（一）筹备机构组建

资质申请的筹备工作涉及全机构、全体系各方面的工作，需机构各部门人员明确目标、步调一致、相互协作，有组织有计划地开展和推进。对于大中型检测机构，可结合检测机构的组织结构体系和职责分工，组建资质申请筹备小组。筹备小组负责人一般由机构行政负责人总体负责，技术负责人和质量负责人分工负责，主要职能部门人员作为成员分工执行。

（二）资质申请筹备工作计划

1. 筹备计划的编制

资质申请筹备工作涉及面广、职能接口多，且往往需动用较大的资金、场地等资源。对于此类工作，制定一份详细的工作计划很有必要。

1）筹备工作计划的主要编制依据

（1）资质管理的有关规定；

（2）检测机构确定的资质申请专业和等级及检测参数范围；

（3）与申请的检测参数和能力范围相关的标准规范。

2）筹备工作计划的编制内容要求

（1）资质申请的总体时间、进度计划；

（2）筹备机构的组建和筹备人员的分工；

（3）资质申请的检测参数（必选参数＋选定的可选参数）；

（4）相关技术标准依据的配备；

（5）人员条件（职业资格证书、职称证书、工作经历）的筹备（包括人员招聘、考试取证工作和培训）；

(6)设备的选择、配备计划和重点管理要求；

(7)场所和设备布局规划，环境条件及相关监控设施设备的配备计划；

(8)质量保证体系文件的梳理和完善及宣贯计划，体系运行的审查评审工作计划。

计划编制好后，应分发至所有有关部门人员，并加以宣传动员，必要时开会进行计划的解释和工作任务的详细布置，以利于计划的落实执行。

2. 筹备计划执行情况的检查监督

资质申请的周期一般相对较长。在此期间，检测机构应建立计划实施情况的汇报和监督检查机制，定期由各职责和分工部门汇报筹备计划落实情况，组织对计划落实情况进行检查，及时发现偏离计划的情况，并制定和采取相应纠偏措施。由此随时掌握和督促筹备计划的有效实施，保证计划按既定的方向推进，直至资质申请计划目标的实现。

(三)人员条件的筹备

1. 人员的配备

资质申请中的人员配备准备工作，首先应逐条对照交办安监函〔2024〕1432号中的人员配备表和本章第一节的内容，对应检测机构计划申请的资质专业等级的规定，对既有检测人员、技术负责人、质量负责人的试验检测职业资格证书情况、职称证书情况、工作经历年限等进行梳理，列出表格，明确与必备要求之间是否存在差距，以及不满足要求的具体情况，作为后续资质申请筹备工作重点解决的问题。

解决人员的职业资格、数量问题，应结合机构的具体情况，采用外聘人员或机构内部培养解决的方法。人力资源和社会保障部一般每年下半年组织一次公路水运工程试验检测职业资格证书的考试取证工作。若采用机构内部培养解决人员的职业资格持证问题，则尚应考虑证书获取的时间周期因素，从长计议，做好计划；若采用外聘解决，则需注意机构对人员的实际聘用时间需保证必要的时长(资质评审核查时，要求机构提交所有人员资质申请时有近3个月的连续有效的社保缴纳记录)。

资质条件中所列的人员要求是必须满足的最低要求。检测机构在进行人员的配备时，还要考虑机构既有的其他资质要求和实际检测业务量情况，以及一旦获得所申请的资质后的适应能力，尽力配备较充足的人员，建立满足机构实际和资质及业务发展的人员团队，为机构提供人力资源这一首要保证。

2. 人员的培训

检测机构可参照本章第一节实施人员培训。在资质申请的筹备阶段，人员的培训内容宜加强针对性，重点将以下四方面的内容作为该阶段的重点培训内容：

(1)资质管理、资质条件和资质申报与评审要求的规章制度文件。

(2)资质申请所分工负责的检测工作有关的标准规范(重点为所申请的检测基本能力范围相应的标准规范)。

(3)资质申请所分工负责的检测工作的实操训练(重点为所申请的检测基本能力范围参数的实操训练，培训中应有专门人员进行监督和考核)。

(4)检测机构质量体系文件的组成和结构,主要管控要素和管控程序要求(重点为资质评审条件核查表中所列明和相关的各项质量保证体系要求);与各主要职责岗位密切相关的质量体系文件的规定。

(四)仪器设备的筹备

仪器设备是检测机构资质申请中对资金和场所占用最大的一项硬件资源条件,也常常是资质申请筹备中工作量较大、涉及面较广的一项工作。检测机构在筹备阶段应结合日常工作做好申请阶段的分工,配备适宜的设备条件、筹备负责部门和人员,做好设备从选型采购到量值溯源和管理维护等各环节的工作。

1. 全面正确确认需配备的仪器设备

资质条件要求中对仪器设备规定了必备设备和可选设备两大类设备,分别对应了必选参数和可选参数所使用的仪器设备。必备设备缺一不可,检测机构首先应逐一核对必备设备的要求并逐一配备;对可选设备,应根据检测机构所申请的检测参数进行核对和配备。核对和确认需配备的仪器设备,应注意以下要点和方法。

1)严格解读和核对仪器设备表的要求

核对和确认需配备的仪器设备,首先应辨认出检测能力基本要求和仪器设备表黑体字的必备设备要求,以及所申请的可选检测能力参数所对应的仪器设备。核对仪器设备表的要求时,应关注在本章第一节的相关内容。机构应根据所申请的检测参数一一对应辨认和确认所需配备的设备,必选设备为必选检测参数对应的设备,不能遗漏。

2)关注仪器设备的全面配备

资质条件检测能力基本要求和仪器设备表中所列的仪器设备,是主要的仪器设备。设备配备时还应注意一些配套的辅助器具、标准物质和耗材未在表中列出(如化学分析检测所需的具体的玻璃器皿、溶液试剂等),这些仪器或材料可能也是所申请的检测参数检测时需使用到的。若未配备,虽不涉及资质条件对仪器设备条件的否决性要求,但将会影响现场检测实操考核时相关考核参数是否能按标准要求,规范完整地完成评判,并由此产生相应的风险。

3)关注仪器设备的正确配备

核对确认了需配备的仪器设备名称后,需进一步确认该设备的主要功能、量程、精度要求。只有配备了主要功能、量程、精度均满足相应的检测参数依据的技术标准规范规定的设备,才做到了准确到位的有效配备。如果量程配备不符要求,可能导致审批的相应检测能力项目受到一定范围的限制;而功能、精度要求不符,则相应的检测能力项目将可能不予确认,其中若涉及必选参数能力,面对的风险将更大。故检测机构在进行设备的配备和选型时,必须明确主要功能和设备的量程、精度等技术要求,并体现在设备的申购文件中,以供设备采购配备时据以执行。

4)同台设备的配备数量

对于规模、业务量较大,拥有多项资质的检测机构,还应注意配备的设备数量是否满足要求。涉及多参数、多部门需使用的仪器设备，应结合考虑相应的业务量和及时完成检测任务的需要，以及设备成本、使用寿命、场所条件等因素，确定配备的数量。

2. 仪器设备的采购与配置

需新购置的设备应及时安排按检测机构的采购程序规定，办理申购、比选、采购合同签订、实施采购、安装就位、检定校准、验收等系列工作，保证购置的设备及时到位。

1）新设备的采购

在设备的采购配置工作中，应尤其注意设备申购前，相关的技术部门人员应向采购部门人员清晰传递和交底设备的技术要求（包括型号、规格、量程、精度、主要功能要求），以让采购人员能明确要求、准确实施采购。对于较为复杂、贵重、精密的仪器，必要时可由设备专业人员、检测人员共同参与采购比选。另一项往往易被忽视并予以加强的工作，就是对已采购设备的进场验收工作。验收工作应严格按设备的管理程序要求实施，预先准备好验收表格，对包括设备的规格、型号、功能、量程、精度等技术参数，以及附随而来的设备合格证、说明书等技术资料的完整性进行验收。对其中有量值溯源要求的设备，随之而来的资料应包含检定或校准证书。同时，检测机构自身应针对量值的准确性，采取有效的检定校准措施进行进场验收，并将检定校准的结果作为验收合格判定的重要依据。

2）既有设备的梳理核查

对于检测机构既有的仪器设备，应对照确认的设备配备要求，从设备的规格、型号、功能、量程、精度等各方面再次检查、确认其符合性。若不符合要求，应重新购置或进行必要的调整改造。

3）配备的设备使用权证明的收集

资质条件要求：只要是列在检测能力基本要求和主要仪器设备表中的仪器设备，均要求需具备相应的使用权（即不能是租用或借用的设备），否则视为未配备。如果是必备的设备被视为未配备，则判为强制性要求未满足；如果是可选设备被视为未配备，则相应的检测参数能力不通过。为此，在设备购置时，应注意收集相应的发票等证据资料。对于购置历史较长，已无法获取购置发票的，应提供如上级单位调拨单、购置记录等可证明权属的资料。

3. 仪器设备的量值溯源

检定和校准工作是资质条件评审时涉及条件核查符合性的重要的审查核查内容。在评审过程核查检测原始记录和检测报告时，一旦发现使用未经检定/校准的设备且相应的检测结果、数据存在错误或无法复核，则视为不实报告，条件核查即为不符合。检测机构在筹备工作中应充分重视此项工作，按照本章第一节的工作重点逐一进行筹备，并关注以下具体工作事项：

（1）编制仪器设备应检校参数表。检测机构应根据所申请的资质等级和能力项目对应的每台仪器设备（包括固体硬件设备、检测软件、标准物质、检测试剂等），逐一辨析、梳理和确定必须开展检校的参数，形成“仪器设备应检校参数表”，作为设备检校工作的基本依据。

(2)选择确定仪器设备检校机构。调查了解机构所在地区的具备规定资质和业务能力的检校机构,对照“仪器设备应检校参数表”一一确定外委的检校机构和自校的仪器设备和参数。对本地区无相应符合要求的检校机构的仪器和参数,检测机构应扩大地区范围寻找。

(3)编制并严格执行仪器设备的检定和校准计划。检定/校准计划的内容应完整、清晰、合理、符合技术要求和机构资质申请的时间要求,保证在资质评审时,每台应检校的设备都经有效检校,并在检校的有效期内。

(4)重视和规范仪器设备检校结果的确认工作。确认工作的实施人员为机构的设备管理人员和相应的检测人员及技术负责人,检测机构应对此项工作的技术依据和确认程序有针对性加强培训,避免常见的“走过场”“走形式”的通病,将确认工作实施到位。通过此项工作,为检校工作的符合性、规范性把好关,防范因此而发生的资质评审条件核查不符合情况。

(5)加强对检定/校准计划执行情况的检查。对检校计划的实施情况,筹备工作小组在筹备期间可组织进行专项检查。检查内容主要有检校工作的及时性、检校参数的完整性、检校结果的符合性、设备上相应检校标识的正确和规范性、检校证书报告签字盖章手续的完备性、检校证书或报告的确认工作、检校机构的资质条件、从业资格的合规性等。

对检查发现的问题,应组织整改,对其中频发的、系统性的检校问题,可组织专题会议进行分析讨论,确定纠偏措施,并加强对纠偏整改实施情况的监督。

4.设备的档案管理

设备档案管理涉及和覆盖设备的各项管理工作。从设备档案内容,可追溯设备管理的多方面,设备档案管理是设备和设备管理工作的一个缩影。应主要从以下要点进行设备档案的梳理和管理。

1)档案包含的内容应齐全

设备档案主要包括以下内容:

(1)仪器设备、软件的名称和编号;

(2)制造商、厂家、经销商的名称,形式标识、系列号或其他唯一性标识;

(3)仪器设备的基本情况(包括规格型号、精度量程、生产日期、接收日期、启用日期、配件名称和数量、资料名称和数量等);

(4)使用说明书、合格证、质保书;

(5)所有检定或校准证书;

(6)设备开箱验收记录;

(7)设备使用记录、维护计划和记录;

(8)故障、改装、维修记录。

以上各种资料的内容记录、填写均应符合相应的管理程序、作业指导书的要求,做到内容完整、清晰、真实和可追溯;档案形式应一机一档、分类合理、标目清晰、整理有序,便于调阅和管理。

2)档案中的资料要与设备实物和设备运行及管理情况对应

在进行设备档案资料的检查时,除检查各种资料自身的内容外,尚应根据档案资料记录的情况,查证核对设备实物和有关的检测记录的情况(如设备的标识、检定校准标识和档案中相关内容的一致性情况;设备的使用记录与检测原始记录中设备相关信息的一致性情况;检定校准证书确认记录中对修正因子的要求与检测原始记录中体现的实际采用情况的符合性等)。

(五)场所条件的筹备

场所条件的筹备工作应围绕上述的具体核查标准和原则要求,参照本章第一节的相关内容开展。工作内容主要应包括场所的布局、设备布置,检测环境条件要求和安全环保措施、场所的标牌标识和操作文件的配备等。

(1)场所面积的量测核对。对既有场所进行量测计算,从总面积上先确认是否满足强制性要求。场所面积条件往往受检测机构既有条件和客观环境的影响较大。如果既有条件无法满足场所面积的要求,则需增大场所面积,从早筹备、从长计议,以保证场所面积这一强制性要求得到满足,同时利于后续各项筹备工作的开展。

(2)场所功能的区划和设备布置。根据机构申请的资质等级所覆盖的检测项目参数的检测需求,并结合机构既有的资质和业务进行功能区划,对划分的每种功能区域进行面积计算。将功能要求对应的设备设施进行模拟摆放布置,根据设备设施的摆布情况,对每个功能区域面积大小的适宜情况,与相邻区域的关系和影响进行分析、评判及必要的优化调整,拟定出检测场所的平面布局和设备布置。

(3)场所的环境条件和监控要求的确定。根据各区域开展的检测参数的技术标准依据,确定各区域的检测环境条件和监控要求,以及相关的安全、环保风险因素和相应的防范措施,列出相关的清单以供执行落实。环境条件的监控往往需配置相应的仪器设备。实施环境监控的仪器设备应纳入检测仪器设备一并管理,注意不得遗漏。

(4)样品、危险品等特殊场所条件的要求。对样品所需的场所,应考虑便于业务受理、样品装卸、领取、存储和保管等因素,同时还要满足样品管理流程和盲样管理的要求。危险品(包括危险耗材、样品,检测废水、固废等)的存储和保管场所,应以满足国家、地方有关的法律法规、规章制度的要求为前提,进行合理设置,确保安全、无污染。

(5)场所的标牌标识和操作文件配备。各功能场所布局和设备布置确定后,应对各场所挂设标牌和标识,配备有效的检测操作规程等作业指导书,建立场所环境条件记录。

(六)原始记录和检测报告筹备工作

原始记录和检测报告的相关工作,是关系所有机构申请的检测能力范围、技术和专业性较强、涉及的管理流程和要素较多的一项工作。检测机构应以防范有关问题的产生为重心,做好相关筹备工作,筹备工作要点如下:

(1)明确检测原始记录和检测报告的内容要求和相互关系(见本章第一节),以指导检测记录、报告格式的编制和内容填写。

(2)编制和确定检测记录和检测报告格式。根据检测记录和报告的内容要求,对照检测依据标准的规定,制定内容完整、步骤清晰、格式合理适用的记录格式和报告格式。这是保证记录和报告质量,避免和减少各种错漏的有效和关键的一项工作。筹备工作中,应将检测原始记录和检测报告格式作为重心,组织各检测参数检测工作的负责部门人员,分工负责进行各类检测原始记录的设计、梳理、改进、完善,并经由各项检测工作的部门负责人审查后,报经机构的技术负责人审批后执行。

(3)其他原始记录的要求。原始记录除检测记录外,还包括业务受理、合同(包括检测委托单)签订、任务下达、样品管理和流转等原始记录。筹备工作中,检测机构应结合业务受理、合同签订、样品管理的管理制度,同步梳理,保证从业务受理和样品接受开始至检测报告出具的全过程中原始信息的可追溯,为检测行为的真实、正确、准确、有效和规范提供原始凭据和保证。

(七)试验操作考核的筹备

试验操作考核是筹备工作中的重要内容之一,能否顺利通过评审时的试验操作考核,直接关系资质评审中对机构相应检测能力项目的确认。在筹备阶段,机构应充分做好以下几项工作:

(1)制定覆盖申请的所有检测项目参数的学习培训、实操演练计划。现场核查时的试验操作考核虽只对抽查到的项目参数进行考核,但在筹备阶段,机构应对全部申请的项目参数制定计划,并将此计划纳入机构的筹备工作计划和培训计划,有组织、有步骤地实施。

(2)培训的人员对象可根据机构的检测工作分工进行划分,应保证每项申请项目参数至少有三人熟练掌握检测技术和相关专业业务知识。

(3)根据试验考核时的核查内容,要求掌握的学习培训内容为各项检测参数的检测方法标准、检测结果评判标准,以及所应用设备设施的操作规程。同时还需学习掌握相应设备的检校规定、环境条件及其核查要求、样品及样品核查要求、原始记录和检测报告出具规定以及机构的检测业务流程规定。

(4)学习培训和实操演练可采取内外部结合的方式进行。对相对复杂、有一定难度的、涉及结构安全的检测项目(如桥梁和码头及隧道结构的检测和监测、桩基检测、隧道地质超前预报等),可采取外送交流、实地实习培训等方式。

(5)加强对学习培训和实操演练的监督指导和效果考核及改进。考核的方式应采用理论结合实操,具体的方法可以采取理论考试、操作考核、人员比对等。

(6)在全面准备的基础上,可重点加强对黑体参数、有难度参数、机构较少开展和标准规范发生变更及试验比对出现问题(延续申请时)的参数项目的培训演练和考核。

(八)质量体系筹备工作

在开展质量体系的筹备工作时,首先应认识到,质量保证体系是一项涉及机构的组织和职责,人员、设备和场所等各类资源的配备和管理,技术标准和方法的应用和管理,检测结果质量控制等质量体系各要素、全过程的工作。因此,质量体系的筹备工作必然贯穿筹备全过程的各项工作，即每项筹备工作都关系质量保证体系，都是在落实执行质量体系的相关要求。

本条将主要从质量保证体系的建立和运行的检查、督促和改进方面，总结筹备工作中的工作要点。

(1)质量体系要素的确认、体系文件的编制和完善。申请资质的检测机构，无论其原来是否建立或编制了质量保证体系，在开展资质申请筹备工作时，首先可参考《实验室通用要求》的要求确认梳理本机构质量体系要素，并结合机构自身的情况，编制完善质量体系文件(若同时具备计量认证资质认定资质的机构，可按此《实验室通用要求》和《资质认定评审准则》建立质量体系)。

对于尚未建立质量体系的机构，此项筹备工作量必然较大。初建的体系和文件，在资质评审前应至少试运行三个月，通过至少一次全面的内部审核和管理评审，以证明体系的适应性和有效性；对于原已建立并运行了质量体系的机构，可由质量负责人负责或筹备工作分工负责的人员，组织各有关职能部门，根据梳理的要素、此前体系运行中存在的问题，寻找体系和体系文件中需改进的内容、环节，有针对性地进行体系文件的修改完善。

(2)体系文件的宣贯和执行。筹备期间，对已完成编制修改的质量体系文件，可组织宣贯学习和必要的考核。考核可采用理论考试的方式，也可采用对相应人员的工作执行情况进行审查的方式。

(3)质量体系的全面内部审核。通常应在资质申请资料提交或专家评审前，组织对机构的质量体系运行情况进行一次覆盖体系全要素、全过程的内部审核，以掌握、验证机构质量体系的运行情况，发现和改进存在的问题与不足。

(4)筹备工作阶段应重点关注的体系管理要素。如前文所述，质量体系要求涉及机构管理要求的各方面。在筹备阶段，为更有针对性地进行质量体系运行有效性的改进，以保证符合资质评审核查条件所列明的符合性条款要求，现总结以下需重点关注的质量体系管理内容要素：

①人员培训和管理；

②检测仪器设备管理；

③检测仪器设备量值溯源；

④检测工作流程程序管理；

⑤记录管理；

⑥检验检测方法控制管理；

⑦检测数据信息管理；

⑧抽样和样品管理；

⑨检验检测有效性质量控制；

⑩检验报告管理。

检测机构在全面建立运行质量体系的基础上，围绕资质条件评审核查的内容和要求，重点针对上述体系要素、管理环节进行文件改进、执行指导和督促、内部审查和评审。

三、资质申请资料的编制和提供

在完成或基本完成上述资质申请的策划、筹备工作后,检测机构应按要求填写、编制和提供申请资料。

(一)申请资料内容要求

根据《公路水运工程质量检测管理办法》和配套文件评审程序的相关规定,申请人应当向许可机关提交以下申请材料:

(1)检测机构资质申请书。申请书应在公路水运工程质量检测管理信息系统进行填写申报,内容包含:基本信息,检测参数,主要人员的简历及组织机构框图,在岗人员,质量检测仪器设备,场所面积,人员培训记录,比对试验记录,信用评价,试验人员、设备、环境变动情况,质量检测主要业绩、实际开展参数、受处罚情况以及证明材料等。申请人应如实、准确地进行填写。

(2)质量检测场所的平面布置图、各功能检测室的平面布置图及环境条件描述,有关场所和环境情况的音像资料。音像资料一般应包含检测场所名称、检测场所全景、主要仪器设备、温湿度控制要求、检测场所平面布置和面积简图等。

(3)证明质量检测水平的典型报告(典型报告应覆盖所有的质量检测项目且不少于质量检测项目必选参数的10%。其中桥梁、隧道和基坑及基桩等涉及结构安全的检测项目以及水泥混凝土、沥青混合料等检测项目不少于必选参数的15%;新增参数典型报告不少于30%。典型报告应包括委托单、报告及相关记录等)。

(4)受控质量检测标准、规范和规程文件清单。

(5)仪器设备的所有权证明、检定/校准证书(主要仪器设备应不少于所申请资质等级必选仪器设备总量的40%)。

(6)质量检测业绩证明文件,包括合同文件、委托方出具的证明文件等。

(7)同时申请多个资质时,共用检测用房和技术负责人配置说明。

(8)人员劳动(聘用)合同和社保缴交资料(至少提供最近3个月的连续有效的社保缴交记录)。

(二)申请资料编制注意事项

填写申请书应注意以下要求:

(1)各类申请资料均应按要求如实、完整、规范地填写(注意申请表的备注要求),尤其是在岗人员一览表人员及相关信息和合同、社保等相关材料;检测业务范围表中的检测方法依据;检测仪器设备及检定/校准证书等,应进行详细、全面地梳理、核对。

(2)填写的内容应和资质条件要求及表格填写备注逐一进行核对,避免出现申请书体现的内容与资质条件要求,尤其是强制性要求不符合的情况。

(3)申请资料之间应内容一致,相互对应和佐证(如主要业绩表所列的工程项目和检测业务内容,应与所提交的合同文件、业务委托单、检测报告等相符)。

(4)填写的内容应与机构的相关记录、资料进行核对、校对,避免因错漏或笔误等原因造成申请资料和检测机构的技术和管理记录、资料内容不一致。

(5)可根据填写的内容,对实物情况(如设备、设备的检校标识、场所条件等)进行再核查核对,防范出现申请资料与机构实际情况不一致、不相符的情况。

第三节　资质的评审

《公路水运工程质量检测管理办法》规定,许可机关受理申请后,应当组织开展专家技术评审;交安监发〔2023〕140 号的附件 2《公路水运工程质量检测机构资质审批专家技术评审工作程序》(简称评审工作程序),详细规定了专家技术评审工作的专家组组建要求、评审内容、方法、流程、时间等程序规定;交办安监函〔2024〕1432 号以技术评审报告的形式,明确了资质评审条件核查的主要内容和核查标准,是目前资质评审的最新依据。检测机构申请资质时,应详细解读和掌握评审程序、内容的要求,配合好各项评审工作,保证评审工作的顺利开展,让评审结果如实反映机构资质条件的真实情况,使机构在评审中正常发挥,获得应有的、公平公正的结果。

一、专家组的组建规定和评审通知

(一)评审专家组规定

《公路水运工程质量检测管理办法》和交安监发〔2023〕140 号的评审工作程序,对技术评审专家组的职责任务、资格条件和工作原则作了如下规定:

(1)专家技术评审由技术评审专家组承担,实行专家组组长负责制;

(2)参与评审的专家应当由许可机关从其建立的质量检测专家库中随机抽取,并符合回避要求;

(3)专家组专家的专业应覆盖申请人所申请的专业、资质类别等级;

(4)专家组一般由 3 人及以上组成,设组长 1 名,实行组长负责制;

(5)专家应当客观、独立、公正地开展评审,保守申请人的商业秘密。

(二)评审通知

专家组人员组成情况在许可机构向申请人发出技术评审通知时一并告知申请人。许可机关自收到申请人通过公路水运工程质量检测管理信息系统提交的技术评审证明材料后,5 个工作日内向申请人发出技术评审通知,明确技术评审的工作安排。

二、技术评审的阶段划分

《公路水运工程质量检测管理办法》规定了专家技术评审的阶段划分,包括书面审查和现场核查两个阶段。每个阶段的审查内容、审查时间等见表 3-15。

专家技术评审的阶段划分和有关规定 表 3-15

序号	阶段划分	审查内容	审查时间	适用的评审类别
1	书面审查	申请人通过公路水运工程质量检测管理信息系统提交的全部材料	最长不得超过 60 个工作日(以技术评审通知所明确的评审时间起算)	资质审批、资质延续审批
2	现场核查	申请人完成质量检测项目的实际能力、实际状况与申请材料的符合性、质量保证体系运行等情况,分为工作预备、工作布置、总体核查、现场考核等阶段	一般为 2 天,且应在 60 个工作日内(以技术评审通知所明确的评审时间起算)	资质审批、资质延续审批(注:资质延续审批以专家组书面审查为主,但申请人存在《公路检测管理办法》第四十八条第三项、第五十二条、第五十三条第五项和第五十五条规定的违法行为,以及许可机关认为需要核查的情形的,应当进行现场核查)

专家技术评审按评审工作程序区分为上述两个阶段开展。检测机构应根据专家评审工作的流程、步骤、内容要求,全过程进行配合。以下按评审程序的推进展开步骤顺序,针对检测机构接受审查核查所需开展的配合工作,区分为两个审查阶段分别进行解释。

三、书面审查

书面审查是由专家组对申请人通过公路水运工程质量检测管理信息系统提交的全部材料进行审查,具体审查内容为:

(1)质量检测场所的平面布置图、各功能检测室的平面布置图及环境条件描述,申请人提供的音像资料。

(2)证明质量检测水平的典型报告(典型报告应覆盖所有的质量检测项目且不少于质量检测项目必选参数的 10%。其中桥梁、隧道和基坑及基桩等涉及结构安全的检测项目以及水泥混凝土、沥青混合料等检测项目不少于必选参数的 15%;新增参数典型报告不低于 30%。典型报告应包括委托单、报告及相关记录等)。

(3)受控质量检测标准、规范和规程文件清单。

(4)仪器设备的所有权证明、检定/校准证书(主要仪器设备应不少于所申请资质等级必选仪器设备总量的 40%)。

(5)质量检测业绩证明文件,包括合同文件、委托方出具的证明文件等。

(6)同时申请多个资质时,共用检测用房和技术负责人配置说明。

(7)人员劳动(聘用)合同。

书面审查结束后,专家组将在规定时限内向许可机关报送专家技术评审报告。评审报告以最新发布的交办安监函〔2024〕1432 号中的附件 3 修订版评审报告为准。检测机构在进行资质申请筹备、资料编制提交时就应逐条认真解读评审报告的要求，保证资料表达和显示的情况与各项条件核查要求的符合性，以及与检测机构实际情况的一致性。

需进行现场核查的情况，书面审查在现场核查前需完成。对于需开展现场核查的情况，检测机构应关注提供的申请资料（即提供书面审查的资料）与检测机构实际情况的一致性，此一致性情况是现场核查的重要内容。

四、现场核查

（一）现场核查流程

现场核查流程如图3-1所示。

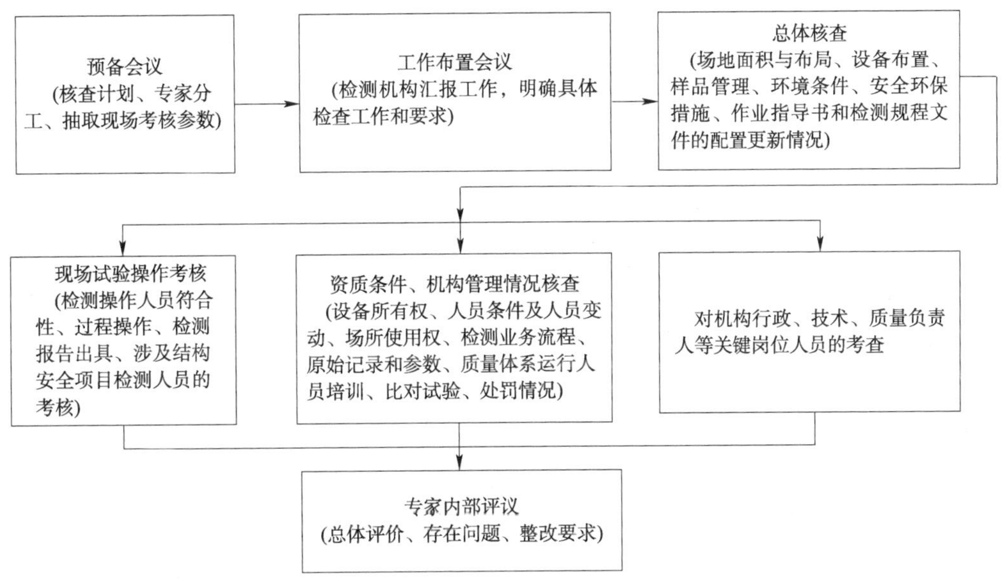

图3-1　现场核查流程示意图

（二）现场核查配合工作的准备

检测机构在收到许可机关的技术评审通知后，应根据通知中明确的现场核查时间，提前做好配合核查的准备工作。准备工作主要包括：

（1）联系专家组了解初步工作计划。提前与专家组长联系沟通，按照专家组长的要求，了解现场核查工作的初步计划安排，反馈沟通核查时段可能较大影响现场核查工作的客观情况（如气候、交通、工程项目和工地条件等）和应对措施计划。

（2）成立配合核查工作小组。工作小组负责人由机构主要负责人担任；工作小组负责编制核查配合工作方案，组织、指导、督促方案的落实。

（3）编制核查配合工作方案。根据与专家初步沟通的情况，由工作小组负责编制核查配合工作方案。配合工作方案包括：配合核查工作的部门人员分工；核查各阶段、各环节的配合工作具体内容（分工和分工工作内容主要包括：核查配合总负责人、汇报资料准备和汇报人员、各类核查资料的准备和提供人员、各类资料核查对接联络人员、现场试验考核对接联络人员、现场核查相关图表资料的输入和打印人员、交通行政及后勤保障人员等);交通、车辆等后勤保障措施;样品的准备工作计划;大型现场设备的调集方案;现场考核项目场地条件准备;核查工作计划应急预案、现场考核安全环保措施预案等(配合人员分工和专家对接联络人员名单及联系方式应准备好纸质版,在核查预备工作会议召开前随同汇报材料提供给每位专家,以方便工作联系)。

(4)现场试验操作考核样品、设备和外部场所条件的准备。对耗时较长、工作量较大或受外部条件影响较大的准备工作(如现场试验操作考核样品、工程项目条件和场所场地条件、大型设备设施的调集等),做好必要的提前准备。原则上而言,机构应准备好所有其申请的检测能力范围内各参数的相应样品;对只能在工程现场进行操作考核的项目,如地基和桩基及结构检测,应准备好必要的工程项目和场所条件或可供完整进行相应参数检测操作考核的模拟场所,以及所需的大型设备等资源条件。大型设备往往数量较少,检测机构应协调好核查阶段检测工作的需要,为现场核查的试验操作考核准备好必要条件。

(5)针对室外现场试验考核的特点和初选的外部场所实际条件,检测机构可预先编制好专项检测技术方案。技术方案应重点关注与检测操作和数据分析及结果评判相关的工程项目和工地现场信息的收集整理和应用、取样方案、检测操作步骤和注意事项,保证检测行为和程序流程的符合性与规范性,为顺利通过考核做好充分的技术准备。

(三)工作预备会议和工作布置会议

现场核查工作预备会议和工作布置会议分别是现场核查工作正式开始后由专家组长主持的第一项和第二项工作。检测机构应注意的工作重点和有关要求如下:

1)召开会议前的配合工作:检测机构应准备好会场和会议条件

(1)选好适宜的会议场所。会议场所应便于交流,独立不受干扰,且宜邻近主要的检测操作场所;会议场所往往也是资料核查的场所,故会议场所面积与设施还应考虑资料核查和备查临时存放的需求。

(2)配备好计算机、投影仪、麦克风、打印设备,以及纸和笔等办公用品;事先调试好办公设备,保证会议中顺畅使用。

(3)准备好 PPT 等汇报材料(包括核查配合工作分工和专家对接联络人员名单及联系方式)的电子版和纸质版资料。纸质版资料每位专家一份,在会议召开前提供给专家。

(4)按专家组要求,准备好成套的评审用表(评审报告表)。其中检测机构可预先填上的内容如人员、设备、场所、检测能力项目等信息内容应预先填上,评审报告专家人手发放一份。

(5)将近年(资质延续申请时一般出示前 1 ~ 3 年的资料,具体根据专家要求、场所条件和资料量而定)的检测记录报告、设备档案、人员、环境条件、样品管理记录,试验比对、监督记录,以及内部审核和管理评审等记录分门别类预先搬至会议室,以方便专家核查抽检。各种资料相应的填制、记录人员或相应工作的职责人员,分工所负责资料的提供和归整。资料的提供出示是贯穿整个核查过程的一项主要的配合工作,检测机构应做好配合分工和场所条件的准备，保证核查工作的顺利和有效开展，防范因资料的提供时效而影响核查工作效率的情况发生。

2）现场核查工作预备会议和工作布置会议要求（表3-16）

现场核查工作预备会议和工作布置会议要求　　表3-16

序号	会议名称	会议主持人	参会人员	会议内容	会议议程
1	工作预备会议	专家组长	1. 专家组全体成员； 2. 申请人主要负责人（指机构行政、技术、质量负责人，其他有关领导，主要部门负责人等）	1. 宣布评审任务、依据和原则； 2. 明确现场核查计划及专家分工； 3. 抽取现场试验操作考核参数及其试验操作人员； 4. 提出现场核查工作纪律和要求	1. 专家组和检测机构先后介绍参会人员；参会人员进行签到； 2. 组长公布核查计划和专家分工； 3. 检测机构明确主要配合和联系人员（打印出配合人员名单和联络方式）； 4. 组长宣布现场核查工作纪律和要求
2	工作布置会议	专家组长	1. 专家组全体成员； 2. 申请人主要岗位负责人（一般为机构行政、技术、质量负责人，主要部门、岗位负责人等）	1. 听取申请人有关工作的汇报； 2. 明确现场核查工作安排、专家分工及有关要求等； 3. 宣布抽取的现场试验操作考核参数及其试验操作人员； 4. 明确机构的配合人员分工等配合工作安排	1. 检测机构负责人按汇报材料（一般为PPT形式）汇报机构的概况、资质申请和资质条件筹备情况、主要资源配备情况、既有检测能力情况、比对试验情况、质量体系运行情况等（汇报材料可预先打印出纸质版并分发专家人手一份）； 2. 专家组根据核查计划和专家分工，明确现场核查工作具体安排及有关要求

（四）备检工作的就位

预备会议和工作布置会议之后，现场核查的详细计划和要求已经确定。检测机构应在原有准备工作安排的基础上，根据具体的核查计划、抽取的现场试验操作考核参数及考核人员，在会后立即开展以下有关配合工作的调整落实。

（1）对预先安排的部门人员的分工进行必要的调整，使每项核查工作、每位专家均有合适的配合和联络人员；根据分工安排，督促有关人员立即进入备检状态。

（2）根据抽取的现场试验操作考核参数及其试验人员，立即安排且确认相应的人员、样品、设备、场所条件就位；同时根据检测机构的业务受理流程要求，准备相应的试验检测委托单，填写好内容交由专家签字确认。

（3）对于需外出至工程项目现场进行操作考核的检测项目，立即确认现场和外出条件，安排好人员、设备交通工具。

（五）总体核查

在核查工作布置会后，专家组将进行检测机构场所布局和环境条件及有关情况的总体核查。总体核查采用对主要检测等功能场所进行实地巡查的方式，在巡查中对场所布局、设备布置和管理、环境条件及其管理等进行核查。

（1）总体核查的配合工作：总体核查时的巡查一般由检测机构的主要负责人陪同，全体专家组成员同步进入各检测场所进行。巡查前检测机构应通知各检测功能场所有关的检测人员和管理人员立即就位在相应的岗位，以便配合相应场所的检查，如回答专家的有关提问，介绍相应场所的功能和管控制度，出示有关的环境条件监控、设备使用记录等。

（2）总体核查内容和要求：评审工作程序规定，在进行总体核查时，专家组应核查检测场地面积及布局、环境条件、样品管理、各检测区设备布置、操作规程和管理制度、安全防护及环境保护等情况，评价各检测功能区域划分是否清晰、合理，仪器设备布局是否科学规范，环境条件是否满足相关技术标准，规程制度是否齐全有效、及时更新等。

从评审工作程序的上述规定可知，总体核查工作主要针对在检测场所实地的所见所闻进行核查，且检查内容可延伸涉及多方面。专家对场所实地所呈现的情况进行直观检查，采取随机抽取某些信息对照申请资料的相关内容进行核查核对，或对资料审查中有疑问的问题对照实际和实物情况进行核对确认的方式。同时，也常常采取对相关人员进行提问问询的方式，以了解人员对设备技术性能、量程和检定校准、环境条件要求和管理、样品制作加工保管等方面的业务知识，以及对质量体系有关要求的掌握和执行情况。

总体核查时所涉及的具体核查项目内容和核查要求见表3-17。检测机构可据以有重点、有针对性地开展准备和配合工作。

检测场所和环境条件总体核查具体内容和要求汇总 表3-17

<table>
<tr><th>序号</th><th>核查项目</th><th>核查具体内容和要求</th><th>注意事项</th></tr>
<tr><td>1</td><td>检测场地面积及布局</td><td>1. 面积满足要求，无拥挤杂乱情况；
2. 功能区划合理，相互无不利影响，且便于操作管理；
3. 各功能区标识清晰，出入条件管控到位</td><td rowspan="3">1. 当阶段（一般一个季度左右，根据机构的资料管理相关规定执行）的设备使用维护记录、环境条件监控记录、样品管理台账记录、业务受理委托记录等需放置于使用场所，检查时应展示或出示；
2. 有环境条件和安全环保要求（如温度、湿度、通风排气排水等）的区域应全部启动或展示相应措施，并保持要求的环境条件状态，以备专家核查</td></tr>
<tr><td>2</td><td>设备和设备布置</td><td>1. 设备配备满足要求，与申请业务项目相匹配无缺漏；
2. 设备布置合理，摆放有序，相互无不利影响，且便于操作和管理；
3. 设备标识和检定校准标识清晰、正确、规范；
4. 设备保养良好，整洁无污损；
5. 设备使用记录内容完整、规范</td></tr>
<tr><td>3</td><td>检测环境条件</td><td>1. 满足相关技术标准要求（包括温度、湿度、防尘、防震、隔热等条件）；
2. 停水、停电等应急预案、预防解决措施；
3. 环境条件监控记录完整、规范，符合管控制度要求</td></tr>
</table>

续上表

序号	核查项目	核查具体内容和要求	注意事项
4	样品管理	1. 样品间面积满足实际要求，待检、已检和留样区域划分清晰，便于样品流转和管理； 2. 样品存储区域（包括各种试件养护场所、加工制备、状态调节场所）、盛装容器等环境条件、保管措施适宜可控，符合相关技术标准要求，能确保样品不丢失、不变质、不混淆； 3. 样品标识清晰、完整、规范，能保证样品流转全程的标识唯一性和盲样管理要求； 4. 样品管理记录（包括收样记录、出入库记录、检测流转记录和处置记录等）清晰、完整、正确、规范； 5. 样品委托收样、检测、处置全过程流转顺畅合理，便于人样分离和盲样管理	措施的有效性和符合性情况； 3. 总体巡查中检测场所人员应文明礼貌，接受专家提问时，应认真思考、积极应答（对总体巡查中常见的提问问题能熟练掌握并正确回答，如设备主要检校参数、校准点、设备的量程精度等主要性能和适用范围，样品检测前的符合性检查、加工处理要求、流转程序规定，检测环境条件规定和管控要求等）
5	操作规程和管理制度	1. 检测场所管理制度、设备操作规程和检测方法标准、作业指导书等应放置或挂设于相应场所内，便于检测人员取用和阅读； 2. 标准、规程、制度等文件均应有效受控、及时更新	
6	安全防护及环境保护	1. 防火、防爆、防毒、防触电、防火花飞溅、防机械伤害、防尘、防噪、防盗、防环境污染等安全防护和环保措施到位有效； 2. 有毒、有害、易燃、易爆危化品的管理使用，检测中产生的废气、废液、废固的处理措施严格规范，有关记录完整、及时、规范，符合相关法规制度规定和机构管理办法要求	

（六）试验操作考核

现场试验操作考核是现场核查中针对机构的实际质量检测能力的主要核查工作。人员具备现场试验操作考核参数的检测能力，设备和场所环境及其管理满足检测参数的检测技术条件要求，正确规范地进行检测原始信息记录并出具检测报告，是顺利通过现场试验操作考核核查的根本。同时，检测机构和被考核人员也应关注和掌握现场考核的重点环节和注意事项，避免失误和偏差的产生，尽可能不受干扰，完整真实地展示考核项目的检测能力情况。现归纳总结现场操作考核的要点事项，以供参考。

1. 试验操作考核参数的范围和数量要求

现场试验操作考核参数一般采取随机抽取的方式确定（一般可在现场核查工作开始后的预备工作会上，通过公路水运工程质检测管理信息系统随机自动抽取）。根据评审工作程序的规定，抽取的参数应覆盖所申请资质等级能力范围的所有检测项目，并不少于必选参数总量的15%，同时抽取相应的检测人员（检测机构一般提供3个人供抽取，专家一般抽取或指定其中2人）。

随机抽取的参数除满足上述覆盖范围和数量规定外,专家组还应根据评审工作程序的以下规定,对参数作必要的调整:

(1)对于有模拟报告而无业绩且未能提交比对试验报告的参数,应列入现场试验操作随机抽取考核范围;

(2)延续审批需现场核查时,应将难度较大、资质证书有效期内未开展或开展频率低、标准规范发生变更、比对试验结果存在问题的检测参数等纳入随机抽取考核范围。

检测机构在开展现场核查工作准备时,在全面准备的基础上,可重点关注上述被列为抽查范围并可能重点考核的参数。

2. 现场试验操作考核的内容和要求

通过现场试验操作考核所评价、审核、核查的主要内容见表3-18。

现场试验操作考核评价核查内容　　表3-18

序号	考核项目	评价内容	备注
1	人员	1. 检测人员的持证和授权等资格条件;与资质申报资料中人员的一致性情况; 2. 人员对考核参数的检测方法、操作程序、步骤、结果评判标准以及相关质量检测知识的掌握情况、熟练程度; 3. 从事涉及结构安全的检测项目主要操作人员对专业知识、操作要领的掌握情况,对结果和结论的分析与判定的能力水平	
2	设备	所使用设备的技术性能状态、检定校准符合性情况、量程精度的适用性情况	
3	环境条件	检测环境条件的符合性和监控措施的有效性	
4	检测原始记录、报告	原始记录的形成和检测报告的出具的规范性、完整性情况	

3. 试验操作考核的实施

在如前文所述开完预备会议和工作布置会议,明确了抽查的参数之后的备检工作就位时,检测机构应立即根据机构正常业务流程的要求,由业务受理人员进行考核参数检测委托单的填写,经考核专家的签字确认后,下达检测任务单给相应被抽取到的检测人员(这一过程本身也是专家对检测机构业务受理流程管理情况的检查)。检测人员接到相应的任务书,并向专家确认可开始操作考核后,即应按以下各步骤有序实施和完成操作考核任务。

1)试验操作考核的准备

(1)被考核人员应挂牌上岗,牌证上有检测人员照片、持证证书名称、编号、岗位名称;注意该人员必须是资质申请资料上的申报人员,且经过机构的相应授权。

(2)在检测场所准备好有关的检测标准规范、作业指导书,注意文件的有效性和受控标识是否符合要求。

(3)准备好考核参数的检测原始记录、设备使用记录表、环境条件记录空表(检测场所、检测项目名称、检测仪器名称及编号、检定校准有效期、样品名称、编号等前置信息可先进行填写)。

(4)做好环境条件的准备,如开启空调、抽湿机,保证检测操作开始时的环境条件满足要求。

(5)进行检测仪器设备、配套设施、工具的检测前调试;检查计算机、软件应用的安全密码和运行情况;有温度修正、调节的仪器(如烘箱、恒温水浴箱等)可提前进行修正设置和调节,核查调节时间、温湿度等;对仪器设备的标识内容与相关记录资料内容的一致性进行核查。

(6)样品的准备和制备:一般而言,样品的加工制备是检测操作考核的内容之一。由于现场核查工作时间有限,故在征得专家同意后,检测机构可先行进行样品的准备和加工制备,尤其对于加工制备样品耗时较长、较复杂的情况。但无论何时进行,均应做好样品加工制备的原始记录,以供备查。

加工制备好的样品应由样品管理员预先进行编号、标识,放置于待检区;在确认具体的考核参数、下达考核参数的检测任务单后,样品管理员应对考核样品再进行一次核对检查,并向检测人员交接,做好样品交接流转记录;检测人员应在交接时对待检样品的数量、符合性和标识内容再进行检查。

2)室内试验操作考核的实施

(1)被考核人员出示身份条件:首先,检测人员应进行自我介绍,出示身份岗位挂牌,以供专家确认被考核人员条件的符合性;然后,请示专家意见是否可以开始,经专家同意后方可开始检测操作。

(2)样品核查:开始检测操作前,检测人员首先应对样品的符合性实施外观、数量、尺寸测量等例行检查,对检查结果进行记录;若存在不符合的情况,可立即处理的应立即处理完善,否则应予以记录,同时向考核专家说明,征得是否进一步试验的意见;若同意继续进行,则需根据检测偏离情况的程序规定填写偏离申请表,经技术负责人签字确认后按照偏离情况实施。

(3)环境条件核查:检测操作前检测人员应对环境条件情况进行核查和记录;若发现不符合的情况,可立即采取措施校正的应立即校正至符合要求,否则应予以记录,同时向考核专家说明,征得是否进一步试验的意见;若同意继续进行,则需根据检测偏离情况的程序规定填写偏离申请表,经技术负责人签字确认后按照偏离情况实施。

(4)仪器设备核查:检测操作前检测人员还应对检测使用的仪器设备进行运行状态的检查、检定校准情况的核查、适用的量程选择设定和确认,同时在仪器设备使用记录中填写使用前的检查情况,在检测记录中填写主要仪器设备的名称、编号、检定校准有效期。

(5)检查核查情况汇报:检测人员在进行了上述各项检测条件的检查,确认符合规定要求(若有偏差,应办理偏离处理手续)后,应向考核专家逐一进行汇报,请示可否进行试验操作。

(6)检测操作的实施:经专家同意后开始试验操作,按检测方法标准、作业指导书及设备操作规程规定进行操作,检测操作应完整、规范、熟练。操作过程中应注意以下要点:

①检测过程中应始终关注环境条件和设备的状态,若出现波动超标的情况,应予以记

录;波动情况明显或设备出现故障时,请示专家是否停止试验;检测结束时应再次核对环境条件和设备状况,并予以记录。

②被考核人员中的主检人员可负责读取数据,另一人负责记录和复诵,记录完毕后检测人员再进行复核检查。

③检测记录应与检测操作同步进行,并记录于机构正式采用的检测记录表中;数据的记录、运算和结果处理应正确、规范,计量单位、有效位数应符合标准规定;记录修改应规范。

④在试验过程中认真回答专家的提问,保持与专家顺畅沟通,切忌争吵、狡辩,亦无须任意扩展回答问题;若确实出现矛盾情况,该项核查工作负责联络人员应联系检测部门、技术负责人等共同处理解决。

(7)检测报告的出具:现场试验操作结束后,检测人员应对原始记录进行检查核对并签字确认,检测机构日常负责相应检测项目的审核人员(也可是指定的其他符合条件要求的审核人员)审核无误后,由检测人员负责编制检测报告;检测报告须做到内容信息完整、结论表述正确、格式规范合理,签字齐全,尤其应注意的是,检测报告中显示的检测方法依据、检测数据结果、设备、环境条件等原始信息应与原始记录一致;编制好的检测报告经由报告审核人、授权签字人审核、批准、签字确认后,连同委托单、任务单、检测原始记录等提交专家审核;专家审查过程中相应检测人员应随时做好回答专家的有关提问;经专家确认后的报告,由机构的业务受理部门统一盖章、装订、按专家组要求进行封存。

(8)检测操作完成后,残样应按检测机构样品管理制度的要求进行保留和处置,保留时间至少须待现场核查结束;残样的保留和处置应及时在样品流转记录等相关样品管理台账记录中进行记录。

3)室外现场试验操作考核的实施

根据室外检测的特点,室外检测操作考核除了与上述室内检测考核的要求和注意事项相同外,还应增加以下关注事项:

(1)提前做好场地、设备、交通车辆(船舶)与路线、安全保障措施的规划和准备,并在外出检测前与专家进行交底和沟通;注意检测场地的距离不宜太远(一般把控在单程1h内),并尽量避开交通高峰时段;检测人员如有条件应尽量预先到场提前做好现场试验考核的各种准备,保证专家到达现场即可开展试验。

(2)外出检测前,检测人员应携带好检测任务单、相应的检测操作作业指导书和当次检测方案(应包含安全、突发情况等应急预案)、检测原始记录表、设备使用记录表,以及所用检测设备的检校证书复印件,以备专家查验。

(3)检测人员外出前至现场仪器设备仓库取用检测设备时,应对设备出库前的状态、标识进行检查,填写设备的出库检查记录,与设备保管人员办理设备出库交接手续;检测完成归还设备时,应对设备使用后的状态和标识再进行检查,填写设备的入库归还检查记录,与设备保管人员办理设备入库交接手续;设备的取用和出入库检查手续办理前应通知专家到场查验。

(4)室外现场试验操作应根据准备阶段预先编制的检测技术方案(包括检测和抽样方案)有序进行。在检测操作前,应注意室外试验的特点,先行收集必要的现场环境条件和被检项目有关信息,策划检测抽样的具体方案,并征询考核专家的意见。

(5)现场检测较易受外部环境条件(气温、湿度、风况、晴雨等)的变化波动等不可控因素影响,检测人员应随时注意环境变化情况,及时记录可能影响检测结果的因素,采取必要的调整和防范措施;当外部条件严重影响检测工作时,应与专家进行沟通,采取必要的应急预案。

(6)现场检测工作须提前按安全环保预案做好安全防护工作及环境保护工作;安全帽、救生衣、反光背心、安全带、警示牌、警示锥等安全防护用品用具应提前准备并佩戴或安放妥当;若在既有行驶车道上检测需提前协调具体管理部门,并安排专人指挥交通。

4)对涉及结构安全考核项目的主要操作人员的考核

评审工作程序规定,在进行现场试验操作考核时,应对从事基桩、钢结构、混凝土结构、桥梁隧道工程等涉及结构安全考核项目的主要操作人员进行现场考核。检测机构应据此要求,日常加强对这些关键检测人员的业务和技术培训、考核和培养,在现场核查评审前,督促相应人员做好充分准备。

(七)资质条件核查和管理能力评审

资质条件核查和管理能力评审主要通过对检测机构相关记录、资料的核查。结合上述现场总体核查和现场试验操作考核两项核查工作所掌握的情况,对检测机构的人员、检测场地、设备设施、检测工作覆盖参数情况等是否与申请材料一致进行核对,对机构的质量保证体系运行情况、人员培训、比对试验、原始记录和报告等情况进行全面审查评价。

1.资质条件核查和管理能力评审要求明细表

以下根据评审工作程序的规定,对除上述总体核查、现场试验考核两个主要核查环节外,现场核查还必须开展的其他涉及资质许可条件和管理能力及质量体系运行情况的核查项目、核查目的,以及核查中检测机构应提供的记录、资料(表3-19),为检测机构更全面、有效配合现场核查工作提供指南和参考。

资质许可条件和管理能力核查要求明细表　　表3-19

序号	核查对象	核查目的	核查的记录、资料	备检职责部门/人员	备注
1	质量体系文件	1.审查机构的质量体系文件是否齐全;有关规定是否合理适用;文件是否有效受控。 2.质量体系文件的宣贯和执行情况;执行落实的有效性情况	1.全套的质量体系文件,包括质量手册、程序文件、作业指导书等。 2.文件的宣贯、学习、培训记录。 3.体系的各种运行记录,以及体系的审查、评审记录(主要有内部审核记录、管理评审记录等)	机构的质量管理部门人员	

续上表

序号	核查对象	核查目的	核查的记录、资料	备检职责部门/人员	备注
2	人员条件	1. 对检测人员的数量、专业、职业资格证书持证情况、职称、从业履历，对照申请资料和资质许可条件要求进行核查，确认检测机构的人员条件的符合性。 2. 资质延续审批还应核查申请人取得资质证书后，持试验检测证书人员调离该机构的人数占原总持证人数的比例、信息变更是否在规定期限内办理手续。 3. 申请多个资质的机构，同一个技术负责人所持检测人员证书的专业符合性情况、同一个检测人员证书的使用次数	1. 在岗人员一览表、检测机构负责人简历表、人员变动情况表（资质延续审批时提供）。 2. 人员的职业资格证书、职称证书、人员合同、聘书、社保缴交资料（至少提供近3个月社保缴纳记录）	机构人力资源管理部人员	
3	设备配备和管理（包括检测仪器设备设施、检测软件、辅助工具器具、检测耗材用品）	1. 对配备的设备名称、功能、量程、精度、检定校准结果情况等，对照申请资料和资质条件要求进行核查，确认机构设备配备的符合性。 2. 对设备的检定校准、维护保养、使用、档案等管理情况进行核查，评价机构的管理能力和有效性及符合性	1. 仪器设备一览表、设备变动情况表（资质延续审批时提供）。 2. 设备的购置发票（或其他可证明所用权的资料）。 3. 设备台账、设备检定校准计划、检定校准证书及其确认记录、期间核查记录、维护记录、使用和出入库记录、设备档案、设备的采购验收记录等	设备管理部门人员（设备管理员、计量检校负责人员）	
4	检测场地使用权	对检测场所的所有权或租赁情况进行核查，评审确认机构场所的使用权情况的符合性	房产证明，或租赁合同材料（租赁期限应大于或等于5年）	机构的办公室或行政后勤部人员	检测场所面积、环境条件主要在总体核查时进行，在此主要核对场所使用权情况

续上表

序号	核查对象	核查目的	核查的记录、资料	备检职责部门/人员	备注
5	原始记录和报告	1. 核查机构所开展的参数的检测原始记录、报告（包括模拟报告），是否覆盖机构所申请的资质参数。 2. 抽查一定比例（抽查不少于15%的必选参数和不少于5%的可选参数）的检测记录和报告，评价检测工作依据标准是否适宜、是否执行技术标准、信息是否完整准确、结论是否正确，以及签字、用章的规范性等。 3. 核查业务委托、合同签订、任务分派、样品管理、报告审批等检测业务流程是否规范	1. 检测原始记录、检测报告。 2. 业务委托书、检测合同或协议、检测任务书、样品管理台账记录（包括样品流转记录、出入库台账、处置记录等）	检测人员、样品管理员、业务受理部门人员、合约部人员	1. 检测机构应全面准备各种原始记录和报告资料，备查资料应覆盖所申请的所有参数。 2. 当机构应用信息化管理手段、采用相应的软件处理从业务受理至报告出具的业务流程时，应准备好向专家展示整个流程的软件运行情况
6	人员培训	人员培训是否按计划进行，培训内容是否满足机构的业务需求和知识更新要求	1. 人员培训计划；计划培训内容的覆盖面。 2. 人员培训记录；人员培训的有效性考核评价记录，人员监督记录等	机构人力资源管理部人员，或负责人员培训的职责部门人员	
7	样品管理	核查样品管理是否符合要求，是否建立样品管理制度	1. 查看机构的样品管理制度是否合理；查看样品委托单、样品流转记录；以检查收样、留样等环节的运转记录是否齐全、规范。 2. 查看样品流转间、试验室及留样间的样品标识，样品的唯一性标识和检测过程中的状态标识是否清晰，样品信息是否齐全。 3. 样品保管环境是否满足要求	室内试验负责部门及接样员、样品管理员	

续上表

序号	核查对象	核查目的	核查的记录、资料	备检职责部门/人员	备注
8	工地试验室和现场检测项目开展情况（适用于资质延续审批情况）	核查机构在工地试验室和现场检测项目所开展的质量检测业务情况	1. 近年工地试验室和现场检测项目基本情况统计表。 2. 工地试验室的业务授权书。 3. 机构对工地试验室的检查管理记录等		
9	受处罚情况	对机构的受处罚情况进行审查	机构若存在法律处罚、行政处罚情况，提供受处罚的相关文件和资料		

注：1. 有下列情形之一并且数据、结果存在错误或者无法复核的不实检测报告，即为“不符合”：a. 使用未经检定或者校准的仪器、设备、设施的；b. 违反国家有关强制性规定的检验检测规程或者方法的；c. 未按照标准等规定传输、保存原始数据和报告的。

2. 有下列情形之一的虚假检测报告，即为“不符合”：a. 未经检验检测的；b. 伪造、变造原始数据、记录，或者未按照标准等规定采用原始数据、记录的；c. 减少、遗漏或者变更标准等规定的应当检验检测的项目，或者改变关键检验检测条件的；d. 伪造检验检测机构公章、检验检测专用章，或者伪造报告签发人签名、签发时间的。

3. 原始记录和质量检测报告内容清晰、完整、规范，检测数据可追溯，相关信息符合规范要求，质量检测报告存在下列情形之一的，即为“不符合”或任一情形报告均未达到最大份数，但各种情形报告总数大于或等于10份的，即为“不符合”：a. 样品数量不足或抽检频率不足，且结论不准确的报告大于或等于3份；b. 检测依据的标准规范不正确且未进行任何说明的报告大于或等于3份；c. 原始记录或报告中主要仪器设备及编号、试验条件、样品抽取或测点布设等关键信息不全，且导致试验结果无法复现、追溯的，或导致检测结论不准确的报告大于或等于3份；d. 未严格按相关标准规范要求的步骤进行检验检测，且对试验结果产生影响的报告大于或等于3份，或导致检测结论错误的报告1份；e. 原始记录和报告信息不一致的报告大于或等于3份。

4. 样品的采集、标识、分发、流转、制备、保存、处置符合标准等规定，有下列情形之一的即为“不符合”：a. 存在样品污染、混淆、损毁、性状异常改变导致数据、结果存在错误或者无法复核等情形；b. 存在调换检验检测样品或者改变其原有状态进行检验检测的。

2. 核查注意事项

（1）检测机构应在核查工作预备会议召开之前，就将各类资料和记录分门别类放置于会议室中备查。

（2）专家对检测机构的各类有关资料、记录的检查，贯穿于现场核查评审的全过程。检测机构的分工备检职责人员应全过程就位于记录资料核查所在处，配合专家的检查要求，及时准确提供相应的记录和资料。

（3）检测机构中配合本核查环节的人员与现场试验操作考核人员可能重叠，若遇专家查询事项的当事人员或知情人员暂时不在场时，此时负责对接专家的联络人应及时协调解决，安排其他知情人员作答，或向专家作必要的说明，调整查询回复时间。

(4)各类记录、资料在提供专家核查后,核查配合人员应及时将资料归位,以防混乱和丢失,影响后续的检查和资料的安全。

(八)专家组内部评议会

专家组内部评议会由专家组长组织所有专家进行,检测机构人员予以回避,无须参会。

专家组内部评议会主要内容是对评审核查情况进行汇总,确定总体评价,总结存在的问题,整理完善评审工作表。

至此,现场核查工作结束。

注:现场核查专家组对现场核查评审结论不予公布。技术评审工作(包括书面评审和现场核查工作)结束后,由专家组长负责在规定时限内按交办安监函〔2024〕1432 号中的《公路水运工程质量检测机构资质审批技术评审报告》(修订版)提交给许可机关。

第四节 资质的维护

检测机构一旦拥有检测机构资质,意味着该机构已按交通运输行政主管部门的资质许可条件要求,在机构的主体资格、人员、设备、场所环境条件,以及质量体系的主要方面均满足了相关规定,并按要求进行了申请、接受且通过了专家技术评审和行政许可审批。检测资质获取之后,资质的维护工作是检测机构必须纳入其日常运营管理的一项重要工作。检测机构应按资质许可条件的要求和审批的资质等级、检测能力范围,对机构的资质进行维护,保证其各项资源条件、管理要素和能力水平在资质的有效期期间始终满足规定要求。

一、资质维护的必要性

资质维护的必要性,体现在资质许可规定的本质内涵需求以及相关的监管规定。

(一)资质维护是机构的本质需求

国家将公路水运工程质量检测机构资质审批列为行政审批事项,交通运输主管部门相应出台了一系列资质管理规定,在新形势下进一步明确了检测机构的法律地位和需承担的法律责任。其根本目的在于有效规范、管束检测机构的检测行为,保障从事质量检测活动的检测机构的能力水平和职业素质,创建健康有序、适应交通运输行业发展需求的检测运营环境条件,从而保障质量检测工作对交通运输基础设施建设和加快建设交通强国的重要技术支撑作用的有效发挥。检测机构取得了检测资质,首先是取得了一本从事质量检测活动的许可证和通行证,其后更应维护好资质,凭其获有的资质所应具备的条件和能力,在规定的约束条件下从事检测业务活动。对于具有积极参与大交通时代发展的使命和责任感、有志为加快建设交通强国建设建功立业,并致力于其中谋求健康长久发展的具备资质的检测机构,服从资质的管理要求、维护好资质条件,理应成为其内在本质需求和主观意愿。

(二)资质维护是机构的客观必要

《公路水运工程质量检测管理办法》在规定了检测机构资质许可条件和评审审批要求的

同时,也明确规定了取得资质的检测机构开展检测活动应该遵循的原则和事项,以及交通运输主管部门对检测工作的监管规定,还有检测机构违反规定所应承担的相关法律责任。检测机构获取资质后,其开展的检测活动将受到各层级交通运输主管部门的监管,监管措施主要包括质量检测信用管理制度的建立和实施、双随机检查制度和比对试验等制度的推行落实、定期和不定期的监督检查等。除主管部门的监管,《公路水运工程质量检测管理办法》还规定,任何个人和单位都有权向交通运输主管部门投诉和举报检测机构的违法违规行为。

《公路水运工程质量检测管理办法》同时明确指出:检测机构取得资质后,不再符合相应资质条件的,许可机关应当责令其限期整改并向社会公开。检测机构完成整改后,应当向许可机关提出资质重新核定申请。

随着信息化、数字化、智能化技术的不断发展,检测数据实时采集和上传、检测过程的视频监控上传等手段得以逐步普及应用。同时,全民的法律法规意识在提高增强,检测机构面对的监管力度、监管实效性与覆盖面也在不断增强和扩展。公路水运工程质量检测机构等级评定转变为行政许可,更是从法律层级上明确了各种违法违规行为所应承担的法律责任和处罚规定。服从和配合主管部门和社会的监管,维护好资质条件,这是检测机构的职责和义务及内在需求,也是客观必然。在全面有效的监管机制之下,检测机构唯有以相应的资质条件要求约束和管控自身,全面规范和加强管理,维护好资质许可范围内的检测能力,规范有序开展各项检测活动,方能寻求和获得稳定长久的生存发展。

二、资质维护的依据

国家、交通运输行业有关公路水运工程质量检测机构资质管理的法律法规和规章制度,是资质维护的最根本依据,覆盖和涉及资质维护工作的各个方面。据此,结合检测机构有效运营的基本原理和规则,资质维护的具体依据可主要归纳为以下五大类:

(1)国家、交通运输行业公路水运工程质量检测机构资质管理的有关法律法规和规章制度(主要有《公路水运工程质量检测管理办法》及其配套文件所规定的资质许可等级条件和专家技术评审的要求);

(2)各级交通运输行政主管部门颁布的对公路水运工程质量检测机构的各种检查监管制度,如信用评价制度、双随机检测制度等;

(3)检测机构的质量体系文件(包括质量手册、程序文件、作业指导书);

(4)资质许可范围内检测能力项目所依据的各种技术标准、规范、规程;

(5)机构的资质和检测技术能力及业务发展规划。

三、资质维护的要素

资质维护的内容和要求,主要包括机构在进行资质申请、接受评审和通过审批所应开展的工作、达到的标准和要求。

本小节将根据资质维护的依据和主要的维护工作内容及具体工作目标,以促使资质维护工作能有机融合于检测机构的日常工作为着眼点,对资质维护工作的几大要素进行总结和解释。检测机构可重点针对各要素涉及的具体工作内容,有的放矢、有序有效地开展相关的资质维护工作。

(一)了解行业形势,掌握相关法律法规、行业政策、规章制度的变化情况

检测机构应随时了解、关注交通运输工程建设行业乃至国家整个工程建设领域的发展变化情况,掌握质量检测工作所处的外部大环境的变化动态,重点掌握相关的法律法规、行业政策、规章制度的发布和变更情况,及时收集和解读有关的文件,掌握文件的精神要求和具体规定,为资质维护工作及时准确掌握好基本依据,明确基本方向和原则要求。

检测机构应通过信息化等途径,随时保持和行业领域、外部环境的紧密联系,及时收集、传达行业有关的政策性文件和规章制度,掌握形势和要求的变化情况。机构的培训部门应通过组织内外部的培训,准确和深刻解读行业政策和有关要求,以利于及时、有效地予以执行落实。

机构的管理层,应通过开展管理评审等活动,将有关的法律法规、规章制度、政策变化等信息作为输入,对机构管理体系的适宜性进行评审,形成管理评审决议予以执行。以此随时保持机构管理体系与国家、行业的重要政策和制度规定及监管大环境相适应,为机构的资质维护工作明确大方向和大原则。

(二)做好机构资质和检测能力提升及业务发展规划

随着交通建设行业的快速发展和加快建设交通强国的深入推进,工程建设科技水平的不断提升发展,检测行业新技术、信息化和数字化及智能化等要求的不断推广应用,检测机构时刻面临着多方位的、新的挑战。检测机构应及时跟进形势发展,适时根据国家和行业的发展形势及有关政策制度的更新变化情况,结合机构的外部市场环境条件、内部的资源投入和技术能力与管理水平的可拓展状况,定位机构的提升发展方向,制定好机构的近期、中长期发展规划,为机构抓住机遇、迎接挑战、谋求高质量发展做好必要的准备。

机构的发展规划主要应包含机构资质等级和检测能力的维护、提升和拓展计划。机构的资质维护工作,必须遵循发展规划的要求,依据发展规划而确定包括人员、设备、场所环境、检测项目参数、质量体系运行等资质维护和提升的具体内容与要求。

一般而言,检测机构的管理层应在每年的年初制定当年的发展规划,同时在年度规划中制定中长期的发展构思和规划,用于指导当年度和中长期包括资质维护在内的各项工作。

(三)人员队伍的建设和维护

检测人员是检测机构的首要资源,也是在日常运营中变化影响因素复杂多变的一项资源条件。检测机构应将建立和维护一支符合资质等级和业务要求的检测人员队伍,作为资质维护中首要的一项工作,持之以恒加以落实。根据人员队伍的组成要素,其建设和维护工作应主要从以下几方面着眼和开展。

1.及时掌握人员需求情况,制定人员需求计划

资质条件中对人员的要求,可分为人员数量要求、人员资格条件(职业证书的等级和专业、职称证书的等级和专业)、人员的专业工作履历三大方面的要求。人员队伍的建立和维护,也主要围绕着这三大方面的要求,以资质条件要求为基本要求,结合检测业务的专业类别、规模和工作量的需求,以及现有的人员情况、预计的人员流动变更率和必要的人员储备进行合理规划与计划。

人员的需求计划应作为主要的一项计划内容,纳入每年初机构的发展规划和年度工作计划中。计划应明确各类人员岗位需求数量、执证、专业、职称、履历要求,以及人员条件增加的计划途径(新招聘人员、通过培训培养提升的人员)。计划应根据具体情况的变化而调整,使计划符合实际需求情况。

2.聚焦重点内容开展人员培训工作

人员的培训是资质维护工作中关系人员许可条件维护的重要工作。既有的人员需通过培训以维护和保持其能力水平,适应机构的发展规划和业务的发展需求;新增人员尤其是新从业人员、新上岗人员需通过必要的培训,以满足上岗条件。

1)培训计划制定

从资质维护的中心要求考虑,人员的培训计划应主要依据机构的资质和技术发展规划、人员需求计划、资质条件中的人员条件基本要求、人员实际和预计的变化情况、实际检测业务情况、检测技术发展情况、标准规范以及内外部有关规章制度的更新情况、试验比对等质量控制工作结果而制定。

2)培训重点明确

(1)检测能力维护相关专业知识和技术技能的培训。在人员培训工作中,应尤其重视和关注既有资质的检测能力范围所涉及的技术标准规范的更新培训,以及机构不常开展的检测项目参数,难度较大、影响因素较多、检测结果易于波动的项目参数,内外部比对试验等检测质量控制管理中发现存疑的项目参数的相关专业知识、技术与技能的培训。这些检测能力的保持维护,直接关系既有资质中人员条件和检测能力的基本要求,若不符合,则资质条件即为不符合。

(2)检测人员信用评价标准和行为准则及相关法律责任知识的培训。《公路水运工程质量检测管理办法》明确,由交通运输部建立健全质量检测信用管理制度,由各级交通运输主管部门依据职责定期对检测机构和检测人员的从业行为开展信用管理,并向社会公开。交通运输部于2018年印发了《公路水运工程试验检测信用评价办法》(交安监发〔2018〕78号),规定了检测机构和检测人员的信用评价、扣分处罚标准、评价程序及管理要求。检测机构应重视并组织对信用评价办法、职业道德守则等有关知识、理念的学习培训,开展相关的廉政教育,让每位检测人员知晓信用评价标准和处罚规定,自觉遵守检测人员的行为准则,树立对信用的尊重、对法律责任的敬畏,培养良好的职业道德、职业素质和廉政品德,从根本上降低和规避检测人员自身和给检测机构带来的从业信用及法律风险,为资质的维护提供人员保障、夯实人员基础。

3.持续开展人员质量监督工作

质量监督工作是指针对机构的检测人员的检测行为开展的监督工作,以检查督促检测人员的检测行为的符合性和规范性，对发现的不符合行为，采取必要的纠正和预防措施。

质量监督工作的对象是直接影响检测结果的人员的检测操作行为，以及与人员行为相关的影响因素，是着眼于人员这一首要要素对检测质量的直接检验和把关，也是对人员专业知识、技术技能适应性、符合性的最直接考查。人员队伍的建设和维护工作，应重视采用质量监督的方式，维护好人员要素，保证人员与检测工作相适宜，从而维护好人员队伍与资质条件和业务要求的适应性。

从资质维护中人员条件的维护着眼，质量监督工作的要点如下：

(1)关注重点监督对象。检测机构在对人员全面监督的基础上，应重点关注资质评审中重点核查的以下检测项目的检测人员，适当增加对其监督的频次。

①技术操作难度较大的项目的检测操作人员；

②新上岗或新转岗的检测人员；

③比对试验等检测结果质量控制活动中结果可疑或不满意的检测人员；

④检测标准更新的检测项目的检测人员；

⑤检测业务较少或许久未开展的检测项目的检测人员；

⑥发生客户投诉的检测人员。

(2)提高质量监督工作的有效性。对于质量监督工作中发现的问题，除应立即进行针对性纠正外，应重视问题产生的原因分析，以及采取必要的纠正措施和预防措施，以此防范相似问题或潜在不符合情况的再次发生，如人员的再培训和再考核、必要的岗位调整等，并对采取的纠正预防措施的有效性进行必要的跟踪。

(3)重视对监督人员队伍的培养。承担质量监督工作的人员为监督员。监督员是机构维护检测能力和保证检测质量的一线管理人员，但在一般规模的机构中往往是兼职。检测机构应合理协调监督工作的分工，重视监督人员的业务能力和责任意识的培训培养，提高机构的监督工作水平和工作成效，让监督员成为检测机构人员队伍培养和维护的对象兼监督者。

4. 重视人员队伍的保持和稳定

在社会经济发展、就业机会频多的当今年代，人员的流动是一种正常状况，每个机构都必须面对。同时，保持人员队伍的适度稳定，避免频繁、大量的变动，维护好队伍的相对稳定，是体现资质维护成效的重要方面，每个机构均应为之努力。资质有效期间持证人员的变动情况是资质延续申请表中需填写的一项内容，也是资质延续审批时专家组的核查评审内容之一。检测机构应通过加强人员管理和培训培养工作，完善人员招聘、任用、提升制度，建立合理的工资待遇和奖惩制度，宣传和营造尊重人才、尊重知识、因材适用、积极上进的环境氛围，为人员的专业能力提升创造良好的环境条件，为检测人员的职业规划成长提供通畅的途径，让机构有发展的活力、有创业的动力和能力，并以此留住人、稳定住人员队伍，为机构的发展和资质的维护，守护和创建好人员队伍这一首要资源条件。

(四)设备条件的维护

设备往往是检测机构资金资产份额占据较大、涉及的技术管理工作环节最多的一项资源,检测机构应合理进行设备的投入和更新,建立完善的设备管理制度,做好资质条件中设备条件的维护工作。设备条件的维护重点包含设备配置和更新维护、技术性能维护提升工作。

1. 设备配置和更新维护

资质等级条件明确了各资质等级强制性要求的必选设备,以及对应可选参数的非强制性要求的设备配备要求;检测机构根据内外部变化情况,每年制定机构的检测能力和业务发展规划。在资质有效期内,检测机构应根据这两大方面要求,做好设备的配置维护工作。以下根据既有设备配备和新添置设备两种情况,提出设备配备维护的具体要求。

1)既有设备

检测机构首先应根据自身的资质能力范围,维护好各种仪器设备的配置,尤其是强制要求配备的设备。无论机构的实际业务情况如何,强制性要求的设备一个都不能少。当相关的技术标准规范发生变更时,应在标准启用评审时关注设备的变化要求,并及时予以调整和必要的更新,以保证满足资质和检测技术要求。

检测机构在日常的检测工作和设备管理、计量检定和校准等工作中,对发现的设备功能退化已不适用、技术性能下降已难满足检测标准要求、丢失损坏且已难修复的仪器设备,应及时统计上报。设备管理部门应按公司的设备需求、购置申请的程序制度要求,及时进行设备的更新配备。

既有设备的维护还应包括对设备的必要改造、提升工作。检测机构应关注和跟进检测技术和设备技术的发展要求,尤其当下对设备信息化、数字化和智能化的要求,对既有设备进行必要的更新和改造,使设备的功效和性能进一步提升,为机构检测技术水平的提高、检测业务和检测市场的拓展配备优质的设备硬件。

2)新添置设备

检测机构应根据机构的发展规划,主要是检测能力、资质等级的拓展计划、所涉及的技术标准规范对设备设施的要求,以及机构的检测业务规模、业务量的扩大变化情况,在每年制定年度工作计划和进行管理评审形成管理评审决议时,提出新添置设备的购置计划,并按计划予以落实。计划应进行动态管理,及时更新,满足设备的变化需求。

设备的更新和添置均应进行充分的性能、价格比对和市场调研,这既是机构成本控制的要求,也是保证采购配置的设备的技术性能满足检测技术要求和资质条件要求的重要环节。

2. 设备技术性能的维护

设备技术性能的维护工作是机构日常开展的设备管理维护工作的主要和重点内容,其主要包括设备的精度、量程和功能三大方面。

1)设备技术性能符合性的鉴别工作

技术性能的维护首先是技术性能符合性的判定工作,应通过有效的设备管理工作,及时发现设备的性能变化和失准失稳等情况。技术性能的判定鉴别主要通过以下的设备管理工作进行:

(1)设备的计量检定、校准工作;

(2)设备的期间核查工作;

(3)设备的比对工作;

(4)设备的日常使用。

检测机构在开展以上各项工作时,应重点关注设备的精度等计量性能的变化和符合性情况。对精度达不到要求的设备,应立即予以停用,通过维修调整并再进行检定或校准,符合要求后方可重启投入使用;对数据波动、偏差出现加大趋势的设备,应进行原因分析,保证设备的性能变化掌控在许可范围之内,必要时停用,进行调整维修并经检定校准符合要求后方可使用。

对于不同量程下技术性能不一、出现某段量程的精度不符要求的情况,或出现设备的某项功能丧失的情况,检测机构应按规定做好不符要求的量程或功能的记录和标识,以免误用,同时核对机构在相应量程和功能上的设备配备情况。若机构已无适用的相应功能或量程的设备,尤其当该设备涉及机构的资质许可能力范围所必须配备的设备时,更应引起重视,立即进行更新配置。

2)设备技术性能的维护

设备技术性能的维护,应融合于检测机构日常的检测工作和常规的设备维护保养工作,必要时根据设备技术性能的符合性和稳定性情况、使用频率的高低情况,采取必要的专项维护保养工作。检测机构应制定设备维护保养的程序和专业指导书以供具体执行。设备维护工作应包括和实施落实在以下工作环节。

(1)设备的定期维护保养工作:机构应制定设备的维护计划,开展定期的维护保养工作。维护计划应结合设备性能的实际变化情况和使用频率情况,进行必要的调整。

(2)设备技术性能、计量性能偏差的及时调整和维修:机构对发现性能存在问题、精度、量程、功能不符要求的设备,或精度等计量性能波动变化趋势加大、不稳定性加强的设备,应及时组织进行维修调整,其中精度要求较高、较精密、贵重的仪器设备,应由专业机构进行维修调整。

(3)设备的规范合理使用:检测机构应根据检测技术标准规范、设备说明书等编制各种设备的使用操作规程以供执行;检测人员应经过上岗培训符合要求,掌握了设备操作规程和使用条件要求、检测方法步骤后,方可授权进行相应设备的操作和检测工作;检测人员的操作必须遵循设备操作规程和检测技术标准的规定,使检测操作既符合设备的科学合理使用,又保证检测数据结果的质量。

对于常在室外工地环境下使用的设备,应重点关注设备的使用环境条件对设备性能的影响,尽量避开不利的温度、湿度、风力、振动等干扰;对某阶段使用频率明显增大的设备,也应加强关注,通过核查、比对等方式排查性能稳定情况,以利于采取针对性维护措施。

(五)场所和环境条件的维护

在资质有效期间,检测机构应对场所和环境条件进行维护,以保证资质等级条件中场所面积的强制性要求始终得到满足,场所布局始终保持合理,便于检测和管理,对检测操作无不利影响,检测环境条件符合检测标准规范的要求。

1. 场所面积条件的维护

场所总面积应满足资质条件中的有关要求,这是场所条件维护的最基本要求。总面积是指资质能力范围中检测项目所涉及的检测场所的面积总和。检测机构首先应保证这一强制性要求得到满足。

在资质有效期内,当检测机构的资质种类(包括交通运输行业外的资质)增加变动,或检测业务规模扩大增长时,除场所总面积必须符合规定外,检测机构尚应关注各检测场所的面积条件是否合理适宜,是否出现拥挤、影响检测便利性和检测效率的情况。若出现这一情况,检测机构应及时采取措施进行调整或场所扩展。

若机构的场所为租赁或部分租赁,检测机构应注意租赁有效期到期的时间,及时办理续签等手续,且续签的时间应不少于5年。

2. 场所和设备的合理布局维护

资质有效期内,机构应随时保证场所和设备布局合理,避免检测中可能产生的相互影响和干扰,且便于检测操作和管理;当新增检测业务或检测设备时,机构应首先根据功能区划进行设备的布局和安装就位,必要时扩充调整场所,满足新增设备及其相关检测工作的要求。

对场所区域功能和设备位置进行清晰的标识,有助于场所和设备布局条件的有效维护。尤其对无须或不可固定位置、移动取用的仪器设备(如外带工地现场检测的仪器设备、各种小件仪器设备等),检测机构可通过在其固定摆放位置进行标识,以引导和规范设备使用后的归位存放,有利于场所和设备始终保持合理的布局和井然有序的环境,便于管理维护。

3. 检测环境条件的维护

检测环境条件的维护是资质有效期间交融于日常检测管理工作的一项需常态化、持续性开展的工作。检测机构应根据场所设备的布局和各场所开展的检测项目内容,按相应的检测标准规范,以及环境保护要求,对检测场所的温度、湿度、排水、排气、隔震、防尘等条件进行维护。维护工作主要包含以下两个方面:

(1)环境条件维护设备:环境条件维护应包括对涉及环境条件形成和保持的各种设施设备(如加湿器、排气扇、空调等),以及监控环境条件的仪器设备(如温湿度计、振动监测仪等)的维护。这类仪器设备虽多数未直接参与检测,但其所维护的条件和检查结果的准确性、可靠性密切相关,故应将这类仪器设备纳入检测仪器设备等同进行管理,以保证这些仪器设备的功能、监测数据的准确性和精度等性能满足环境条件及环境条件监控的要求。

当检测业务内容、设备条件发生变化时,检测机构应及时辨别、确认相关的环境条件变化要求,据以调整场所条件和环境条件的维护监控设备的配备和管理。

(2)环境条件的检查记录:检测机构应始终建立和保持环境条件的检查、记录和管控制度。在每项有环境条件要求的检测工作开始前,应对环境条件情况进行检查和记录,在检测过程和检测结束后，也应对环境条件进行必要的核查，尤其当环境条件易于波动时。

环境条件的检查应形成记录。环境条件的检查记录应作为一种检测原始记录，按检测原始记录的要求进行管理，并将环境条件的结果数据体现于检测记录之中。

4. 安全、卫生与文明工作

生产安全、环境卫生与文明的维护工作，是检测机构基本的日常工作，也是检测机构场所条件维护的基础和前提。检测机构应建立和落实相关制度，持续完善安全文明环保管理体系，持之以恒加强日常管理；检测人员应确立安全和文明生产以及环境保护的理念，自觉遵守安全管理规章制度，杜绝违规操作，养成整洁卫生的良好工作习惯，在每项检测工作结束后及时清理和归整，做到工完料清，始终保持整洁有序、健康环保的环境条件。

5. 检测场所地址搬迁变更时的环境条件维护

检测场所条件的大提升、大改造，往往受客观条件制约，需有较大的经济投入和较长的时间耗用，尤其当检测场所地址搬迁变更或大面积扩展时。检测机构应根据其资质拓展和业务发展规划，以及对实际业务和市场情况的预判，提前做好场所条件的跟进提升，尤其是搬迁的准备工作。在机构场所搬迁就位的过渡时期，场所条件的维护将面对较复杂的局面，受到较大的冲击。检测机构应以检测环境技术条件要求为首要原则，通过周密的计划和适时的调整，使搬迁过渡时期对检测环境条件的不利影响降至最小。

检测场所地址的变更属重要的、涉及资质条件规定的情况变更。《公路检测管理办法》明确规定，当检测场所地址发生变化时，检测机构应在完成变更后 10 个工作日内向原资质许可机关按规定要求办理变更手续，许可机关应选派 2 名以上专家进行现场核查，并在 15 日内完成变更事项办理。是否按规定及时办理包括检测场所地址变更在内的变更手续，是资质延续审批核查的重要内容，同时还被列为检测机构信用评价的条款之一。检测机构应注意避免发生影响资质维护和信用考评等级的情况，降低相应的风险。

（六）检测能力的维护（检测数据结果的质量控制活动）

检测能力的维护是资质维护的核心内容。检测能力的维护关系到人员、设备、场所条件、体系运行等所有要素条件的维护。本条将针对资质管理文件所明确的有关要求，从直接检查、验证和评判机构的检测能力情况、对发现的问题及时纠偏并采取必要的纠正预防措施的检测数据结果的质量控制活动上，总结和强调机构进行检测能力维护的工作要点。

检测结果质量控制活动是检测机构保证其检测结果质量、保持其检测能力水平的重要质量管理活动。通过开展各种检测结果质量控制活动，检验验证机构检测能力的保持情况，以便及时发现问题、分析原因并采取措施，使可能影响检测能力保持、影响检测结果准确性和可靠性的问题得到及时纠正。通过对质量控制活动中有关数据趋势和相关信息的分析，采取必要的预防改进措施，使机构质量控制的检测能力水平始终处于稳定可靠的状态之中。

比对试验是检测机构开展检测数据结果的质量控制活动的主要方式之一，也是资质许可机关、交通运输主管部门检查、验证、评判机构检测能力保持情况的重要监管手段之一。《公路水运工程质量检测管理办法》及其配套文件、信用考评办法等对机构参与比对试验

(指具有公信力、结果可为资质许可部门采信的,由交通运输部、省级人民政府交通运输主管部门或其委托的专业机构组织的比对试验)均提出明确要求,也是资质评审核查的重要内容,检测机构应充分重视,认真对待。

检测结果有效性的质量控制具体方法要求详见本书第五章的规定。本条侧重资质维护的要求,强调以下几项工作要点:

(1)建立并保持对检测结果有效性开展质量控制活动的工作程序。对外部比对试验等重要的、涉及较多流程环节、比对结果对机构影响较大的活动,检测机构可制定专项的作业指导书,以保证外部比对试验的规范、有序、有效开展。

(2)制定并落实检测结果有效性的质量控制计划。机构应根据管理程序的规定,于每年初(或上一年底),结合机构的实际情况,制定适宜、有效、可行的质量控制计划。

(3)合理选择开展检测结果质量控制的检测项目。检测机构应结合自身的具体情况,将资质评审重点关注的项目,纳入开展质量控制活动的项目范围。如难度较大、资质证书有效期内未开展或开展频率低、标准规范发生变更的检测项目。

(4)选用合适的方法开展检测结果质量控制活动。除按要求积极参与外部比对试验外,检测机构应结合机构的具体情况,有计划地组织开展机构内部的各种比对试验,包括定期使用标准物质、使用相同或不同方法进行重复检测、保存样品的再次检测等有效的检测结果质量控制方法。检测机构应主动通过开展科学、适宜、有效的质量控制活动,来保证检测质量,维护检测能力。

(七)工地试验室和现场检测项目的管理

工地试验室是检测机构设置在公路水运工程施工现场,负责提供设备、派驻人员,承担相应质量检测业务的临时工作场所。检测机构是其派出的工地试验室和现场检测项目的母体机构,由其承担工地试验室和现场检测项目的行为责任。

工地试验室同时是其所服务的参建方(业主、监理、施工)在相应工程项目管理机构中的一个独立的职能部门,负责提供相关的试验检测服务、发挥质量检测部门的作用、履行相应的试验检测工作职责。

工地试验室和现场检测项目是负有工程建设项目质量监管责任的交通运输主管部门日常的监管对象。工地试验室和现场检测项目所开展的检测项目,纳为母体机构实际开展的质量检测业务。对设立有工地试验室和现场检测项目的机构,其资质评审和资质维护工作,必然涉及其工地试验室和现场检测项目的业务开展情况和管理工作。针对这一情况,检测机构对工地试验室和现场检测项目的管理,应主要关注以下几个方面:

(1)做好对工地试验室检测业务范围的授权。检测机构应根据服务合同和服务对象的要求,在自身的资质能力范围内,对工地试验室的业务范围进行授权。工地试验室开展的业务必须在母体机构授权的范围之内,否则被视为超出资质许可范围从事质量检测活动的行为,母体机构将面临相应的处罚,资质维护工作将面临风险。

(2)将工地试验室纳入检测机构的质量体系。检测机构应设立对工地试验室的管理组织体系和职责,制定和执行工地试验室管理程序制度,对工地实验室从策划、建立、运行全过程实施管控。由于工地试验室与母体机构往往处于异地,母体机构应通过定期深入现场检查、工作数据报表信息化工作、定期工作视频会议等手段,加强对工地试验室的管理,及时掌握工地试验室的动态情况,保障工地试验室的资源需求,维护好母体机构与工地试验室质量管理体系的运行。

(3)推行工地试验室的标准化、信息化建设。检测机构应对工地试验室的硬件建设、检测工作、质量管理、数据报告等各方面制定标准化、信息化的要求;工地试验室应结合所服务的工程项目的具体要求,落实执行标准化、信息化管理。通过标准化和信息化的管理,提高工地试验室的服务质量、检测质量、工作效率和检测行为的符合性,同时降低母体机构资质维护的风险。

(4)重视工地试验室的信用维护和评价工作。公路水运工程试验检测信用评价办法规定了对工地试验室和现场检测项目的信用评价标准,其考评结果纳入母体机构的信用考评结果。检测机构及其派出的工地试验室和现场检测项目,应掌握熟知评价标准的规定,防范违法违规等扣分情况的发生,保证母体机构信用和资质的安全。

(八)质量体系维护

资质维护中对质量体系的维护,包含两大方面的要求。一方面,检测机构应建立健全机构的质量体系,明确组织机构和职责,制定和完善质量体系文件,按质量体系文件规定对质量体系各要素进行管理控制。实施资质维护中质量体系的维护工作,应该按体系要求运行体系,执行和落实质量手册、各项管理程序和作业指导书的要求。

质量体系维护的另一方面,是指对质量体系运行的有效性和适宜性进行检查、审核、评审、分析与总结,制定和实施必要的纠正和预防及改进措施,使质量体系具备不断自行改进的能力,从而持续保持质量体系的有效运行,以及与内外部环境的相互适宜。针对此方面的质量体系维护,检测机构应从以下两方面开展工作。

1. 内部审核

质量体系的内部审核是机构内部开展的,针对管理体系和质量活动的符合性、有效性而进行的审核活动。在资质有效期中,检测机构应充分应用内部审核活动,检查、验证和审核体系运行是否符合质量体系文件的要求,是否有效实施并保持,并对审核中发现的不符合项进行纠正、改进,采取必要的纠正和预防改进措施,由此实现对质量体系有效性的维护。从资质维护中质量体系的维护要求着眼,内部审核应重点关注以下几方面:

(1)内部审核计划内容的覆盖面和关注重点:检测机构应建立和保持质量管理体系内部审核程序,制定年度内部审核计划,按程序要求和计划开展内部审核工作。机构的内部审核每年至少一次,并应覆盖机构质量体系的所有要素、过程、部门和场所。内部审核计划应重点关注资质评审核查时涉及条件核查符合性的要点内容,保证这些要点获得及时、充分和有效的审核。

(2)不符合项的整改和整改关注重点:对内部审核中发现的不符合项,机构应组织有效的整改,整改工作包括不符合情况、现象和行为的原因分析、纠正、纠正措施和预防措施的制定和实施。同内部审核计划制定时相同,在实施执行内部审核不符合项整改时,应重点关注列于资质审批专家技术评审报告“质量检测机构条件核查汇总表”中涉及核查项目符合或不符合的整改工作,加强对相关不符合项的整改、整改工作的跟踪和整改有效性验证。

(3)加强内部审核工作的动态管理:内部审核计划应根据机构内外部变化情况,适时进行调整,以使计划更具适宜性和针对性。当出现以下情况时应增加内部审核频次:

①当机构接受资质评审、外部审核和监督检查等重要检查工作前;

②当机构内部组织结构体系和职能发生重大变化时;

③当机构发生严重的、频发的或系统性的不符合情况时;

④当合同或客户要求评价质量管理体系时;

⑤最高管理者要求增加内部审核时。

检测机构应重视上述各种情况下质量体系可能面对的符合性问题,及时有效执行内部审核计划调整方案,增强质量体系运行的稳定性,降低出现重大符合性问题的风险。

2. 管理评审

管理评审是机构评价管理体系的持续适宜性、充分性和管理效率,寻求持续改进的机会,确定改进措施决议的重要活动,也是质量体系维护的重要工作。管理评审每年至少进行一次。检测机构应科学、合理地应用管理评审活动,对质量体系进行有效维护。

在机构内部的管理体系、组织结构、职责和资源条件、业务规模和类型发生重大变化,机构外部的环境条件、行业政策、相关管理法规制度发生重大变化时,检测机构可适当增加管理评审的次数。

从资质维护着眼,在开展管理评审活动进行评审信息输入时,应重点关注外部环境条件、相关政策和资质管理要求的变化情况,资质许可条件中人员、设备和环境条件等资源条件配备的适宜性和充分性情况,专家技术评审报告中涉及条件核查符合性的各项核查内容的内部审核结果、纠正和预防措施结果等情况的输入。

质量体系内部审核和管理评审的程序、依据、内容和方法等具体规定详见本书第五章。

(九)遵守信用评价标准准则规定,防范信用扣分和处罚风险

信用评价体系是交通运输部建立的对具备公路水运工程检测机构资质等级证书并承担公路水运工程质量检测工作的检测机构,以及持有交通建设工程试验检测师或助理检测师职业资格证书并从事公路水运工程质量检测工作的人员进行的从业承诺履约情况和诚信状况的评价考核体系。

《公路水运工程质量检测管理办法》规定:“交通运输部建立健全质量检测信用管理制度。质量检测信用管理实行统一领导,分级负责。各级交通运输主管部门依据职责定期对检测机构和检测人员的从业行为开展信用管理,并向社会公开。”

交通运输部印发的《公路水运工程试验检测信用评价办法》(交安监发〔2018〕78 号)(简称《信用评价办法》)规定了具体的评价办法,是交通运输行业开展试验检测信用评价工作的具体依据。《信用评价办法》针对检测机构、检测机构授权的工地试验室和现场检测项目、试验检测人员三大部分，规定了相应的评价标准、评价程序和评价管理。评价工作每年开展一次，结果向社会公布。其中被评为D级的检测机构直接进入黑名单，根据《公路检测管理办法》和有关规章制度予以处理。有关《信用评价办法》的具体规定见本书第十章。

《信用评价办法》的评价标准条款，均出自资质管理文件中对取得资质的检测机构和持有职业证书的检测人员的从业行为的规定，评价标准条款以违反规定进行扣分处罚形式表达。检测机构应重点从以下几方面，加强信用评价工作的管理，减少违反信用评价标准要求而带来的资质维护风险：

(1)加强对信用评价办法尤其是信用评价标准条款的学习，掌握信用和诚信建设的要领和具体要求，形成自觉遵守信用行为守则和诚信建设规则的风气和氛围；

(2)建立健全检测机构的质量管理体系，通过科学有效的管理，使检测行为和管控程序规范有序，能及时发现并纠正存在或潜在的问题，并予以不断改进；

(3)提升检测机构的检测能力和业务水平，保证评价标准中涉及检测业务技术的规定能规范有效、执行到位。

(十)防范虚假检测报告，守好资质维护工作的底线

《公路水运工程质量检测管理办法》明确规定：检测机构不得出具虚假检测报告，不得篡改或者伪造检测报告；对出具虚假检测报告，篡改、伪造检测报告的，处3万元以上10万元以下罚款；构成犯罪的，依法追究刑事责任。

评审工作程序规定，在技术评审工作中，若发现存在伪造质量检测报告、出具虚假数据等弄虚作假行为，专家组经报告许可机关同意后可终止技术评审工作。

在评审报告(修订版)的条件核查汇总表中，将以下情形均列为虚假报告，出现其中之一的情况，均直接判为资质核查条件不符合：①未经检验检测的；②伪造、变造原始数据、记录，或者未按标准规定采用原始数据、记录的；③减少、遗漏或变更标准规定的应当检验检测的项目，或者改变关键检验检测条件的；④伪造检验检测机构公章或者检验检测专用章，或者伪造报告签发人签名或签发时间的。

信用评价办法中，对出具虚假数据报告并造成质量安全事故或质量标准降低的失信行为，或其派出的工地试验室及现场检测项目出具虚假数据报告并造成质量安全事故或质量标准降低的，检测机构将直接确定为D级，进入黑名单并向社会公布。

由上述规定可知，防范和杜绝出具虚假检测报告，是资质维护工作的底线要求。出具虚假检测报告、篡改或者伪造检测报告，是检测机构和从业人员不可突破的底线和不可触碰的高压线。资质维护工作中，检测机构和检测人员，应以“底线”和“高压线”的风险和法律意识、是非观念、职业道德来理解和维护这两条线的严肃性，确立应有的敬畏感。

作为检测机构自身，资质维护工作中针对防范、杜绝出具虚假检测报告的情形，应关注以下要点：

(1)加强员工的思想觉悟、职业道德、相关法律法规的教育和培训，树立正确的思想认识、行为准则，确立和深化对出具虚假检测报告等失信行为的法律风险、资质维护风险的认知，让机构及其检测人员均自觉遵守法律法规和从业准则规定，遵从从业行为底线和高压线的约束。

(2)强化检测机构的管理，健全和完善质量体系，提高体系运行的有效性，以规范有序、职责分明、流程清晰的管理程序，降低虚假检测报告情形发生的可能性。

(3)加强检测人员专业知识和操作技能的培训，使规范进行检测操作成为职业习惯，减少因为随意和不规范行为带来的虚假数据报告的风险。

(4)制定完善并严格执行针对性的监督管理制度和严格的处罚考核办法，提升管理人员的监管和业务水平，增强对虚假报告和相关行为的辨识能力，及时抑制和消除虚假报告的苗头；对出现的造假行为应严格处罚责任人员，并分析原因，采取必要的纠正改进措施，防患于未然。

(5)积极主动配合、接受各级政府主管部门的各种监管行动，参与检测数据报告打假有关活动，借外部监管之力强化内部管控防线，内外协同发力，防范和杜绝虚假行为。

(6)遵守检测市场秩序，与同行机构共同营造遵章守纪、诚实守诺、有序竞争的环境氛围，拒绝以不合理低价、围标、串标等不良和非法竞争手段承揽业务，为检测业务的保质保量和规范开展提供良好环境和必要条件。

(7)积极建立并应用信息化、智能化、智慧化检测管理系统，有效防范虚假报告情况的发生，同时以完善的监控视频系统的建立运行，形成对造假行为的高压态势。可在每个检测室内，包括样品的加工、运输、存储和交接等有关场所安装视频监控系统，室外现场检测时检测人员佩戴并开启记录仪，对检测和样品管理的全过程进行视频录制，实时传输到公司服务器，与机构的智慧检测系统进行对接。检测报告的审核人员和批准人员可随时通过智慧检测系统，对有疑义的数据调取相应时段的视频进行核查。

第四章　交通建设工程质量检测机构人力资源管理

世界著名管理大师彼得·德鲁克指出,人力资源是所有资源中最有生产力、最多才多艺,也是最丰富的资源,它最大的优势在于具有协调、整合、判断和想象的能力。因此,人是构成检测机构的灵魂,检测机构的人力资源管理,归根结底,就是对检测机构中“人”的管理。

第一节　人力资源战略管理

在一切资源当中,人力资源是创造企业价值的核心力量,是机构获得竞争优势的决定性资源。任何组织之间的竞争优势,都是通过人力资源作为核心载体和能量杠杆转化平台实现的。检测机构之间的竞争,归根结底也就是对人力资源的竞争,只有拥有高素质的人力资源,组织才能在技术研发、产品创新、市场拓展等方面始终保持领先优势。优秀人才带来的创新能力、管理经验和团队协作精神,是检测机构实现核心竞争力的重要组成部分,而战略性人力资源更是机构中远期战略目标顺利实现的核心保障和关键支撑力量。

战略性人力资源管理的核心,是价值创造、价值评价和价值分配。人力资源战略管理是对人力资源战略及其规划进行全方位的指挥、监督、协调和控制的过程,旨在通过全面系统地分析内外部环境和条件,从企业全局利益和发展出发,制定企业人力资源开发与管理总体规划,内容主要包括三个方面:一是如何获取和使用战略性发展人才,来满足组织发展要求和支撑机构战略目标的实现;二是如何提升全体员工的岗位胜任水平,来提高组织的运营效率和效益;三是如何提升机构领导层和管理层的组织能力和组织应变能力,来保证机构的健康与可持续稳步发展。三个方面相辅相成,要做到这三个方面,就必须同时做好三个方面的工作。

一、建章立制,做好顶层设计

(一)制度管人,为组织筑牢发展的基石

规章制度是组织的“规矩”,是员工行为的准绳。一项好的制度,不仅能规范员工行为,还能激发员工的积极性。在规章制度设计时,应充分考虑以下四个方面。

(1)设计人性化。以人为本的制度设计要充分考虑员工的生理和心理需求。对于检测机构,以标准作息制为基础的弹性工作制,能够给予员工更多的自由发展空间,更好地兼顾家庭与工作;建立员工关怀机制,让员工感受到组织的温暖。只有当员工感到被尊重和关

怀,他们才会更加积极主动地为企业贡献力量。

(2)落实持续化。“言出必行,令行必止”,制度的执行力是检验制度是否有效的关键。机构要建立健全监督考核机制,对制度执行情况进行定期评估。同时,要对违反制度的行为进行严肃处理,绝不姑息。

(3)追责严格化。奖罚分明才能使制度的权威性得到认同,对此,组织必须建立完善的奖惩机制,对表现优异的员工给予奖励,对违反规定的行为给予惩罚。奖惩均要公开透明,让员工看到制度的公正性,从而增强制度的威信。

(4)奖惩公平化。以激发斗志为导向的奖惩机制设计,必须符合公平公正的原则,让员工在日常工作中始终能够感受到公平公正。只有公平公正的奖惩,才能激发员工的积极性,调动员工的主动性。

(二)流程管事,让工作更加高效推进

流程是机构工作的“骨架”,是实现目标的路径。一个高效的流程,能极大地提高工作效率,降低成本。在制定流程时,应充分考虑以下要求。

(1)目标明确化。流程设计必须有的放矢,流程目标必须清晰明确。如达到预期效益,实现绩效增长,达到近期和中长期的目标等。

(2)标准可量化。流程设计的各个环节必须有据可依,设定明确的执行标准,以便于衡量和考核。如发出检验检测报告合格率、招投标中标率、仪器设备检定/校准及计量确认率、客户满意率等。

(3)步骤简单化。流程设计要尽可能化繁为简,坚决避免不必要的冗余环节。一个过于复杂的流程,不仅会降低工作效率,还会增加出错的概率,增加参与员工的困惑和不信任。

(4)执行高效化。流程的执行需要全员参与,企业要加强对员工的培训,提高员工对流程的理解和掌握。同时,要建立有效的沟通机制,及时反馈流程执行中的问题,并进行改进。

(5)优化常态化。流程设计是一个持续改进、不断优化的过程,机构要定期对流程进行评估,并根据实际情况进行调整。

(三)文化管心,使机构具有宏大的凝聚力

企业文化是组织的“灵魂”,是员工行为的指南针。一位优秀的企业文化,能凝聚人心,激发员工的创造力。优秀的企业文化应做到以下要求。

(1)人格魅力,树立榜样。领导者的言行举止对企业文化有着深远的影响,一位优秀的领导者,不仅要有过硬的专业能力,还要有高尚的品德和人格魅力。领导者要以身作则,为员工树立榜样。

(2)愿景蓝图,指引方向。组织要有一个清晰的愿景,让员工知道机构的发展方向。只有当员工对机构的未来充满信心,他们才会更加努力地工作。

(3)价值认同,凝聚人心。共同的价值观是凝聚人心的重要纽带,组织必须建立一套共同的价值观体系,让员工认同和践行。

(4)良性竞争,促进发展。组织要鼓励员工之间的良性竞争,激发员工的潜能。同时,要建立公平竞争的机制,避免恶性竞争、相互诋毁。

二、抓好人力资源管理的三个核心要素

(一)做好一件事,帮助团队成员实现自我价值

为实现机构的战略目标,需要将战略管理中最重要的工具——绩效管理,转化为全体员工每一天的行动,即建立公平、合理的薪酬激励机制,以激发员工的工作积极性和创造力,为机构的创新发展注入动力。同时,以人力资源作为杠杆和最大的能量转化平台,把机构各种资源统筹、融合、转化,为客户提供可信赖的产品和服务,以周而复始、阶梯螺旋的PDCA循环上升模式,让团队成员认可自身价值,从而实现组织价值,确保组织稳定、健康、持续地向前发展。

(二)用好一批人,做好对团队成员的价值评价

机构应根据自身发展需求,制订科学的人才选拔标准,注重潜力评估和综合能力的考察,要对员工提供明确的价值评价反馈,告诉对方你只是想了解情况是否属实,以帮助其摸清头脑,绝不做“好好先生”。

任何一个组织的可持续发展,都离不开外部发现和吸引人才、内部培养并历练人才两种模式,从而为自己建立一支具有强烈事业心、高素质、高境界和高度团结的优秀员工团队。通过对团队成员的良好价值评价,领导者(层)必须为此创造一种能够促进优秀人才自我激励、自我约束、脱颖而出的自发晋升机制,从而为机构的可持续稳步发展提供充足的资源保障。

(三)建好一个平台,做好对团队成员的价值分配

为了完成机构的各项目标,确保全面履行人力资源的管理职能,必须把不同岗位、不同素质、不同价值的团队成员,按照能力互补、岗位协同的要求,利用机构现有资源,整合成为一个广阔的人力资源管理平台,为共同的战略目标服务,从而实现既定方针和目标。

在这基础之上,机构的人力资源管理大平台实际上包括了四个基础平台:

(1)人力资源基础建设平台。通过建立企业人力资源信息系统,为人力资源管理活动提供共享信息,开展日常事务性工作,从而保证管理体系的有效运转。

(2)人力资源组织环境平台。从企业战略出发,设计出一套适合企业需要的组织结构和岗位职责,并随着内外部环境的变化进行及时更新,是构建人力资源管理体系的重要环境条件。

(3)人力资源专业队伍平台。结合企业战略定位及其管理要求,明确组织架构各部门岗位职责,严格规定并实施各专业人员的能力和素质要求,是构建人力资源管理的人力基础。

(4)人力资源专业化建设平台。岗位分析和岗位评价作为制定薪酬序列的价值依据,根据经营管理需要定编、定岗、定员,开发确定人力资源素质能力模型。

三、抓好人力资源管理的三个关键环节

（一）把握价值主线，实现组织和团队成员价值

抓好组织管理的三个关键环节之一是把握人力资源价值主线，主要包含两个方面：一是“低头拉车”，服务当下，确保完成短期经营目标；二是“抬头看路”，着眼将来，做好人力资源战略规划，为机构制订并实现中长期发展规划做好充分准备。

“低头拉车”，服务当下，确保完成短期经营目标，也包括两项重要内容：一是通过对组织层绩效、流程层绩效和岗位层绩效的能量组合，完成机构经营目标所要求的组织绩效；二是始终投资于对优秀人才的成长，先激励后考核，激发员工潜能，让员工持续成长，提升组织效能。

“抬头看路”，着眼将来，做好人力资源规划，也包括两项重要内容：一是诊断、盘点、评价现有人力资源状况，梳理解决方案，对比行业标杆，找出差距，梳理出解决方案的实现路径和资源配置要求及超越要求；二是根据批准的战略规划，排列出详细的可行性实施计划，结合配套的预算要求，按时间节点分步实施并进行有效的阶段性考核或过程考核。

（二）把握核心工作，实现组织能力建设和组织变革

1. 组织能力建设

组织能力是指把一群“平凡的人”聚集在一起，做成非凡事情的能力，或者把一群“非凡的人”聚集在一起，做成宏伟业绩的能力。组织能力建设包含组织价值观、组织规则和组织知识三个维度，这三个维度存在相互间的递进关系：组织价值观是检测机构的底层逻辑，决定了机构内员工的基础价值判断；基于组织价值观的实践，达成组织内员工行为的共识，从而具象成为组织规则；基于组织规则的共同行动，沉淀出机构所特有的企业文化和组织知识。

组织能力能够局限或强化机构在不同层面的表现，可以体现在机构从产品开发到营销，再到生产的任何活动中，精心培养的组织能力可以成为机构竞争优势的一个非常重要的来源。建构或改造机构的组织能力，需要同时在员工的个人与群体心态、员工的个人与群体能力、员工的个人与群体管理三个方面进行调整，相互配合、缺一不可，缺少了任何一个方面，都会使所有的努力功亏一篑。

组织能力最大的作用，表现在组织层面的反思纠错能力、自我修正能力和进化能力上。组织能力的每一次调整和修正，都代表着组织新的进化，可以确保机构通过自我更新和自我修正，持续保持核心竞争力。组织能力建设最核心的内涵，始终表现为吸纳、培养和留住优秀人才。

2. 组织变革

机构的健康稳步发展永远离不开为适应环境的变化而必然导致的组织管理体系的变革。机构在环境、技术、社会资源等方面的不断整合与变动中，必然为机构的发展带来机遇和挑战。这就要求机构必须适应未来组织发展的要求所进行的组织变革，为战略目标的实现持续提供优质、匹配、良性、可持续的人力资源保障。

机构进行组织变革，出发点必然是有利于管理改善、业务发展和目标实现。检验组织变

革成功的标志不是战略目标,也不是管理系统,更不是组织架构和企业文化,而是员工行为模式的变化,即根据组织变革的方向和内容要求发生的改变。只有当员工行为模式发生了改变,才能表明机构组织最末端的最小业务单元发生了改变。

(三)把握关键人群,实现组织业务发展和人才成长双丰收

机构的健康可持续发展,一般有两条发展路线:一是业务发展线,每年产生丰硕的业绩,确保机构有可持续发展的物质基础;二是人才成长线,为业绩成长和机构可持续发展提供资源转化和人才支撑。一家机构之所以做不大,大多是因为人才的成长滞后于业务的发展,导致业务发展没有人才队伍的支撑,机构发展没有后劲,也就不可能实现持续发展。为实现业务发展线目标、维护好人才成长线的核心要求就是要把握好机构所拥有的关键人群。

人力资源管理的四项核心职能是人力资源的配置、开发、评价和激励。通过系统规划和持续投入,必须把握好组织内四类关键人群:管理干部、核心员工、梯队人才和新员工。为机构的核心竞争力做好人才保障,从而保证满足机构发展的需要。把握好这四类关键人群,就必须在人才管理的选、育、用、留四个环节中投入更多的管理精力和资源:

(1)在选人环节,关键词是"磁场"。在选人环节,机构中最高管理者的初心很重要,必须具备把握行业发展趋势的能力和对事业愿景的描绘水平,从而在选人环节能够吸引有事业心、有能力的优秀人才不断地加盟。

(2)在育人环节,关键词是"土壤"。人才犹如一颗种子,"橘生淮南则为橘,生于淮北则为枳",同一颗种子在不同的土壤里将结出完全不同的果实,有的茁壮成长,有的枯萎凋谢。所以,机构的各级管理人员既要当好伯乐,还应当好教练,善于发现隐形人才,对员工进行悉心辅导,帮助员工快速成长、成才,最终能够独当一面。

(3)在用人环节,关键词是"卫星"。人造卫星在发射阶段往往面临着最多最大的风险,卫星一旦进入预定轨道,就能够自动且自然地按照预设的程序,利用自己的动力来运行,各项风险就能够被基本消除。在机构用人上也是如此,在员工就职的初期为员工做好职业规划,帮助员工找到成长路径,为员工找到价值空间是机构用人留人的关键。

(4)在留人环节,关键词是"激励"。企业经营的核心就是在整合好内外部资源的前提下,管理者理所应当面临的就转变成如何提高员工的积极性,如何在需要让员工冲锋陷阵的时候让员工总是保持旺盛的战斗力。而人力资源的平台转化作用,就是将各种资源和能量通过市场转化为机构的经营成果,做好员工激励,通过员工的成长来推动机构的成功,从而推动并实现机构的可持续发展。

四、抓好员工职业发展规划

(一)梳理现有岗位,确定岗位序列

对机构现有层级设置、岗位名称及职数等进行梳理,明确岗位分工,厘清职责权限,形成岗位序列。组织一般按照有效管理幅度、能级层次、工作事项、便于监控、岗位间协调与配

合、最低岗位职数、客户导向以及经济、科学和系统化等原则划分岗位序列，对于检测机构，通常以管理类、专业技术类和技能类作为划分标准较为适用。

（二）明确职级通道，规划职业发展路径

员工职业发展路径可以分为纵向及横向两种。纵向路径是指员工在同一通道内由低层级岗位向高层级岗位晋升发展；横向路径是指员工在不同通道的岗位进行转换或晋升发展。在设置横向路径时，应当充分考虑各项工作之间的关联性，应保证有一定的重叠和交叉，但一般又不能考虑弱相关职位之间的转换。在员工职业生涯的初期，应当特别注重员工个人的能力提升和经验积累，且应把员工职业发展路径重点放在纵向通道上的晋升，而不是横向通道上的流转。

（三）建立任职资格标准

建立任职资格标准，并遵循以下基本原则：

（1）源于工作需要，既应考虑到不同岗位之间的职能差异、不同职级之间的能力要求差异，同时又应考虑到符合人才成长及其发展规律；

（2）基于结果导向，应把任职资格标准建立在重点体现机构对员工的价值观、行为、业绩成果产出的期望方向；

（3）出于现实性与牵引性的有效结合，即在工作目标“既不能太低，又不能太高”的总原则指引下，既要合乎实际，强调现实情况，根据各部门各职能类别人员的工作特点特性，制订目标的适用性，又要体现出对员工能力持续提升的自发促进与引领作用，平衡“触手可及”与“触不可及”，制订“站着摸不到，跳起来能触及”的工作目标；

（4）归于持续改进和动态调整，随着机构业务体系对人才要求的发展而发展，确保目标标准的有效性；

（5）决于不同级别之间的任职资格的差异性，这种差异性通常体现为员工对专业知识及能力掌握的广度与深度、专业经历与经验拥有的丰富度、工作任务完成的参与度、取得业绩成果数量与质量的内外影响度、绩效目标实现的难易达成度等多个方面。

任职资格标准的设计可以参考能力素质冰山模型、人岗匹配模型等。一般来说，可以将任职资格标准分为基本条件和优先条件。基本条件应包括学历、专业、知识结构（专业知识、管理知识）、工作经验（工作年限、培训经历）、能力素质、职称/证书等，优先条件包括论文、专著、专利、技术标准、成果奖励等。员工在职业通道中发展，必须满足基本条件，在此基础上若满足优先条件，就可优先考虑向晋升通道发展。

（四）建立晋升评定机制

晋升评定机制主要由评定组织、评估方式、评定机制和评定流程组成。评定组织通常依据管理支持、机构建设、职能分工等因素，确定决策机构、主责部门和相关责任部门；针对任职资格标准中不同方面的要求，选用合适的岗位评估方式，根据可操作性及成本等因素综合评估确定，可选择的评估方式包括干部任免程序、公开竞聘、定期评定等；评定机制一般包含理论知识题库、实操题库、案例库开发、测评系统选用及运行等；评定流程可简单归纳为个人申请、材料审核、按评定方式评定、结果公布(申诉与处理)、结果应用等。

在评定过程中需要注意在职业发展体系新建立后,应制定过渡期政策,在一定程度上考虑“老人老办法,新人新办法”。原则上逐级晋升,但这样也容易导致标准过于具体而缺乏弹性,所以应设立破格晋升机制,如制定群众公认、业绩突出、贡献重大、特殊需要等特别原则。同时,为保证破格晋升在实操中不被滥用,又必须严格限定破格晋升的质量和名额比例,实际工作中可结合绩效考核结果设置晋升比例及其职数限制,制订适宜的晋升速度和晋升数量标准,以确保较高职级的权威性。

(五)搭建职业发展配套体系

配套体系的支持是职业发展体系的重要组成部分,是决定职业发展体系有效落地和实施的重要保障。职业发展体系必须有机融入全面人力资源管理体系,建立起相应的配套体系,打造一体化综合解决方案。

配套体系一般包含配套薪酬体系设计(岗位价值评估、薪酬策略、差异系数、薪酬结构、薪酬水平等)、配套培训体系开发(课程规划设计、学习资源提供等)、动态调整机制(试点运行、实践验证、意见收集、优化完善、经验推广等)三个方面。

构建职业发展体系是一项系统工程,必须要有系统的思想与规划,把握关键步骤和要点,根据企业的实际情况,循序渐进地推行。在推行过程中,必须争取高层领导及各级管理者的支持,同时重视员工参与,广泛收集员工意见,群策群力,凝聚共识。在运行实践中对体系不断优化完善,适时调整,提高体系的适用性和有效性。

五、做好新时期转型与人才引进工作

我国的检验检测市场的形成和发展直接受到国家政策导向的影响。随着市场发展放缓成为必然趋势,与之紧密联系的检测机构之间的竞争必将更加激烈,集约经营、优胜劣汰也必将在短期内发生。随着我国“一带一路”倡议的深入推进,国际化合作逐步加深,检测机构也必须“走出去”,参与跨区域竞争。为此,检测机构在结合自身特色特点的基础上,应当做好以下两个方面的人才引进与转型思想准备。

(一)做好机构数字化重塑人才的引进工作

机构应当利用无人机、机器人和物联网传感器等手段,深度融合北斗、第五代移动通信技术(5G)、物联网、云计算和大数据技术,建立智能化数据管理平台。利用人工智能和机器自主学习算法,帮助分析检测数据,预测潜在的结构问题,实现对交通设施的远程和实时监测、自动采集与管理检测数据、自动化处理与报告生成、动态质量评定与预警。在此基础上实现政府质监机构、检测机构以及建设、监理、施工等多方参与者之间的资源共享、全面整合与高效协同,即全面实现流程管控、精准定位、集中监管和预防性维护,减少人力成本,提高检测覆盖率,提高检测和管理系统的可信度,提高检验检测工作效率和检验检测精度。

(二)做好科学化服务模式人才的引进工作

随着对绿色交通、智慧城市、新能源的投资增加,对环境友好型和低碳检测方法的需求

必将推动质量检测行业的服务创新，绿色节能材料检测技术的发展和应用将成为未来的重要发展方向。对此，机构只有依托新技术和新材料，加快技术突破，转变并创新服务模式，跟踪和采用前沿检验检测技术，提高检验检测数据的适时、就地分析能力，保障技术质量和可持续发展，提升检测过程的快捷性和精准性，向新技术的应用、新材料的检验、技术改造和降低环境风险等方向发展，从而适应和引领行业的发展。

第二节　建立卓越的管理团队

卓越的管理团队是驱动一个企业长远且健康发展的最核心的原动力。

卓越的管理团队能够从全局出发，统筹规划，在面对困难和挑战时具备持续努力的能力；在全局观、目标一致性的指引下，其团队成员具有坚忍不拔的斗志和干一番事业的优良品质，具备完成特定任务的必备知识、技能与经验，坚信自己能够实现既定目标，并具有非常强烈的动机去努力完成任务。简单地说，卓越的管理团队就是具备能力、信念、动机这个“卓越三角”的团队，见图4-1。

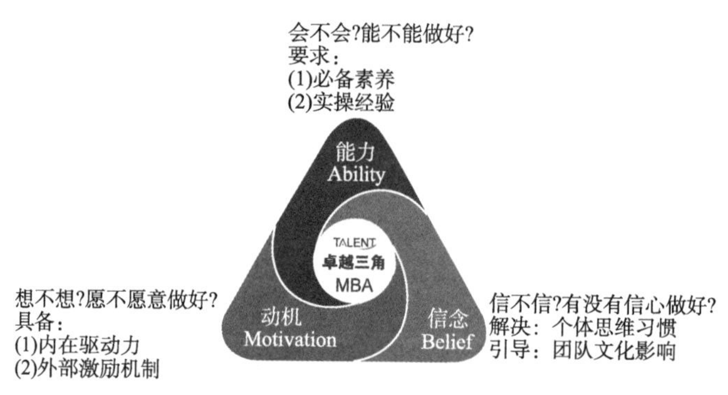

图4-1　机构管理团队中的“卓越三角”

卓越的管理团队，通常包含三个层面：领导层、管理层和操作层。

领导层又称为决策层，是机构进行全方位开展管理活动并得到良好运行的核心，在组织管理体系的运行中起领导和率先垂范作用，是机构各项资源的提供者和维护者，是实现独立性、客观性、公正性检验检测活动的承诺者，负责机构管理体系的建立和有效运行，负责制定质量方针和质量目标以及为实现预期目标而开展的各项活动。

管理层是在领导层的指引之下，在企业组织架构中处于中间位置，起着桥梁作用，是贯彻高层决策和上下联系的枢纽。他们是领导层与操作层之间的关键联系，确保企业的健康持续发展。其主要任务是根据领导层的经营方针和计划，结合本部门情况，提出实施计划，以实现总体经营目标。管理层需要具备主动性、执行力、关注细节等素质，以确保企业战略的有效实施。管理层在企业中起着承上启下的关键作用，需要准确传达领导层的战略意图，并指导操作层执行。

操作层又称为基层或执行层，负责完成具体的生产任务和操作工作。他们直接参与生产过程，确保生产活动的顺利进行，按照标准规范进行操作，确保生产过程符合质量要求。操作层通过优化生产流程和提升资源利用率，帮助企业适应市场变化。同时，操作层能够及时发现生产中的问题并提出改进建议，从而有助于企业不断优化生产流程和管理方法。

一、团队中的关键岗位

(一)机构负责人

在领导层中，"领导"是领导层为实现目标而运用权力向下属施加影响力的行为或行为过程，领导应充分发挥其影响作用，为下属创造更有效的实现目标的环境。"领导作用"其实质就是责任担当作用。领导层对组织中管理体系的有效性承担责任，管理体系的策划、实施、保持和持续改进都需要领导层强有力的领导和推动。没有领导的参与和支持，管理体系不可能有效运行或发挥作用；没有高瞻远瞩的站位，机构难以获得持续健康发展的动力。

在领导层中，机构负责人负责提供确保机构技术与质量运作所需的各项资源。机构负责人是机构的灵魂，是质量方针的制定者、质量目标的审批人、各项资源的保障人，负责机构内各相关岗位的职责、权限的分配，沟通和理解，负责组织和主持管理评审。

1. 任职资格要求

(1)高效地配置实验室合规运行所需的各类资源，以保证实验室管理的有效性、行为的公正性和数据的准确性；

(2)熟悉数据质量责任及处罚规定，掌握实验室安全管理要求，能落实安全生产和确保工作人员人身安全；

(3)熟悉管理评审的意义和管理评审流程，主持召开管理评审会议，落实管理评审输出改进措施。

2. 工作职责

(1)全面组织、主持机构的管理工作，依照法律法规、标准规范要求，结合机构实际，有效地建立、实施管理体系并持续改进其有效性；确定质量方针和目标，批准质量手册、程序文件、质量体系评审计划和报告，负责管理体系评审及对不适应发展的制度和程序的改进。

(2)审定和签发机构内、外部文件及上报材料，建立管理体系有效运行沟通机制，保证将管理体系中的各项要求传达给全体员工，并得以贯彻执行，确保管理体系实现其预期结果。

(3)任命技术负责人、质量负责人和其他关键岗位人员，并赋予其相应的权利和资源；任免中层管理人员，聘用或解聘一般人员，并对以上人员进行工作考核。

(4)制订生产管理、经营拓展、企业建设、行政人事管理、资产管理等各项具体工作计划，并安排落实，确保完成年度经营目标。

(5)制订公司重大经营、对外投资方案，负责人员、设备、资金的调配，达到确保工作需要并提高效率、降低成本的目的。

(6)建立完善的管理制度，实行严格的制度化管理；组织、安排、督促公司各部门按照职责要求，高效有序开展工作，及时研究和解决工作中出现的问题。

(7)协调处理好与行业主管单位、业务协作单位、用户单位之间的关系，确保各部门及全体员工的团结协作。

(8)强化员工的质量安全意识，加强员工思想教育，确保不发生重大质量事故、安全事故、治安事故。

(二)技术负责人

在领导层中，技术管理者负责技术管理体系的建立、运行和检验检测活动的正常开展等全面工作。机构应规定技术负责人的资质资格、职责权限等要求。

对于大型检测机构，检验检测项目/类别较多，或覆盖领域较广，或涉及的检验检测活动技术难度或操作较复杂的，宜设置总技术负责人(或总工程师)牵头下的多个技术负责人的负责制度，下设能够代表各专业分工的总工办或技术委员会，以指导检验检测活动的正常开展。

一般情况下，按照《资质认定评审准则》、《公路检测管理办法》、交办安监函〔2024〕1432号等有关文件规定，技术负责人须具有与机构资质等级相适应的专业技术职称或者同等能力，能胜任所承担的工作，成为机构技术活动良好运行的组织者和执行者。

技术负责人的管理职责，主要包含两个方面：一是全面负责实验室的技术活动运作，包括重大技术问题的决策、检验技术的开发与应用、设备操作指导书以及各种技术类文件的审批、技术人员技术能力的确认等；二是确保实验室运行质量所需资源(人力资源、物质资源、信息资源等)的供应和技术保证。

在实验室认可领域，如建材和建设工程实验室，对技术管理者有更高的要求，具体可参见《检测和校准实验室能力认可准则在建设工程检测领域的应用说明》(CNAS-CL 01-A018：2021)、《检测和校准实验室能力认可准则在建材检测领域的应用说明》(CNAS-CL 01-A022：2021)等规定。

1. 任职资格要求

(1)具备相应的工作经历和职责权利；按照等级条件的要求持有相应的资格证书。

(2)掌握所负责检验检测范围内相关专业知识、分析测试方法、质量控制方法、不确定度评定方法；熟悉所涉及技术领域内相关技术规范要求，检测标准和检测方法原理，能够选择符合要求的检测设备和检测方法，对机构的技术管理工作负总责，确保出具的检测结果的真实、准确和可靠。

(3)掌握计量溯源、数据处理、报告审核和出具、方法选择和验证，能开展相关技能或知识的培训和考核工作。

(4)掌握所涉及技术领域内设备设施的原理、性能参数及安装要求，能够根据拟开展的检测项目进行设备设施的选型和配置，能够进行仪器设备原理及使用维护的培训。

(5)掌握所涉及技术领域场地布局、装修、环境条件要求，以及安全、防护、救护基本知识，能够根据拟开展的检测工作对工作区进行设计和规划。

2. 工作职责

(1)全面负责技术管理工作,贯彻执行管理体系及其相关要求,持续改进管理体系的有效性。

(2)负责技术作业指导书、技术记录表格/报告,以及第三层次文件的建立和批准;负责相关体系文件的审核。

(3)负责新开展项目的提出、论证审批;组织有关人员解决检验检测活动中的技术问题、质量事故,并保证资源的提供。

(4)制订年度培训计划、考核计划、科研规划;审批年度质量监控计划、参加能力验证计划与实验室间比对计划;审批期间核查计划、核查方案、作业指导书及不确定度报告等。

(5)负责环境设施的配置、改造或维修报告的审批;制订技术改造措施和方案,负责规划措施的论证和审定。

(6)负责对从事检验检测活动的人员技术能力和水平及其资格的确认。

(7)批准允许偏离的申请;审批分包方评审结论和合格供方名册;审核供应品和服务采购申请中的技术内容。

(8)主持不符合工作的评价;审批仪器设备周期检定、校准计划,确保量值溯源。

(三)质量负责人

在领导层中,质量负责人的管理职责,一般包含两个方面:对内,负责体系运行维护、文件控制、不符合及其纠正/预防措施的组织处理和实施、内部审核、内部监督等;对外,负责外部审核前的准备、接待、客户满意度调查、客户投诉处理、分包方质量审核等工作。

检测机构及其外派试验室、现场检测项目均应设置质量负责人或质量管理者,且须具有与机构资质等级相适应的专业技术职称或者同等能力,以全面负责质量管理体系的建立、实施、维护、保持等;应具有中级及以上相关专业技术职称或同等能力,胜任所承担的工作;负责组织、主持体系内部审核。

检测机构一般只设置 1 名质量负责人。

1. 任职资格要求

(1)具备相应的工作经历和职责权利;按照等级条件的要求持有相应的资格证书。

(2)掌握资质认定和/或实验室认可的相关法规、准则、规则、应用说明的要求;具有建立实施和保持质量管理体系的能力。

(3)熟悉资质认定和/或实验室认可申请的流程、提交文件资料的要求、现场评审的流程;能够组织资源以应对资质认定和/或实验室认可的迎审、监督等现场评审工作。

(4)熟悉实验室质量管理活动的内容和程序,具备策划内部审核、配合外部审核、协助管理评审,以及开展质量监督、人员培训、质量控制;组织对已发现或潜在的问题/不符合项进行整改、预防、纠正等活动,具有持续改进和优化实验室工作流程的能力。

2. 工作职责

(1)全面负责质量工作管理。贯彻执行管理体系及其相关要求,持续改进管理体系的有效性。

(2)负责体系文件的建立、实施、维护、保持等工作,同时负责贯彻执行;审核质量记录,批准对过期作废文件的销毁。

(3)制订内部审核计划,报最高管理者批准,并组织实施内部审核。在内部审核过程中,负责内部审核组成员分工、批准现场审核计划、审核内部审核报告。对于不符合项,应严格按不符合工作控制程序、纠正措施程序等要求进行整改,并在规定时间内完成,以及负责落实跟踪验证,审查相关整改记录,并输入管理评审。

(4)组织质量监督。按照监督计划实施日常监督与重点监督,通过定期和不定期查阅记录和报告、旁站观察、提问考核等方式进行日常监督;对重要操作过程、关键环节、主要步骤、新上岗人员、客户申诉和投诉、能力验证和内外部比对、现场考核项目进行重点监督,并做好相应的监督记录。若发现不符合,立即进行处置,必要时停止当事人的检验检测活动。

(5)随时关注和抽查各部门在日常检测过程中的规范化程度和检测流程执行情况,包括资料整理、检测规范化。若发现有不符合,应及时制止并发出整改通知,事后跟踪验证,直至满足要求。

(6)以顾客为关注焦点。负责落实客户的申诉和投诉,并根据申诉、投诉内容和涉及部门、人员,本着积极、认真、公正、负责的态度进行调查核实。对涉及检测结果的申诉,应会同技术负责人进行调查,给出处理建议报最高管理者批准,并将处理结果输入年度管理评审。

(7)会同领导和技术负责人迎接外部审核。对于外审中发现的不符合,要责成相关部门和人员严格按要求进行整改、跟踪验证,并整理出完整的整改资料。

(8)配合管理评审。管理评审是公司最高管理者组织实施的,对公司质量管理体系的适宜性、充分性和有效性进行的一次综合衡量,以确保质量方针和质量目标的实现和满足客户的要求。质量负责人要协助最高管理者做好评审前的准备工作,包括编制管理评审计划。对于管理评审报告中的质量改进,质量负责人审核后组织进行跟踪和验证。

(9)纠正措施的审批和验证。对于在质量管理体系运行中发生的不符合项和偏离项,质量负责人应审批相关部门及相关人员制定的纠正和预防措施,并加以落实验证,防止以后再发生类似情况。

(10)调查、核实违规行为,制定质量考核奖惩方案。为了确保公司在检测能力、公正性、诚实性和保密性等方面的可信度,对于违反规定的,由质量负责人组织有关人员进行调查、核实,提出处理意见,报公司最高管理者决定处理。为完善公司的各项规章制度,推动质量管理体系的贯彻执行,质量负责人要在质量管理体系运行中制定出相应的质量考核和奖惩制度,以更好地促进质量管理体系在日常工作中能健康稳定地运行。

根据各自管理体系的不同,有一些检测机构将质量负责人归结到管理层中。

(四)报告签发人

报告签发人是检测机构签发其所出具的检验检测报告的签字人员,对保证报告的正确性、完整性、合理性和合法性具有至关重要的作用;是机构产品质量控制的关键岗位人员,也是机构规避风险的最后把关人员。其与《资质认定评审准则》的授权签字人、《实验室通用要求》的批准人职责相同,在检测机构质量管理体系中一般称作授权签字人。

一般情况下,授权签字人不是具体的行政职务,只是一个重要的技术岗位,体现的不是权力,而是担当和荣誉。因此,授权签字人可能在领导层,也可在管理层或操作层。但授权签字人应当是本机构、本领域的资深人员,对其所授权签字领域的检验检测技术有较好的理解,对检测结果的准确性能给出恰当的判断。为体现授权签字人的责任担当,授权签字人宜为参与实验室管理的部门主管或技术骨干,必须具备敏锐的法律意识和风险识别意识,必须具备优良的专业技术能力、高度的工作责任心,能够科学公正地对待检测结果。

报告编制人在将委托合同、任务单、客户提供的资料及检验检测原始记录与报告初稿,按规定对签字、复核程序进行校对、复核(无论是否已经修改均签字确认)后,才能将签字后的校对、复核资料转交授权签字人审批。如校对、复核、审批过程中,当发现有需要修改之处时可按规定进行修改,若存疑时应追溯;如修改结果不影响检验检测报告时,授权签字人可直接签发。

1. 任职资格要求

(1)具备相应且适宜的工作经历,以及具备相应的职责权利和良好的职业道德,且持有公路水运工程试验检测师证书。

(2)熟悉检测机构体系管理程序和运作流程,能够对检测过程流程的符合性作出判断和评价。

(3)熟悉或掌握所承担签字领域的相应技术标准方法,掌握标准和规范中具体重点内容和特殊情况处理的原则,确保所使用标准和规范的有效性。

(4)熟悉检验检测报告要求及其审核签发程序,以及实验室对本领域检验检测技术的专项规定,保证检验检测报告的完整性,确保结论不会产生歧义。

(5)具备对检测结果作出相应评价的判断能力;掌握关键检测设备的相关技术参数和运行状态,掌握不同检测项目的相关性,掌握与检测对象相关的生产加工、工艺流程、污染物排放的基本知识,能够把握检测数据的准确性。

2. 工作职责

(1)熟悉机构的质量方针和目标。负责正确掌握检验检测机构资质认定项目的限制范围和行业资质认定项目的能力,并对检验检测报告结果承担相应的技术及法律责任。

(2)负责通过检验检测资质认定授权范围内,且属于通过本专业领域资质认定授权签字人范围内的检验检测报告的审批工作,并对审批的检验检测报告结果负责。审批内容包括:该项检验检测任务的资料是否齐全;依据的检验检测标准、技术规范或规程是否与所检项目相符;原始记录、报告格式及所用计量单位、符号是否符合准则要求;原始记录中的检验检测数据、结果计算及分析和报告评价或结论等信息的充分性、完整性、正确性;检验检测结论用语是否准确;报告中相关签字人资质是否符合要求;有关印章使用是否恰当等。

(3)确认并处理授权签字范围内检验检测工作中出现的重大技术问题。在报告审批过程中如发现有弄虚作假、伪造数据行为的人员，有权提出处罚意见。

(4)参与检验检测活动的技术观察，总结公司质量体系管理运行和业务工作的开展情况。

(5)对审批检验检测报告中发现可疑数据或结果有权组织复检或要求有关人员重新检测，并督促技术管理部跟踪验证其结果。

(五)检验检测人员

作为检测机构中的操作层，检验检测人员包含所有直接从事检验检测活动的人员，含新上岗人员和转岗人员，应明确其资质要求、技术要求、培训和考核、责任和权力。

1. 任职资格要求

(1)掌握检验检测基础知识，如仪器设备计量与常用仪器设备使用及维护保养，试验用水、标准滴定溶液的配制、标定和保存，标准物质分类、采购、使用和管理，有效数字的保留和数值修约，原始记录的填写和检验报告的出具，检测方法验证，不确定度评定，质量保证和质量控制，常用数据统计和处理等；

(2)掌握授权范围内检测仪器设备的使用和维护，其基本原理和结构，能够解决一般性故障问题；

(3)掌握实验室安全相关知识，能识别实验室危险源，正确使用安全防护用品，了解实验室一般事故的急救措施。

2. 工作职责

(1)负责按相关工作程序要求检查核对任务单与检验检测样品的一致性、完善性、符合性。

(2)负责按现行国家、行业或地方检验检测标准或技术规范完成对自身范围内的检测项目或参数的检验检测工作，对检验检测数据及结果的真实性、正确性、可靠性负责，并对检验检测报告结果承担相应的技术及法律责任。

(3)熟悉仪器设备的性能，严格按操作规程及相关要求使用仪器设备。

(4)负责仪器设备日常保管和定期维护保养，在检验检测活动进行过程中及时填写仪器设备使用记录；发生故障或异常情况时，及时报告部门负责人，并提出解决问题的建议和措施。

(5)负责检验检测原始记录信息的完整性、有效性、可溯源性，按时限要求出具科学、公正、准确的检测报告。

(6)负责对完成检验后的样品按样品管理规定进行存储、处理、记录，负责检测功能区的环境卫生工作。

(六)技术研发与创新服务人员

技术研发与创新服务人员是检测机构实现中长期发展目标及转型的重要支撑力量。为适应交通建设行业的高质量发展，招录、引进、培养符合机构自身特点的技术研发与创新服务人才，是检测机构顺应行业发展的大势所趋。

1. 任职资格要求

(1)应具有相关专业本科及以上的高等教育背景,思想思维活跃,有开拓创新潜质和拼搏奋斗精神,有相关研发经历和业绩,善于团队沟通和团队协作。

(2)应具有良好的再学习能力,知悉与检测机构相关的检验检测前沿技术及其发展方向,并有信心适应、达到和超越这些发展方向。

2. 工作职责

(1)参与机构科技研发与创新服务系统架构设计和优化、研发和创新等工作,包括需求分析、方案设计、程序开发和测试等环节,能够结合机构的技术创新发展战略,提出切实可行的解决方案,并在实施过程中确保其有效性。

(2)密切关注检验检测行业的前沿技术和发展动态,与团队成员合作,制定创新技术方案,并对技术方案进行评估和优化,保证产品或项目的竞争力。

(3)负责技术文档的编写和维护,包括技术需求文档、设计文档、使用手册等。

(4)积极参与市场调研和用户反馈工作,了解市场需求和用户反馈,及时改进和优化产品或项目,提高用户体验,增强产品或项目的市场竞争力。

(5)积极参与团队的技术培训和知识分享活动,跟进技术发展动态,不断学习新知识,以提升自己的专业水平和创新能力。

(6)负责研发进度管理并协调相关部门配合完成产品研发工作,负责对方案的实施情况进行跟踪与反馈。

(7)负责对实施的新技术提供技术和服务支持,解决新技术使用过程中遇到的技术问题。

二、关键岗位人员及其代理人

除最高管理者、技术负责人、质量负责人、授权签字人、检验检测人员外,检测机构的报告审核人员、方法验证/确认与技术研发人员、采样及样品管理人员、仪器设备管理人员、化学药品管理人员、信息安全管理人员,以及管理体系内部审核人员、质量与技术监督人员、文件资料管理人员和财务管理人员等,都是机构的关键岗位人员,他们或处于管理层,也可能在操作层。

实际上,机构的所有岗位人员均可能成为或转化为关键岗位人员。如安保人员,可能在某个特定时候会涉及客户委托业务,涉及客户机密信息,涉及检验检测场所的信息远程监控,这个时候,也就转化成关键岗位人员。这也就是“蝼蚁溃堤”“蝴蝶效应”的基本道理。在一个机构的内部,经过评估所设置的任何一个岗位,其实都是关键岗位,这一点,需引起管理层的重视。

为保证检验检测工作的正常进行,避免机构在行政、技术、质量管理上出现真空,当最高管理者、技术负责人、质量负责人等关键岗位暂时不在岗时,应有能暂时代理其职责的岗位人员,以确保各项工作的正常进行。暂代其职责的代理人,应经委托并授权。

检测机构一般不设置授权签字人的代理人，如果设置，也只能是机构内部具备同等或以上能力的人，且其授权签字领域应能覆盖授权人的授权签字领域，此种情况不属于“代理人”。

三、明确质量负责人和技术负责人的关系

(一)相互独立

质量管理和技术管理是实验室管理的两个方面，岗位不同，工作内容与着重点自然也不同，质量负责人和技术负责人都有具体的职责和权限。质量负责人侧重于对体系运行的保证和维护，包括管理规定的健全、不符合情况的监控、关注客户的要求、执行客户满意度调查，以及管理体系内部的定期审核评价、接受外部审核、改进与跟踪等；技术负责人侧重于技术活动的运作，与检验检测活动有关的人、机、样、法、环、测都要达到规定的要求，例如人员的能力、设备的使用、样品和消耗品的控制管理、方法的选择、检测环境的控制、检测过程的控制等，通过有效的手段和决策，保证实验室检测结果和数据的准确。质量和技术两个方面，权责明确、岗位平等，工作相对独立。质量和技术既统一又不同，是一只手的两个面，是从不同的角度共同推进和完善实验室管理，共同确保检验检测工作质量。

(二)相互配合

在具体的各项检验检测活动中，质量和技术就像一对孪生兄弟，形影不离，往往是既有技术的形貌，也有质量的影子。比如“要求、合同或标书的评审”要素，合同评审主体、流程、输入与输出、记录等都需要从质量管理的角度提出要求，但是合同评审过程本身却是一个技术活动的过程，需要从技术的角度确定合同是否可行，是否可以进行检测，是否能保证检测结果的准确等；又如“技术记录”，技术记录的及时、完整、清晰、编号、更改、归档等都是质量要求，此要素也是管理要求的一部分，但是技术记录的准确与否却必须从技术的角度给予保证，必须符合数据的采集、修约、处理、极限或临界数据的确认要求等；再如“样品的处置与管理”，样品的处置的要求就同时包括质量和技术两个部分，不能影响检测数据的准确和结果的判断，同时也需要满足相关的流程要求和保密要求。质量管理和技术管理相生相融，你中有我，我中有你，相互依赖，共同发展。很多问题表现是管理问题、质量问题，但要真正解决，则要靠技术手段。同样技术问题，也需要质量方法来固化，来推动。

(三)相互监督

质量负责人和技术负责人不仅要相互配合，还要相互监督。单从质量或技术的角度考虑问题，往往是不全面的，容易走向极端，这就需要双方相互监督，共同进步。不重视技术，结果是显然的，会导致检测数据不准确、试验结果有误，造成无法弥补的问题；同样，不重视质量，结果也是显然的，会导致管理工作混乱、技术难以固化，类似或同样的问题可能反复发生，浪费人力物力。

(四)相互渗透

质量与技术既要相互配合又要相互监督，每一个都是整体的一部分。如果质量负责人懂技术，技术负责人懂质量，那么在实际工作中，双方的配合与监督将更容易进行，双方的交

流更容易达成共识，从而高质、高效地解决实验室整体存在的问题。

质量负责人懂技术，则对关键质量控制点的选择、内部检查审核点、不符合的处理、纠正措施的验证，都会更准确和有效，也更容易提高质量工作的质量和效率。技术负责人懂质量，就可以用质量管理的手段为技术服务。在实验室管理中，需要培养具有良好技术背景的质量负责人和具备质量知识的技术负责人，复合型人才是最佳的选择。

（五）相互分享

检测活动的每一个环节都可能既涉及质量又涉及技术，因此，质量负责人和技术负责人的共同参与、协调一致就变得更为重要。双方侧重点不同，考虑问题的角度不同，更容易从不同的专业方向挖掘出深层次的原因和改进举措，更容易擦碰出智慧的火花，推进组织的发展。因此，质量负责人与技术负责人之间需要经常交流沟通，相互学习，相互提醒，取长补短，共同推进。

对于检测机构而言，检验检测数据和结果报告为最终输出的“产品”，只有质量和技术共同发展，两手抓、两手都要硬，才能使实验室管理持续改进。

团队精神是卓越团队的核心要素。一个团队在面临困难和挫折时能够保持团结和协作，进行有效的沟通，能够互相支持和帮助，相信彼此的能力和才华，共同面对并解决问题，才能取得令人瞩目的成绩。

第三节　劳动关系与社会保障

《中华人民共和国劳动法》第十六条规定：“劳动合同是劳动者与用人单位确立劳动关系、明确双方权利和义务的协议。建立劳动关系应当订立劳动合同。”《公路检测管理办法》、交办安监〔2024〕1432 号，以及交通运输部信用评价管理办法、各省（区、市）试验检测管理办法等，都对检测机构与其检验检测人员的合法性提出了规定。

当前，机构通行的劳动用工形式，一般包含四种。

（一）劳动合同

劳动合同是指劳动者与用人单位确立劳动关系、明确双方权利和义务的协议。其中的用人单位，是指中华人民共和国境内的企业、个体经济组织、民办非企业单位等组织。

（二）聘用合同

聘用合同是指事业单位与受聘人员依据国家有关法律法规、规章和政策，在平等自愿、协商一致的基础上，通过签订聘用合同，确定聘用关系，明确双方权利和义务的人事管理制度。聘用合同适用的范围主要为事业单位，聘用合同的规定详见《事业单位人事管理条例》（国务院令第 652 号）。

（三）劳务派遣

《中华人民共和国劳动合同法》第六十六条规定：“劳动合同用工是我国的企业基本用工形式。劳务派遣用工是补充形式，只能在临时性、辅助性或者替代性的工作岗位上实施。

前款规定的临时性工作岗位是指存续时间不超过六个月的岗位;辅助性工作岗位是指为主营业务岗位提供服务的非主营业务岗位;替代性工作岗位是指用工单位的劳动者因脱产学习、休假等原因无法工作的一定期间内,可以由其他劳动者替代工作的岗位。用工单位应当严格控制劳务派遣用工数量,不得超过其用工总量的一定比例,具体比例由国务院劳动行政部门规定。"

(四)退休返聘

依据《最高人民法院关于审理劳动争议案件适用法律问题的解释(一)》(法释〔2020〕26号)第三十二条规定,"用人单位与其招用的已经依法享受养老保险待遇或者领取退休金的人员发生用工争议而提起诉讼的,人民法院应当按劳务关系处理。"

现行的检验检测机构资质评审体系,如《资质认定评审准则》、《实验室通用要求》、交办安监函〔2024〕1432 号等,都对劳动者从业要求提出了明确的规定。如交办安监函〔2024〕1432 号在其"附件三　公路水运工程质量检测机构资质审批技术评审报告(修订版)"中"二、质量检测机构条件核查汇总表"的"注 2"中就明确指出:"实际确认人员"是指与检测机构签订劳动(聘用)合同并按要求缴纳社会保险的人员,以及集团公司、高校、科研院所等上级单位委派的人员,年龄应不超过 60 周岁。对劳务派遣、外包人员,以及独立法人的下属公司或其他公司人员,不纳入实际确认人员。

除以上规定外,在实际工作中,对同时不得不在两个及两个以上检测机构从业的问题,除劳动合同、签约或声明、承诺外,尤其强调了社会保险的重要作用。在我国,社会保险具有个人身份的唯一性,即一个人只能拥有一份社会保险,这也是在资质评审时倡导或要求检测机构应当以自身名义为其检验检测人员缴纳社会保险的根本原因。而且,即使明知其实际就在"一家"检测机构从业,但因其是母公司、子公司或兄弟公司所提供的社会保险或其他证明,一般也不被审评机构或其他组织所认可。但对于以下情况,在检测机构从事检验检测活动的人员的社会保险,可以不包含在该机构中。

1. 退休(含内部退养)返聘人员

按现行劳动管理制度,由于退休人员不再缴纳社保,内部退养也实质上离开了原工作岗位,在其提供有效合法证明(如原工作单位提供的退休证或内部退养通知书)的前提下,检测机构可以不为其缴纳社会保险,但检测机构应当与其签订劳务合同,以规范其责任、权利和义务等相互关系。

2. 劳务派遣人员

按人力资源和社会保障部《劳务派遣暂行规定》(人力资源和社会保障部令 2014 年第 22 号)及现行劳动管理制度规定,劳务派遣人员的社保在其劳务派遣公司,检测机构不再与其签订劳动合同,但机构应保留与劳务派遣公司的劳务派遣合同或相关文件,如工资发放记录、各种与劳务公司的转账记录等。按《中华人民共和国劳动合同法》第六十六条规定,劳务派遣用工是补充形式,只能在临时性(存续时间不超过六个月的岗位)、辅助性(为主营业务岗位提供的非主营业务岗位)或者替代性(因脱产学习或休假等原因导致的可以由其他劳动者替代工作的岗位)的工作岗位上实施。劳动派遣人员不能从事与检验检测活动直接相关的关键技术性工作,不能在相应的质量与技术记录、报告或证书上签字;在检测机构资质审批时不纳入对人员的“有效性确认”。否则,劳务派遣人员的劳动关系必须转由与检测机构签订,其社会保险同时应转由该检测机构缴纳,劳务派遣人员注册到该检测机构,才能满足记录、报告、证书等签字的规定。

3. 其他人员

其他人员指的是检测机构中非直接从事检验检测活动的人员,如车辆驾驶、安保或其他无明确岗位的后勤服务人员,或不涉及客户机密信息的人员。

第四节　职称与职业资格管理

当前,对于我国的检验检测专业技术人员职称管理,按照传统方法对专业技术人才的分类,通常包含两个系列:一是技术干部职称系列,包含技术员、助理工程师、工程师、副高级工程师和正高级工程师5个级别;二是技术工人职称系列,包含初级工、中级工、高级工、技师和高级技师5个级别。2022年3月18日,人力资源和社会保障部发布《关于健全完善新时代技能人才职业技能等级制度的意见(试行)》,正式推出技能人才“新八级”职业技能等级制度,分别是学徒工、初级工、中级工、高级工、技师、高级技师、特级技师和首席技师。

2020年12月28日,人力资源和社会保障部发布《关于进一步加强高技能人才与专业技术人才职业发展贯通的实施意见》(人社部发〔2020〕96号),意见指出,为打通高技能人才与专业技术人才职业发展通道,加强创新型、应用型、技能型人才培养,聚焦人才职业发展中“独木桥”“天花板”问题,推进职称制度与职业资格、职业技能等级制度有效衔接,支持高技能人才参加职称评审和职业资格考试,鼓励专业技术人才参加职业技能评价,搭建两类人才成长立交桥。

一、人员职业资格与能力确认

(一)人员职业资格确认

对于交通建设工程质量检测行业,人力资源和社会保障部在2021年11月23日发布《国家职业资格目录(2021年版)》,对从事公路水运工程试验检测专业技术人员和水利工程质量检测两项水平评价类职业资格,纳入了岗位持证要求。同时,对于人员职业资格,根据从业人员所处岗位职责的不同,有关准则、要求、管理办法等文件,也提出了要求,如交办安监函〔2024〕1432号“附件二　公路水运工程质量检测机构各资质等级人员配备要求”就对检验检测人员、技术负责人和质量负责人的职业资格进行了十分明确的规定。

同时,考虑到各检测机构的特点,《资质认定评审准则》对人员职业资格中关于中级技术职称与人员的同等能力之间的对应关系,也进行了明确规定:

博士研究生毕业,从事相关专业检验检测活动1年及以上;

硕士研究生毕业，从事相关专业检验检测活动3年及以上；

大学本科毕业，从事相关专业检验检测活动5年及以上；

大学专科毕业，从事相关专业检验检测活动8年及以上。

在这里，需要明确的是，对于相关专业检验检测活动，一般是指所从事的检验检测技术活动之间没有显著的技术壁垒或技术障碍，如铁路工程检验检测与公路交通、市政建设、水利水电等土建工程检验检测属于相关专业检验检测活动，但与环境监测、食品医药、化学化工、机动车、通信与机电设备等检验检测相比，则一般不属于相关专业检验检测活动。

（二）人员能力确认

检测机构的人员能力确认与认证，应从教育、培训、技能、经验、资质、上岗资格证书的有效性，以及实际操作、参与质量控制、业绩（包含经历、获奖和处罚）等出发，具体应当包含以下几个方面。

1.专业知识和技能考核

检验检测人员应具备开展相应检验检测活动所需的专业知识和技能，这通常包括对检验检测方法、标准、操作流程的熟悉程度，以及相关仪器设备的操作能力。

2.实操能力考核

通过让检验检测人员进行现场试验、操作演示等方式，评估实验室人员的实际操作能力。如盲样考核、见证试验、比对试验、留样再测等，以验证其能否正确、熟练地完成检验检测活动。

3.记录和报告能力

考核检验检测人员是否能够准确、规范地记录检验检测数据和结果，并编制相应的检验检测报告。

4.质量意识和法规遵守

评估检验检测人员对质量管理体系文件的理解，以及在检验检测活动中遵守相关法律法规和标准的情况。

5.持续教育和培训

《公路检测管理办法》第三十八条规定“检测人员应当重视知识更新，不断提高试验检测业务水平”、《实验室通用要求》6.2.5要求“实验室应识别对实验室人员的持续培训需求，对培训活动进行适当安排，并保留培训记录”，以上文件均要求检验检测人员开展持续教育和培训，以保持相应的专业技术能力，是确认检验检测人员能力的重要依据。

严格而言，检测机构的所有从业人员都应当纳入人员能力确认与考核，尤其是直接从事检验检测岗位的人员或关键岗位人员。人员能力确认与考核的目的是要不断提高检验检测人员的职业素养，最终成为一个在检验检测行业“更加专业的人”，说专业的话、做专业的事、留下专业的记录和报告是其最重要的体现。人员能力确认与考核结果应当用于确认检测机构人员是否具备相应检验检测能力，对于考核不合格的人员，应进行再培训或调整工作岗位。

二、人员专业技术职业资格与技术职称评聘评价

国家层面、人力资源和社会保障部出台的与交通建设工程专业技术职业资格与技术职称评聘评价密切相关的重要文件有6个：

(1)《关于实行专业技术职务聘任制度的规定》(国务院1986年2月18日发布，自发布之日起施行)；

(2)《关于印发〈公路水运工程试验检测专业技术人员职业资格制度规定〉和〈公路水运工程试验检测专业技术人员职业资格考试实施办法〉的通知》(人社部发〔2015〕59号)；

(3)《人力资源和社会保障部、工业和信息化部关于深化工程技术人才职称制度改革的指导意见》(人社部发〔2019〕16号)；

(4)《人力资源和社会保障部办公厅关于进一步做好民营企业职称工作的通知》(人社厅发〔2020〕13号)；

(5)《人力资源和社会保障部关于进一步加强高技能人才与专业技术人才职业发展贯通的实施意见》(人社部发〔2020〕96号)；

(6)《职称评审管理暂行规定》(人力资源和社会保障部令2019年第40号)。

需要注意的是，按照《关于实行专业技术职务聘任制度的规定》，中央职称改革工作领导小组发布《工程技术人员职务试行条例》(职改字〔1986〕第78号)，以指导工程技术系列专业技术人才的技术职称职务的评聘工作。

同时，按照人社部发〔2015〕59号文第五条规定："通过公路水运工程助理试验检测师和试验检测师职业资格考试，并取得相应级别职业资格证书的人员，表明其已具备从事公路水运工程试验检测专业相应级别专业技术岗位工作的能力"；人社部发〔2015〕59号文第二十三条规定："通过考试取得公路水运工程试验检测职业资格证书，且符合《工程技术人员职务试行条例》中助理工程师或者工程师任职资格的人员，用人单位可根据工作需要聘任其相应级别工程专业技术职务"。之后，各省(区、市)也相继出台了关于深化职称制度改革的实施意见，如《关于深化职称改革制度的实施意见》(川委办〔2018〕13号)、《关于部分专业技术类职业资格可聘相应专业技术职务的通知》(川人社办发〔2018〕122号)等。在川人社办发〔2018〕122号文第(五)款中指出，用人单位是专业技术岗位聘任工作主体，对于符合人社部发〔2015〕59号文的专业技术人员，用人单位可按照专业技术岗位结构比例、岗位任职条件和聘任程序，有序开展聘任工作。

三、人员专业能力评价

在实际工作中，对处于试验检测一线的相当多的从业人员，由于长期的技术分工等原因，导致其实际上长期都只从事某一项或几项通用性和专业性较强的职业活动，所掌握的专业能力相对单一，短期内取得国家职业资格证书的难度较大，或取得职业资格证书的专业覆盖面不足，专业能力水平缺乏评价手段和凭证，即便对于已经取得国家职业

资格证书的从业人员，也有夯实提升通用性和专业性专业能力的必要。为满足这些人员的专业能力评价需求，完善公路水运工程试验检测人员评价体系，推动公路水运工程试验检测人员安全意识、法律意识、职业道德和职业能力持续提升，确保交通建设工程质量和安全，2022 年 8 月，交通运输部职业资格中心发布了《公路水运工程试验检测专业能力评价标准》。该评价标准旨在提高和促进公路水运工程试验检测人员，在运用专业知识开展公路水运工程试验检测活动的同时，结合其所掌握的职业知识、辅助技能和专业技能，评价其具备公路水运工程试验检测职业活动的综合能力，成为规范公路水运工程试验检测专业能力评价工作的指导性文件。

该评价标准包含了职业道德及行为规范、职业活动、职业知识、职业能力、专业能力评价等内容，并结合公路水运工程试验检测行业特点，对钢材类试验检测和水泥类试验检测两个通用性和专业性较强的职业活动，以及从事这些职业活动人员应具备的专业能力和程序要求作出了明确规定，显著地体现了以职业活动为导向、以专业能力为核心的特点。在职业知识中，详细地列举出了应知悉的政策法规、标准规范、计量、数理统计、样品管理、仪器设备管理、试验检测安全管理及相关专业技术知识；在职业能力中，列举了应掌握的辅助技能和专业技能。

四、人员注册管理

按照人社部发〔2015〕59 号文，公路水运工程试验检测职业资格证书实行登记制度，登记的具体工作由交通运输部职业资格中心负责，登记情况向社会公布。登记机构应建立持证人员的从业信息和诚信档案，并为用人单位提供查询服务，对取得公路水运工程试验检测职业资格证书的人员，在工作中违反相关法律、法规、规章或者职业道德，造成不良影响的，取消登记并由交通运输部职业资格中心收回其职业资格证书。公路水运工程试验检测职业资格证书持证人员应登录“公路水运工程试验检测专业技术人员管理系统”（https://syjc.jtzyzg.org.cn/SYJC/LEAP/syjc/html/index.html）申请办理初始登记，初始登记申请流程办理完毕，由交通运输部职业资格中心审核通过后生效。

职业资格证书登记是建立从业人员电子档案、便利从业信息查询的一项重要基础性工作，对落实《公路检测管理办法》，服务建立健全质量检测信用管理制度发挥了非常积极的作用。近年来，交通运输部及各省（区、市）交通运输厅正在广泛开展“质量检测数据打假专项治理行动”，其中，检测人员注册是其重要检查内容。如《四川省交通运输厅关于开展全省高速公路建设项目质量检测数据打假专项治理行动的通知》（川交函〔2024〕343 号）中指出，检测人员未注册在检测机构、未进行质量责任登记、长期不在岗或无故不在岗、未及时办理变更审批手续或变更后未及时在市（州）质监机构进行登记，以及人员档案内容是否包括履历表、劳动合同、社保证明、学历证书、职称证书、注册信息、上岗培训、能力考核、试验检测证书等行为，均属于质量检测数据打假专项治理行动的重点，并将检查结果纳入检测机构及其个人的信用评价管理。

第五节 人才培养与继续教育

检测机构继续教育的对象是其内部员工；教育的目的在于掌握与工作任务紧密相关的法律法规、方针政策、专业知识和操作技能；继续教育的方法是通过业余或脱产的办法，有组织、有计划、有目的地对专业技术人员和经营管理人员进行的教育培训与训练，以促进其个体素质的提高、知识的转化，从而促进机构经济发展的一种劳动力再生产过程。因此，检测机构开展继续教育是对其全体员工开发智力、培养人才的重要途径，是持续发展经济与社会效益的可靠保证。

一、人才培养的基本思路

建立人才培养制度是机构人力资源管理的一项重要工作。机构人才培养，首先要有战略目标和完善的组织系统。通过职位设置、职位评估和职位聘任等工作使各组织机构切实承担起相应职责，从而支撑机构经营发展战略的实施。职位设置应以提升机构效率为首要目标，以组织职能和工作流程为依据，对相似任务和职责进行有机整合，确保机构职能和职责能得到有效的分解和落实。

（一）优化人才结构

机构要想获得优秀的人力资源，进而赢得企业长远发展，就必须优化人才结构，从机构的战略发展目标出发，掌握人才群体结构的发展规律，建立一个合理的人才群体结构图，发挥整体作用，使群体在各方面因素相互作用下形成共同的合力。近几年来，检验检测行业进入高速发展期，结构持续优化，国有、民营、外资“三足鼎立”的局面初步形成，但“小、散、弱”以及市场化发展不足的问题依然存在。可以预见，各检测机构对人才需求的档次将会越来越高，高素质的复合型人才和专业性较强的技术人才将成为机构抢夺人力资源的关键。在这一发展趋势下，机构人才结构必将进一步优化，人才资源才能得到充分利用。总体来说，就是建立人职匹配优化机制，让合适的人能去做合适的事，让合适的岗位能有合适的人，“因人设岗”的现象将越来越被淡化。针对人才结构现状，建立人职匹配台账并动态更新，实施人职匹配变动报批机制，提高职位管理精细化水平，完善人才资源结构，设立行之有效的结构优化目标，从而实现个性合理化、智能合理化、专业合理化、能级合理化的机构人才结构建设。

（二）人才培养途径

机构应根据其各部门岗位技能需求，构建组织人才培养课程体系。具体包含三个方面。

1. 基础能力的培养

检测技术的发展，对所有劳动者都提出了更高的要求。任何人要很好地完成一项工作，首先要有一定的基础能力。深入探索机构业务的基础上设置相应的岗位，做好职位提升流程和晋升要求，通过培训、实践应用、理论探索等方式提升员工对机构环境的适应力，提升员工对操作系统、设备软硬件的熟练程度，激发其学习的动力和热情，发掘其创新创造的潜力。同时，鼓励员工主动提高自身职业素养和职业道德，培养良好的职业意识和职业习惯，从工作出发，增强沟通能力和执行能力，养成高度的工作责任心和端正的劳动态度。经过系统化培训，使机构员工能够客观地了解自己的个性和能力，发现自己的兴趣和培养自己的价值观，从而进一步了解检测机构的职业需求趋势，明晰自己的目标和职业发展方向。

2. 专业能力的培养

每个岗位都有特定的专业要求，要使员工能够很好地适应岗位，就必须加强对员工立足本岗位的专业技术培养，并推动其运用到生产实践中去。国内一些知名企业如海尔、华为等，都建立有自己专门的培训中心或技师学院，并为此配备了大量的内训师，对增强员工的专业素养、提升解决问题的能力起到了良好的培训效果。

3. 岗位能力的培养

机构应结合员工能力、学历、年龄等要素对员工有针对性地进行岗位能力的培养和提升，为人才梯队建设打基础。以混凝土试件抗压强度试验为例，操作人员首先应掌握《混凝土物理力学性能试验方法标准》(GB/T 50081—2019)或《公路工程水泥及水泥混凝土试验规程》(JTG 3420—2020)规定的抗压强度试验方法及相应的压力试验机的安全操作要领，知道自己是否具备操作试验的职业资格与能力，知道样品管理要求与处置程序，知道什么样的试件应选择什么样的设备、量程、加荷速度及环境控制要求，知道量值溯源应对仪器设备的使用、维护、检定/校准与计量确认、量值或功能核查等应留下相应的记录，知道质量与技术记录填写要求、检验检测结果的数据处理方法。其次，通过对这些工作的积累，知道针对异常情况或不符合原因的分析方法，对批量检测结果发展趋势的预判与处理方法，以及可能存在的潜在风险分析方法等。最后，通过对专业核心课程的学习，增强自身专业能力，全面提升岗位能力，为建设合理的人才梯队打下坚实基础，最终达到合理使用企业资源的目的。

(三)提升人才培养效率和效益

人才是机构最宝贵的财富。人才培养讲究效率，机构应根据业务发展和行业变化，迅速响应并培养出适合其自身发展的人才。对此，机构就必须科学合理地设置人才培养的实习周期、锻炼周期和考核周期。一方面，极大地激发人才潜力；另一方面，让人才能够在自己期待的周期内施展自身才能，获得相应报酬或荣誉，从而加快人才成长速度，提升人才培养效率。

人才培养效益是指经培养后的人才回到工作岗位所带来的效益或价值。将人才的价值效益发挥到最大化，是每个机构在人才培养过程中都十分关注的问题。在人才培养中应加强思想认识，尤其是领导干部要增强对人才培养的重视，有紧迫感和主动性；加大资源投入，摒弃人才培养效果一蹴而就、立竿见影的急躁心理；做到精益管理，明确目标规划，共性培养方案和个性培养方案相交叉，定期培养和按需培养相结合，避免不必要的资源浪费和时间冗余成本。在考核制度中力求细化、量化，做到可控制、全覆盖，增强公开度和公平性。通过合理的分层、分级实施与统筹规划，促使目标与责任相统一，薪酬与岗位级别相统一，驱动员工成长，提升机构培养效益。

二、继续教育实施策略

员工岗位继续教育是机构人才培养的重要表现形式。通过继续教育，让检验检测人员可以及时了解行业发展的最新动态，掌握新技术、新工艺、新材料的应用，提升检验检测能力和专业素养；同时，继续教育有助于培养检验检测人员的职业道德素养和责任心，使其在工作中更加严谨、认真、细致地履行工作职责。

（一）以促进机构战略发展目标实现为理念

检测机构开展继续教育工作，应当从机构的实际情况出发，明确机构的战略发展目标；明确继续教育培训的发展方向；并将职业发展目标灌输给每一位员工，使其理解和认同机构的发展战略，明确相应的职业规划，做好充分的长远规划，进而形成统一的价值观，以有利于促进战略发展目标实现的行为和方式开展各项工作，保证各项活动都围绕发展目标进行，从而加快实现战略目标。

检测机构继续教育的内容包括：需要掌握的与工程质量检验检测相关的法律法规和政策，确保检测活动合法合规；需要学习的与国家、行业及地方政府有关工程技术的新标准、新规范、新规程，确保检测方法和技术符合最新要求；需要知悉的建设工程质量检测的新理论、新方法、新技术，提升检验检测效率和检验检测结果的准确性。

检测机构继续教育的形式包括面授课程和网络教育。面授课程通常由行业专家或资深从业者授课；网络教育则提供更多灵活便捷的学习方式。

（二）以兼顾员工个人职业发展为理念

通过继续教育培训，首先，可以帮助员工转变观念，消除对继续教育培训的误区，帮助其树立正确的学习观、职业观；其次，可以将自身的企业文化、目前发展状况、发展前景及战略目标等信息传递给员工，进而根据需要，帮助员工调整自己的职业发展规划；再者，可以了解员工的个人职业需求，判明其需求的合理性及现实可行性，然后根据企业发展需要，为员工提供可能的帮助及条件，具体策划其实现目标的途径；最后，员工接收到更多、更新的知识和技能，对自身的职业发展目标有了重新定位，逐渐将个人的职业发展目标与企业的战略发展目标相吻合，从而达到相辅相成的作用。

（三）以强化个人职业与机构职业相匹配为理念

职业发展管理通常包含两重含义：一是机构的职业发展管理，它以提高人力资源质量，实现人力资源增值，最大程度地发挥人力资源能力为目的；二是个人的职业发展管理，它以培养个人兴趣，提高个人能力，调整发展目标，实现个人成就发展最大化为目的。任何机构，其职业发展管理和个人职业发展管理的核心，是把人力资源管理看成是一种可以不断开发、不断增值的增量资源。通过不断更新人的知识和技能，提高人的创新能力，使人的资源能够尽其所用。这种自身价值增值和实现的重要途径，就是在职业发展的不同阶段，有针对性地不断通过继续教育培训，更新知识、调整目标、开发智力、提高技能，实现人与工作的最佳适配,促进自身价值的最大实现。

三、继续教育要求及学时规定

按照《专业技术人员继续教育规定》(人力资源和社会保障部令 2015 年第 25 号)规定,专业技术人员应当适应岗位的需要和职业发展的要求,积极参加继续教育,完善知识结构、增强创新能力、提高专业水平。继续教育内容包括公需科目和专业科目。公需科目包括专业技术人员应当普遍掌握的法律法规、理论政策、职业道德、技术信息等基本知识;专业科目包括专业技术人员从事专业工作应当掌握的新理论、新知识、新技术、新方法等专业知识。专业技术人员参加继续教育的时间,每年累计应不少于 90 学时,其中,专业科目学时一般不少于总学时的三分之二。

2011 年 10 月 25 日,交通运输部办公厅发布《关于印发公路水运工程试验检测人员继续教育管理办法(试行)的通知》(厅质监字〔2011〕229 号),对公路水运工程试验检测人员继续教育的组织、实施、监督检查等进行了规定。2014 年 8 月 18 日,交通运输部工程质量监督局发布《关于公路水运工程试验检测人员继续教育有关事宜的通知》(质监综函〔2014〕10 号),再度对公路水运工程试验检测人员继续教育学时要求明确规定如下:2011 年及此前获得证书人员应在 2016 年底前完成至少 48 学时的继续教育;2012 年及以后获得证书人员在每个继续教育周期内,应完成不少于 24 学时的继续教育,即证书有效期(5 年)内不少于 48 学时;持有多个证书或证书有增项的人员,以第一次获得证书的时间为起点计算继续教育周期。继续教育学时包括网络继续教育、经确认的面授学时和折算学时,今后逐步过渡到以网络继续教育为主。其中每个继续教育周期为 2 年,从获得证书的次年起计算。

在将公路水运工程试验检测人员从业资格纳入水平评价之后,人力资源和社会保障部和交通运输部又联合发布《关于印发〈公路水运工程试验检测专业技术人员职业资格制度规定〉和〈公路水运工程试验检测专业技术人员职业资格考试实施办法〉的通知》(人社部发〔2015〕59 号),其中第十八条规定:“取得公路水运工程试验检测职业资格证书的人员,应当按照国家专业技术人员继续教育有关规定自觉接受继续教育,更新专业知识,不断提高职业素质和试验检测专业工作能力”,再次确认了继续教育的必要性和有关考试、职业能力、登记等要求。

四、继续教育效果评价

检测机构应建立和保持人员继续教育培训与考核评价管理程序,制定检验检测人员继续教育培训工作目标,明确继续教育培训需求和实施培训。

检测机构人员知识和技能的提升,是保障机构持续改进或进步的最重要前提。机构应结合对人员考核或监督的结果,制订当前的或预期的继续教育培训计划,以确保机构各方面能力的持续有效。检测机构的继续教育培训计划,应当由技术负责人、质量负责人及各部门共同制订。

继续教育培训计划及其效果评价应当包含以下内容。

（一）在继续教育培训计划方面

应结合质量方针、质量目标要求，确定检测机构继续教育的培训需求、目的、内容、涉及领域（法律法规、技术、管理、安全、客户要求与服务等）、形式、时间安排等，除短期继续教育培训计划（如年度继续教育培训计划）外，应结合机构发展目标或远景规划，建立中长期继续教育培训计划。同时，机构也应结合业务的开展与市场的发展情况适时调整继续教育培训计划。

（二）在继续教育培训有效性评价方面

机构应对继续教育培训计划的实施情况进行总结，对继续教育培训效果进行有效性评价，以验证其是否达到培训目的。对继续教育培训效果有效性评价的方法，既可针对每次培训进行评价，也可以针对某一时间段，或者某一领域的教育培训进行评价。对于接受外部继续教育培训活动的有效性评价，应以实际工作能力或工作水平，或达到的实际工作效果，以及所取得的证书证件为评价基础，由技术负责人、质量负责人、质量监督员或其上级主管人员做出；对于参加内部培训活动的有效性评价方法，则可以采用内部审核、质量控制、人员监督、实际操作、现场问答、理论考试、同事或客户评价（反馈）、所承担的工作查验、阶段或年度考核等方式进行。

（三）在继续教育培训结果的应用方面

根据继续教育培训有效性的评价结果，首先确认其全方位工作能力，如按照质量与技术管理、经历经验与实际操作技能、解决与处置问题的能力、职业道德操守与诚实信用等进行；然后，再确定对其所在岗位人员是否维持、转岗、提升、辞退、再培训（或继续教育）等提出意见或建议；最后，将继续教育培训活动及其效果评价提交管理评审。

（四）在对人员的日常监督管理方面

按照机构的人才培养规划，检测机构应当建立人员日常监督管理程序，以确认和评价人员的技术或质量管理能力，并根据监督管理的需要，设置能够覆盖各领域且数量适宜的监督人员，制定人才培养与继续教育计划。

所有直接从事检验检测活动的各岗位人员、新上岗人员（含实习人员和转岗人员）、提出意见和解释人员，以及涉及客户机密信息的人员等，都应当纳入日常监督和人才培养范围。在实际工作中，对新上岗人员应实行全方位监督；对熟练人员，应重点关注关键项目、关键参数以及诚信和涉密等情况的监督。

对人员监督，既可定期开展，也可随机或随时进行。对人员监督方式应灵活多样，既可旁站，也可通过问询、侧面了解，以及其所参与或主持的文件资料管理工作、客户意见等多方面进行。

监督员（又称质量监督员）应是所监督领域的资深人员，或接受过高等教育，或参加过岗位技能继续教育培训，具备对所承担监督领域有更加深刻深入认知的人员。监督员应熟悉检验检测目的、程序和方法，具备评价检验检测结果的能力，应能明确监督计划并按计划对检验检测人员实施有效监督，要达到上述能力，就必须参加相应的培养训练。检测机构应根据监督结果，对人员能力进行评价并确定继续教育培训需求。同时，对监督记录纳入档案管理，并将监督报告输入领导层进行管理评审。

质量监督计划应明确监督对象、监督内容、监督形式，以及结果建议或评价等，并将监督情况及时报告技术负责人和质量负责人，定期评价监督结果的有效性。

对人员的监督内容，可采用现场见证（实际操作或演示）、检查记录/报告、面谈或考试、客户反馈、成果检查、内部比对、留样再测、盲样测试、测量审核、实验室间比对、能力验证等。除个人职业素养外，还包含对设备的检定/校准、期间核查或功能核查、操作、维护、保养，对环境条件的监控，对试剂药品的验收，对技术标准的把控，对操作技能的熟练程度等检验检测活动的各个方面。

监督员的监督工作应执行定期与不定期、随机与不随机相结合的方式进行。监督结果评价方式可采用综合评价、分值评价、等级评价、质量控制图评价、允差评价、重复性或再现性评价、Z 比分数评价等。同时，给出对受监督人员客观、综合的监督评价结果，如不合格、基本合格、合格、良好或优秀等。评价结果可作为受监督人员维持、晋职、转岗、辞退等人事决策的依据。在管理评审前，应对人员日常监督结果进行总结报告。

很多管理标准，如《资质认定评审准则》、《实验室通用要求》、《检验检测人员监督和监控实施指南》（T/CCAA 60—2023）、《建设工程质量检测人员职业能力评价技术导则》（JD 37-004—2023），以及交通建设工程行业出台的一些管理办法、文件等，都包含了对人员监督、人员能力监控确认等方面的规定。

第五章　交通建设工程质量检测机构质量管理

检测机构为确保所有质量检测活动都能按照既定的标准执行,从而提高检测结果的准确性和可靠性,通常采取以下方法:通过优化资源配置和流程控制,减少开支和错误,提高工作效率,使机构能够更快地响应市场需求,提升整体服务质量;通过内部审核和管理评审等活动定期评估和改进其操作,从而识别改进的机会,不断提升自身的管理水平和服务质量,增强客户对机构的信任感,有助于机构建立和维护长期的客户关系;同时,建立和维护符合特定标准的管理体系,不仅有助于机构避免法律风险,还能为客户选择拥有良好管理体系的机构提供依据,从而使机构在激烈的市场竞争中占据领先优势,因此,检测机构往往都积极致力于建立一套适合其自身特色的质量管理体系。

检测机构应当依据法律法规、方针政策、管理与技术标准等文件的规定,建立和制订一套完善的独立、公正、科学、诚信的质量管理体系。同时,机构应将其政策、制度、计划、程序和指导书等制订成文件,进行系统化、文件化、程序化管理,以确保该管理体系能够得到有效、可控、稳定地实施,从而持续符合机构发展愿景。

机构应通过内部审核和管理评审,检验质量管理体系运行的有效性。同时,为提升质量控制水平,维护检测机构的信誉和公信力,提高检验检测结果的准确性和可靠性,满足资质认定和认证要求,机构应建立、实施和保持监控结果有效性的程序,或能力验证与实验室间比对管理程序。通过积极参与或组织开展各种比对、样品复测等质量控制活动,确保检验检测结果的有效性:如定期使用标准物质、经过检定/校准的具有溯源性的替代仪器对设备的功能进行核查;运用工作标准与控制图,使用相同或不同方法进行重复检测;再次检测保存样品并分析其不同结果的相关性;参加能力验证、测量审核或(内部)实验室间比对、盲样试验等进行监控;采用适当的方法和计划,分析所获得的数据并加以研判、评价其发展趋势,当发现可能会偏离预先的判定准则时,应采用有效的措施,防止出现错误的结果。

第一节　质量管理体系运行的有效性

按照 ISO 9001 质量管理体系及其 PDCA 质量管理螺旋递进理念,组织建立和实施的质量管理体系应能满足其规定的质量目标,确保影响其产品质量的技术、管理和人的因素始终处于受控状态。

一个成熟的检测机构,往往都具有一套清晰、完善的组织架构,即人们通常所说的组织机构图、组织结构图、机构组织图或公司治理结构图、矩阵结构图等。最简单的检测机构组织图一般包含领导层、管理层和操作层三个层次,见图 5-1。

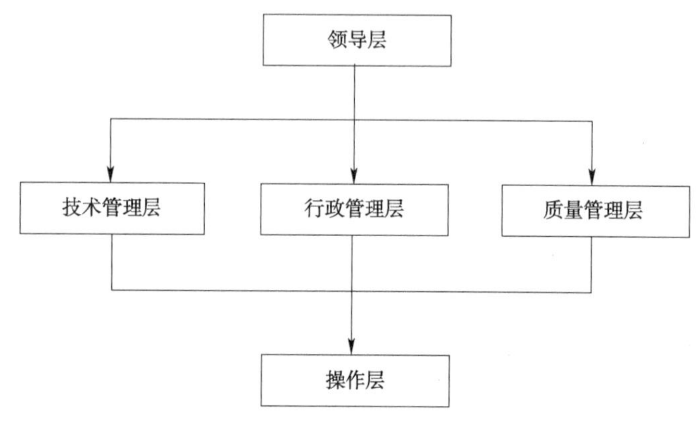

图 5-1 检测机构组织图

以组织机构为依托的质量管理体系，一般包含三个或四个管理层次，见图 5-2。

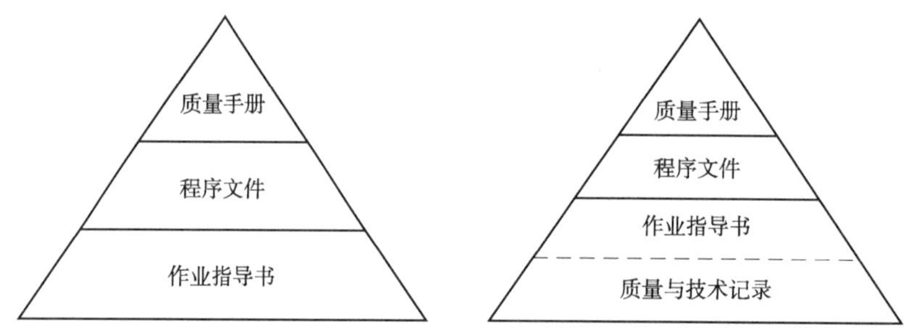

图 5-2 包含三个或四个层次的管理体系架构

其中，质量手册是阐明组织的质量方针并描述管理体系的文件，是指导组织全部检验检测活动的纲领性文件，它全面规定了管理要求和技术要求，是组织质量管理的核心文件；程序文件是描述实施管理体系要素所涉及的质量活动，是质量手册的支持性文件，它详细规定了每个质量活动环节的具体操作步骤和要求，确保质量活动的规范执行；作业指导书是对程序文件的展开和细化，是对程序文件的支持和补充，它详细描述了某一具体过程的操作步骤和方法，便于操作人员理解和执行。

在这个管理体系中，质量手册是最高层次的文件，程序文件和作业指导书，以及机构在日常工作中发布的各类红头文件、管理制度、管理办法等都是支持性文件，它们共同确保质量手册中的各项要求得以具体实施和执行。需要注意的是，并非每个程序文件都需要有作业指导书支持，只有在程序文件不能满足某些具体活动的特定要求时，才需要编制作业指导书。

一个有效的质量管理体系，通常由质量策划、质量控制、质量保证和质量改进来实现，具体包含八个方面。

1. 制订组织目标和需求

机构应结合自身特点，分析组织的发展目标、市场定位和客户需求，确定质量管理体系需要覆盖的产品、服务和过程范围，确保质量管理体系与组织的整体战略保持一致。

2. 建立质量政策和目标

机构应制定清晰的质量方针或质量政策，设定具体的、可衡量的质量目标，确保质量管理体系有明确的方向和重点，明确组织对质量的承诺和期望。

3. 明确组织结构和资源分配

机构应明确质量管理部门的组织结构，分配必要的人力、物力和财力等各项资源，任命适宜的质量管理人员，以确保质量管理体系能够得到有效实施。

4. 编制质量管理体系文件

机构应制订质量手册（或称管理手册、管理体系手册等），以描述质量管理体系的结构、过程和程序；编写程序文件和工作指导书，以详细规定各项质量管理活动的具体操作方法。

5. 组织继续教育和培训

机构应积极支持全体员工参加继续教育和质量管理体系培训。同时，针对关键岗位人员和质量管理人员进行更深入的内外部专业培训，帮助员工更新和补充知识，扩大视野，改善知识结构，提高创新能力，以适应科技发展、社会进步和本职工作的需要，以确保他们了解并严格遵循相关要求。

6. 实施过程控制和改进

机构须对关键过程进行严格控制，同时实施持续改进活动。通过数据分析、纠正措施和预防措施等方法，不断提高质量管理体系运行的有效性，从而确保产品和服务质量稳定可靠。

7. 开展内部审核和管理评审

机构应定期进行内部审核，评估质量管理体系的符合性和有效性；进行管理评审，由最高管理者（领导层）对质量管理体系的运行情况进行全面检查和评价。

8. 应对外部审核和认证

机构应积极地应对外部审核，如组织管理体系审核、各项检验检测资质的认证或认定审核。并根据外部审核的结果进行必要的改进和调整。

本节主要从对检测机构的内部审核和管理评审着手，讨论机构质量管理体系运行的有效性。

一、质量方针和质量目标

质量方针是指概念化、形象化、理念化的，是检测机构对社会所做出的口号式的服务承诺。其制定的基本原则应建立在 ISO 9000 质量管理体系的基础之上，即以顾客为关注焦点、发挥领导作用、全员积极参与、运用过程方法、改进或持续改进、基于事实的决策方法（循证决策）、与供方互利的关系管理等，是最高管理者对良好职业行为和为客户提供检验检测服务质量的承诺，如“科学、公正、准确、诚信”“坚持标准、结论公正、数据准确、诚信服务”。

检测机构的质量目标与质量方针不同，往往具有明确化和明细化的特点。一般应高于现状、可测量或可比较且经过努力可实现,包含短期目标(如年度目标)和中长期目标(如3~5年或“五年计划”、远景规划等),具体可包含:检验检测数据或报告差错率、仪器设备检定/校准及维护率、申诉/投诉处理及客户满意率、人员培训率、实验室间比对与能力验证活动参加率等。

二、内部审核

(一)内部审核概念

检测机构应建立和保持管理体系内部审核的程序,以便验证其运作是否符合管理体系的要求是否得到有效的实施、改进和保持等。

内部审核,也称第一方审核,是由机构自己或以机构的名义进行的,对机构自己建立的管理体系,是否持续的满足规定的要求并且正在良好运行的检查或验证活动。它为有效的管理评审和纠正、预防措施提供信息,其目的是验证组织的管理体系运行是否有效,可作为组织自我合格声明的基础;是对所策划的体系、过程及其运行的符合性、适宜性和有效性进行系统的、定期的审核,保证管理体系的自我完善和持续改进的过程。

内部审核通常每年进行一次,由质量负责人负责策划并制定审核方案。内部审核应当覆盖管理体系的所有要素,应当覆盖与管理体系有关的所有部门、所有场所和所有活动。参加内部审核的内部审核员须经过培训,能够正确理解评审准则、清楚内部审核的工作程序、掌握内部审核的技巧方法和具备编制内部审核检查表、出具不符合项报告的能力。在人力资源允许的情况下,应当保证内部审核员与其审核的部门或工作无关,确保内部审核工作的客观性、独立性。另外,《实验室内部审核指南》(RB/T 196—2015)对内部审核资源、策划、实施、后续措施及验证、记录和报告等,进行了更加全面的规定。

检测机构应做到以下几点:

(1)依据有关过程的重要性,对其产生影响的变化和以往的审核结果,策划、制定、实施和保持审核方案,审核方案包括频次、方法、职责、策划要求和报告;

(2)规定内部审核的审核要求和范围;

(3)选择内部审核员并实施审核;

(4)形成内部审核报告,并报告给相关管理者;

(5)内部审核发现问题应及时采取纠正措施并跟踪验证其有效性,对发现的潜在不符合工作制定和实施预防措施;

(6)内部审核过程及其采取的纠正措施、预防措施均应予以记录,内部审核记录应清晰、完整、客观、准确。

内部审核可由机构自发进行,也可邀请外部机构进行。

(二)内部审核工作流程

按照《检测和校准实验室认可受理要求的说明》(CNAS-EL-15:2020)规定,检测机构应在管理体系充分运行,即管理体系所有要求均已运行并有运行记录的基础上进行首次内部审核,尤其是申请初次认可的检测/校准实验室,应进行覆盖管理体系全范围和全部要素的完整的内部审核和管理评审,需提供相应的记录;内部审核不符合项整改完毕并经过验证以后,进行管理评审;如在体系运行过程中,部分条款可能不会产生运行记录,但应有充分的理由;内部审核和管理评审应计划充分、实施有效,职责分配与实际情况一致;体系要素运行记录应真实清晰地记录相应客观证据并具可追溯性,能反映实际的运行情况,内部审核记录至少应包括内部审核计划、核查记录、内部审核报告、不符合整改验证资料等。

(1)建立年度内部审核策划。按照机构内部审核程序,制订年度内部审核计划,确定内部审核实施时间、覆盖范围,一般应包含体系所涉及的所有过程、部门和场所,每年至少一次。如遇下列特殊情况时应增加内部审核频次:

①当合同要求或客户需要评价质量管理体系时;

②当机构和职能有所重大变更时;

③发现严重不合格而需要审查时;

④第三方审核认证或监督审核前;

⑤最高管理者提出要求时。

(2)成立内部审核小组。按照内部审核计划,根据内部审核活动目的、范围、部门、过程及日程安排,由最高管理者授权成立内部审核小组。内部审核小组成员应满足:

①内部审核人员应是所在部门负责人或主要骨干,应通过质量管理体系内部审核课程培训并考试合格。合格的内部审核员应有符合内部审核员资格的相关说明文件。

②内部审核员应能根据审核要求编制检查表,按审核计划完成审核任务,将审核发现形成书面资料,编制不合格项报告;协助受审核方制订纠正措施,并实施跟踪审核。

③内部审核组长负责协商并制定审核活动计划,准备工作文件,布置审核组成员工作;主持审核会议,控制现场审核实施,使审核按计划和要求进行;确认内部审核员审核发现的不合格项报告。

(3)制订内部审核实施计划。机构应提前建立内部审核方案,针对特定时间段并具有特定目标,对内部审核要素进行安排和策划,制订内部审核计划。

按照年度内部审核计划,编制内部审核日程计划。在编制内部审核实施计划时,编制人应与各内部审核员及被审核部门负责人确认时间的安排是否合理,如有问题,及时调整计划。内部审核实施计划应包括:内部审核目的、范围、起止日期;依据文件;审核的主要内容和时间安排;内部审核员分工。

(4)制订内部审核检查表。内部审核员应根据分工编制检查表,检查表应突出审核区域的主要职能,选择典型、关键的质量问题,覆盖质量管理方面的全部职能,包括客户的一些特殊要求。内部审核检查表在使用一段时间后形成相对稳定内容,可作为标准检查表,为以后内部审核提供参考。

内部审核检查表可参照机构所遵从的管理标准制订,同时应包含机构自身特点、行业或属地质监部门的有关规定。

(5)通知内部审核。内部审核活动正式实施,应至少提前一周通知受审核部门,并得到受审核部门负责人的确认。

(6)召开首次会议。现场审核前应召开首次会议,由审核组全员和受审核部门负责人及有关人员参加。会议由内部审核组长主持,会议时间以不超过0.5h为宜。首次会议召开的主要内容包括:

①向受审核部门介绍审核组成员分工;

②声明审核范围、目的和依据;

③简要介绍实施审核所采用的方法和程序;

④在审核组和受审核部门之间建立联系;

⑤宣读审核计划,澄清审核计划中不明确的内容。

(7)实施现场审核。现场审核是使用抽样检查的方法寻找客观证据的过程。在这个过程中,内部审核员个人素质和审核策略、审核技巧是实施内部审核是否成功的最重要保证。

①现场审核原则

a.坚持以"客观证据"为依据的原则,这是最基本、最主要的工作原则。没有客观证据而获取的任何信息都不能作为不合格项判断的依据;客观证据不足或未经验证的信息也不能作为判断不合格项的证据。

b.坚持独立、公正的原则。审核判断时应坚决排除其他干扰因素,包括来自受审核方的、审核员感情上的等影响判断独立、公正的因素,自始至终维护、保持审核判断的独立性和公正性,不能因情面或畏惧而私自消化不合格项。

c.坚持"三要三不要"原则。要讲客观证据,不要凭感情、凭感觉、凭印象用事;要追溯到实际做得怎样,不要停留在文件、回答上面;要按审核计划如期进行,不要"不查出问题不罢休",或做"有罪推定"。

②客观证据收集

收集到的客观证据应有存在的客观事实,即被质疑的事实具有现行的文件、记录、影像等可证实。

③现场审核记录

在提问、验证、观察中,审核员应做好记录,记下审核中听到、看到的且有用的真实信息,这些记录是审核员提出报告的真凭实据。

④审核发现

对所收集到的客观证据应进行整理、分析、筛选,在此基础上得出审核证据与审核发现。当发现不合格项时,应与受审核方的代表就不合格项进行确认,双方应力求解决有关事实存在的意见分歧,未能达成一致的意见应予以记录。

(三)内部审核策略

内部审核进行时,主要包含三种审核策略:

(1)问题溯源。问题溯源是针对某个问题进行原因追查的审核方法。在审核时发现各种各样问题，为使判断正确、深刻，应分析、追溯产生问题的本质原因。在审核数据分析、顾客投诉、设计和开发更改的控制、不合格品、纠正和预防措施等问题时可采用该策略。运用该策略时，关键是要透过现象看本质。

(2)概括切入。概括切入，是从了解审核项目基本情况、事实、数据入手，有目的、有重点地步步缩小范围、深入具体的审核方法。

(3)顺藤摸瓜。顺藤摸瓜是以问题线索为主导，深入追查或核实的审核方法。内部审核员应具有职业敏感性，在审核中善于发现、捕捉问题线索。有时问题线索会超出检查表范围，但若是与标准有关的重大问题线索，应当及时变更审核计划，跟踪线索。在审核不合格品控制、顾客投诉、退回报告、顾客满意等问题时，尤其应当采取顺藤摸瓜审核策略。

(四)现场审核技巧

内部审核过程，其实质上是一个审核与被审核方正式进行的双向沟通过程。掌握沟通技巧是对审核员的基本要求。充分、流畅的沟通是审核成功的关键因素之一。

(1)面谈技巧。一次成功的面谈，有利于建立融洽关系，消除心理障碍；有助于争取受审核方人员的合作；有助于查明情况，获取需要的客观证据。面谈审核技巧，包含提问得当、少说多听、关系融洽、适当询问等。

(2)提问技巧。提问是审核中运用最多、最基本的方法。采用正确的提问方式是审核员基本的沟通技巧。提问一般包含三种方式：

①开放式提问。以能得到较广泛的回答为目的的提问方式，如“怎么样?”“什么?”。

②封闭式提问。可以用“是”“不是”或一两个字就能回答的提问方式。在内部审核过程中应尽量少采用封闭式提问方式，以避免面谈对象情绪紧张，更何况有些问题可能很难回答或一时不知怎么回答，有的问题也不能简单地以“是”或“不是”来定论。

③思考式提问。可围绕问题展开讨论以便获得更多的信息的提问方式。

不管哪种提问方式，所提问题必须观点和目的明确，时机适当；必须表述准确、清楚、层次分明，依次递进，才可能得到理想的答案。

(3)不合格项的判断技巧。现场审核时，内部审核员要经常及时地对所收集到的客观证据和形成的审核发现进行符合性判断。如何正确判断，除深刻理解标准要求外，还应当采用以下原则：

①“能细则细，不能细则粗”原则；

②最贴近原则，在标准中找不到完全能“对号入座”条款时就判最为接近的条款；

③最有效原则，当存在多种判断时按最有利改进或改进最易见效的条款处判；

④最关键原则，当同时存在多个问题时，应寻找关键词或关键客观证据或关键问题进行判断；

⑤最密切联系原则，透过现象看本质，从与问题的产生有最紧密关系的原因处判；

⑥合并同类项原则，相同的轻微不合格项可采取合并同类项的方法，如文件控制中一些标识等；

⑦具体分析原则,审核对象时切忌望文生义。

(五)现场审核控制

(1)忠于审核目的。内部审核从策划开始到提交内部审核报告结束,自始至终应忠于审核目的,特别在现场审核时,会有各种干扰,稍不注意就会使审核偏离原定轨道。审核组长在组织审核过程中,应随时掌握动态,把握方向,认准目标,若发现偏离及时协调、调整。

(2)控制审核进度。审核工作应按照预定的时间完成,如果出现了不能按预定计划时间完成的情况,审核组长应及时作出调整,通过调整力量或适当减少审核内容等办法使审核工作按预定的计划进行。对需追踪的重要线索可由组长决定延长审核时间,直至得到可信的检查结果。

(3)控制审核范围。从审核目的出发,审核中常有扩大审核范围的情况出现,当要改变审核范围时应征得审核组长的同意,必要时审核员有权扩大抽样范围和抽样数量。

(六)不符合项确认原则

(1)不符合项的确认应有明确的指向,不能用不确定性语言进行描述。发现的不符合项应是客观存在的事实,应有非常明确的指向,不能让受审核者产生歧义或误解。如“化学标准溶液标识不充分”“试验记录/报告信息不完整”,这将使受审核人员难以捉摸,不明确到底缺失了什么标识、缺少了哪些基本信息。所以应当明确告知受审核者,是漏了关键计量器具量值溯源,还是样品状态、试验环境温湿度、配制人(日期)、标定人(有效日期)或报告声明等信息缺失,这样才能让受审核部门或人员得到正确地识别不符合项,从而进行有针对性的整改。

又如“实验室未对天平校准结果进行确认”,实验室往往具有各种规格型号的天平,或许实验室确实忽略了对得到“检定/校准证书”的全部或部分天平进行符合性确认。但经技术性审查,这些未经计量符合性确认的天平,能够满足相应的使用方法标准的规定,且并未发现产生了不良后果,则应具体指明某更关键量值的某一台或几台天平作为不符合项纳入整改。当然,这种做法,并不表示不要求实验室不对其他天平进行符合性确认或不予整改,而应当由实验室举一反三,自觉进行整改。

(2)不符合项的确认应以法律法规、准则要求为准绳,不能以内审员个人的认知作为判罚的依据。有的内部审核员(或外审员)在开具不符合项时,往往将个人的认知,或者自己曾经所在的实验室的做法,作为开具不符合项的依据,如操作规程未上墙、室外未明示温湿度控制标识、实验室配置的混凝土抗渗仪数量不足等。除非实验室已有上墙的操作规程却忽略了在安全、操作的复杂性或技术要求更高的仪器设备操作规程,或实验室对各操作室有温湿度环境控制标识但规定明显有误,或有证据表明混凝土抗渗仪的配置数量确实不足以支撑其检测结果时,方可作为不符合的证据。

(3)不符合项的确认宜为不带修饰的事实陈述,不宜包含不符合事实原因。对发现的不符合项,应将发现的客观事实描述清晰为基本宗旨,不应包含“严重”“非常”等程度修饰用语,也不应引入“因……”“应……”等原因或要求说明。

(4)对事实描述应尽量简洁,突出要点,不妄断。对发现的不符合事实的描述应尽量简洁,突出核心事实,不可自提意见或建议,额外增加分析或总结性内容。如高温室试验人员擅自将消防器材移动到化学实验室,防水材料试验室在举行消防演练时却发现消防器材配置不充分,未达到演练目的等。

(5)实验室的自有规定可以作为内部审核不符合项开具的依据。当法律法规和《资质认定评审准则》《实验室通用要求》未作规定,但实验室体系文件有更加严格的规定时,可以作为内部审核不符合项的判定证据。但实验室的这些规定不能违背法律法规和《资质认定评审准则》《实验室通用要求》或技术标准的明确或隐含要求。如机构作业指导书规定,钢筋力学试验操作室的控制温度为20℃ ±2℃,当发现其控制温度不在该规定范围内时,可以作为不符合的依据。

(6)对于涉及技术能力的不符合项,不能有严重不符合项出现。在内部审核活动进行过程中,当发现缺少导出检测结果的关键性设备或配件时,应十分谨慎,应确认是损坏、丢失,可代用,还是根本未予配置,否则所对应的"项目/参数"存在着缺少支撑依据的不实或虚假检测结果的可能。如钢筋力学试验,如发现未配置引伸计时,其"延伸率"参数可能存在严重误判;真空抽提设施配置不充分,应严重关注混凝土"抗氯离子渗透试验"的有效性;沥青闪(燃)点试验仪缺少与之匹配的温度计时,应追根溯源闪点、燃点获得值的合理性。

(7)当同一事件的不符合事项较多时,宜以更严重事项作为开具不符合项的依据。因检验检测人员熟练程度不够,或机构重视不足,可能发生在某一事项内部审核时,出现较多不符合现象,这时应以这些不符合现象中更严重的因素作为开具不符合项的依据。如查询到某份检测报告,存在错别字、单位符号不规范,以及委托编号、试验日期、样品描述、关键过程数据、附图附表、声明事项等缺失或不完整情况,这时,内部审核员应分析其严重程度,选择其中的一至两项作为开具不符合项的依据即可。当然,相应责任人不能仅仅只限于对所提示不符合问题进行整改。

(8)不符合事实的判定要客观,条款应用要准确。不符合事实的依据一定要客观,必须依从资质认定或认可准则,或机构所涉及或采用的技术标准进行判断,不可采用国外标准、业内书刊、其他机构的要求等作为依据;不符合事实对应的条款要准确,不可同时对应多个条款。如实验室不能提供某供应商的有关评审记录,导致某设备提供的检测结果不可靠,前者属于记录保存的问题(《资质认定评审准则》附件 4 第 42 条、CNAS CL01:2018 第 6.6.2 条),后者属于仪器设备检定/校准或期间核查的问题(《资质认定评审准则》附件 4 第 23 项、CNAS CL01:2018 第 6.4.4 条、6.4.10 条)或结果有效性的问题(《资质认定评审准则》附件 4 第 48 项、CNAS CL01:2018 第 7.7.1 条)。两个或多个问题,根本上互不相关,应当在核查时弄清楚,到底是哪一方面的不符合。如果均存在,应该找出不符合的核心事实,或分列为多个不符合事实,对应相应的条款。

总之,对于不符合事实描述,一般应包含时间、地点、数量、记录、文件、参数、接口、环境、法律法规具体条款、专业术语等直接相关要素,一般不反映具体的人名、省略语、习惯用语、模糊用语、保密信息等内容。

在内部审核活动中，一般不开具观察项。如有开具时，观察项可不提交整改材料，但责任人员或部门应实施“纠正”。

为方便更好地理解内部审核不符合事实的判定与对应的不符合条款，今以《资质认定评审准则》为依据，举例如下：

①实验室在进行塑胶类非金属材料的检测中，利用柜式空调、非自动控制除湿器和加湿器，人工调控环境湿度，不能实现有效、精准控制环境湿度（不符合附件4第19项）。

②实验室用于防水卷材拉伸试验用电子万能材料试验机校准证书确认依据为《电子式万能试验机检定规程》（JJG 475—2008），常用量程为0.01～5kN，却只对5kN和100kN进行计量确认（不符合附件4第23项）。

③实验室提供了自2020年10月15日—11月23日的6份混凝土配合比设计和1份砂浆配合比设计资料，但未查到其构成材料的特性试验记录；其中2020年10月15日的成型记录注明有抗压试件2组，抗渗、抗冻、抗弯、弹模、极拉试件各1组，却未查到其力学和耐久性能试验记录；编号JB-ZX-C-007—2020水泥化学分析检测报告，委托日期为2020年6月3日，样品接收人签认日期为6月18日，检测日期为9月8—16日，报告日期为9月17日，未说明长达近三个月未予检测的原因，其中样品特征描述为“干燥、无污染”（不符合附件4第42项）。

④实验室无损检测人员将计算机自动采集数据及其处理软件安装在其自有笔记本电脑上，且利用开放网络进行数据传输（不符合附件4第44项）。

⑤实验室开展了水泥等检测对象的内部比对活动，但未对质量控制结果的有效性进行评价，且未查到其对内部质量控制结果的评价准则规定（不符合附件4第48项）。

（七）确定不符合报告

凡未满足规定的要求就是“不符合”，又称“不合格”。规定要求主要包含标准要求（包括管理标准或技术标准要求）、文件规定（包括质量手册、程序文件、质量记录和质量计划等管理文件和技术文件）、合同规定、社会要求（包括法律、法规、法令、条例、规章规则以及环境保护、健康安全、能源和自然资源的保护等应承担的义务）、客户投诉、其他规定（如最高管理者的要求、常识性要求）等。

不符合项的判定应以明示的要求和客户的投诉为依据，对隐含要求的不符合项可以观察形式表述或在审核报告中适当描述。

不符合项的确定应以客观证据为依据，凡依据不足时不能判为不符合项。如审核结果有争议或分歧的不符合项，应通过协商或重新审核来决定。

（1）不符合项的分级与评定。按照不符合的性质，一般分为体系性不符合、实施性不符合、效果性不符合三种。体系性不符合是指体系文件没有规定；实施性不符合是指体系文件有规定但实际工作中未得到遵循或与规定不符；效果性不符合则一般是指实施效果不理想。

内部审核获得的不符合项，可按不符合的严重程度，将发现的不符合项分成严重不符合、一般不符合、轻微不符合、观察项四级：

①严重不符合项。

严重不符合通常是指系统性失效或缺陷。主要判断标准有：

a. 与约定的标准或文件的要求严重不符。如关键的控制程序没有得到贯彻、缺少标准规定的要求等。

b. 系统性失效的不符合(可能需要由多个一般不符合去说明)。如在用监控设备多数未按周检计划安排检定/校准或核查、不合格品的处置基本未按规定要求进行评审和记录等。

c. 区域性失效的不符合(可能需要由多个一般不符合去说明)。如质量管理体系未覆盖到某个部门(或岗位)、某新增能力未按计划实施质量监督等。

d. 可造成严重后果的不符合项。一般是指可能直接危及产品、人身安全，或带来重大经济损失或声誉的不符合。

e. 明显不符合法律法规规定的不合格项。

通俗地讲，严重不符合就是指法律法规、质量体系有明确规定，但未遵照执行。即无显著的支撑支持证据的不符合，需要实施纠正并制订预防措施。

②一般不符合项。

一般不符合项的判断标准主要有：

a. 不是偶然的，明显不满足文件要求的不符合项。如部分合同未评审、岗位职责不明确。

b. 直接影响检测结果的不符合项。如几台设备超过校准周期，或未按计划实施期间核查等。

c. 造成质量活动失效的不符合项。如质量监控未针对关键质量特性进行控制等。

通俗地讲，一般不符合就是指法律法规、质量体系有明确规定，机构也做了这方面的一些工作，但做得不够好。即存在明显缺陷或瑕疵，需要实施纠正并制订预防措施。

③轻微不符合项。

轻微不符合项是指孤立的、偶发性的，并对产品质量无直接影响的问题。如卷宗里有一张图或一份文件的版次不是最新的，某一份文件没有标明日期、用词不准确、签字不符合要求等。在实际工作中只需要立即纠正即可，不形成纠正/预防措施，不产生整改记录。

另外，不符合事实的认定应重实质轻表象。如经查证，未发现使用过期作废标准，就可忽略对查新报告的要求；未发现消防器材、防护用品失效，就不必强求检查记录等。

④观察项。

对不符合项进行分级，在有些情况下会成为一件困难的事情，因为其界线很难准确划定。这种区分往往取决于内部审核组长和内部审核员的经验和技巧。有时候会出现一种类似不符合项的报告称为“观察项”。出现“观察项”的情况主要有：证据稍显不足，但存在问题，需提醒的事项；已发现问题，但尚不能构成不符合项，如发展下去就有可能构成为不符合的事项；以及其他需要提醒注意的事项。

观察项报告不属于不符合项报告,一般也不列入最后的内部审核报告。“观察项”的设置无疑为审核方和受审核方各准备了一个台阶,对于缓解审核气氛会带来好处。如使用得法,对内部审核仍然有积极意义。

(2)不符合项报告的内容。不符合项报告的内容,可包括:受审核方名称、内部审核员、陪同人员、内部审核日期,不合格现象的描述(应指出不合格、缺陷的客观事实),不符合现象结论(违反标准、文件的条文),不合格项性质(按严重程度),受审核方的确认,纠正措施及完成时间,采取纠正措施后的验证记录等。其中,不符合现象的描述、不符合现象结论和不符合项性质,是不符合项报告必须具备的“三要素”。

不符合现象的描述应严格引用客观证据,并可追溯。例如观察到的事实、地点、当事人,涉及的文件号、产品批号,有关文件内容,有关人员的陈述等。描述应尽量简单明了,事实确凿,直笔表述,不加修饰。

不符合现象的结论主要是指所描述的现象违反了约定文件的某一个具体的条款。对于一个不符合事实,可能涉及多个不符合条款时,宜分开独立描述,确实不宜分开独立描述时,应落实到严重程度最高的条款号。

(八)末次会议

现场内部审核结束后应召开末次会议,由内部审核组长主持,内部审核组全员和受审核部门相关人员参加。末次会议的主要内容包括:重申审核范围、目的和依据;审核说明;宣读不符合项报告;提出纠正措施要求;宣读审核意见,说明审核报告发布时间、方式及其它后续要求;审核总结,如提出建议的纠正措施要求,不符合原因分析方法等。末次会议应建立会议记录并保存。

末次会议结束一周左右,内审组长应对本次审核的不符合项报告进行汇总、分析,制订不符合项分布表,并向最高管理者提交内部审核报告。应将不符合项报告作为附件,分发到各受审核部门。

(九)实施跟踪审核

必要时,内部审核组应指定一名或多名内部审核员对某不符合事实的纠正/预防措施情况进行跟踪/验证,以确保受审核方采取的纠正措施得到有效实施,并对纠正结果进行判断和记录;及时向最高管理者反映跟踪/验证状况,并对跟踪审核实施情况及效果进行复查评价,一同写入《内部审核报告》,实现审核闭环管理以推动持续的质量改进。在任何组织中,从审核获得的真正益处,最终都只来自“机构自身”进行的内部审核。

(十)增加内部审核

在内部审核活动进行过程中,如发现以下特殊情况时,应增加内部审核:

(1)当合同有要求或客户需要评价质量管理体系时;

(2)当机构和职能有重大变化、变更时;

(3)当发现严重不符合项可能导致严重风险失控时;

(4)当第三方审核认证或监督审核即将来临时;

(5)当最高管理者提出要求时。

在内部审核活动中产生的记录/报告,应建立相应的文件档案,受控保存不少于一个完整的认证或认定周期。

三、管理评审

检测机构应建立和保持管理评审的程序。

管理评审通常12个月一次,一般应在内部审核不符合整改完成后进行,由最高管理者牵头,管理层负责。管理层应确保管理评审后,得出的相应变更或改进措施予以实施,确保管理体系的适宜性、充分性和有效性,同时应保留管理评审的各项记录。管理评审记录至少应有管理评审计划、管理评审输入资料、管理评审输出资料、输出事项采取具体措施的记录(适用时)等。

管理评审是由最高管理者主持,由领导层和管理层共同提交的,基于质量管理运行的行政、技术、质量体系运行情况而开展的工作报告会、问题探讨和处置会、质量方针和发展目标制(修)订会,以及机构近期、中期或长期工作规划会(发展愿景)等。可以这样说,凡整个领导层和管理层参加的,涉及机构的月度、季度或年度总结的工作会议,往往也包含了体系运行的有效性,故都可以称为管理评审。只不过多数时候,机构的这些日常工作会议更侧重于生产、安全、效益的管理,而管理评审则更明确地倾向于管理体系运行的有效性审核。

管理评审的输入,一般至少应包含以下内容:既定政策(体系文件要求)及程序的适宜性;总体目标的实施与完成情况;最近内/外部审核结果及其纠正/预防措施有效性与验证情况;客户调查或意见/投诉反馈与处置情况;内/外部质量控制报告;总技术负责人和质量负责人以及各部门主管、各派出机构负责人对体系运行情况的总结、改进或评价报告;质量监督报告;以及其他需要说明的情况。

管理评审的输出,应形成总结性报告,如方针目标的修订或调整、改进,发布新的管理办法或文件等。管理评审的输出应作为下一次机构内部审核的工作内容之一。

管理评审一般在内(外)部审核工作完全结束后进行,具体还可参照《实验室管理评审指南》(RB/T 195—2015)等有关要求执行。

第二节　检验检测结果的质量控制管理

根据《资质认定评审准则》,检测机构应当实施有效的数据、结果质量控制活动,且质量控制活动应与检验检测工作相适应。数据、结果质量控制活动包括内部质量控制活动和外部质量控制活动。内部质量控制活动包括但不限于人员比对、设备比对、留样再测、盲样考核等;外部质量控制活动包括但不限于能力验证、实验室间比对等。

检测机构为保证检验检测结果的准确性、可靠性和有效性,有效防控风险,通过对检验检测活动的全过程实施监督与控制，及时发现和纠正检验检测活动中的不符合项，提高检验检测质量，增强各方信心，促进机构的持续改进和发展。按照机构质量控制管理要求，对一些特别重要的、关键的、频率较高或较低的、易于发生不可控的检验检测活动，应当实施检验检测结果的质量控制管理。

一、质量控制方法

质量控制方法包含内部质量控制方法和外部质量控制方法。

凡由检测机构自己发起、组织或实施的，用以检验检测机构自身质量技术管理与控制水平的质量控制活动，称为内部质量控制方法。为确保所开展的质量控制活动的可靠性，内部质量控制可邀请部分同行共同发起、组织或实施。内部质量控制方法包含但不限于人员比对、设备比对、留样再测、方法比对、盲样试验等。

凡由国家认证认可监督管理委员会（简称“国家认监委”，CNCA）、中国合格评定国家认可委员会（简称“国家认可委”，CNAS），以及省级及以上政府质量监督部门、行业组织发起或实施的，以检验行业内各检测机构质量技术管理能力的质量控制活动，称为外部质量控制方法。外部质量控制方法包含但不限于能力验证、测量审核等实验室间比对，属于实验室间的盲样试验（考核）比对活动。

（一）人员比对

人员比对又称人员比对试验，是指在相同的环境条件下，采用相同的检测方法、相同的检测设备和设施，由不同的检测人员对同一样品进行检测的试验。人员比对试验一般适用于在同一实验室内部，不同检验检测人员之间对某项目/参数开展检验检测活动时的质量控制管理。

当某项试验有多人参与操作时，检测机构可采用人员比对试验的方式进行内部质量控制。通过安排具有代表性的、不同层次的两人或者多人展开，考核测试人员的能力水平，判断检测人员操作是否正确、熟练，从而评价人员对试验检测结果准确性、稳定性和可靠性的影响。

作为检测机构内部质量控制手段，人员比对优先适用于以下情况：受检测人员操作影响较大的项目/参数，或依靠检测人员主观判断较多的项目/参数，或涉及关键检测过程控制的项目/参数，或操作难度较大的项目/参数，或发现某检测结果总是出现在临界值附近的项目/参数，或专门针对新安装测量设备、新开展检测项目，以及在培员工、新上岗员工或转岗员工等。

（二）设备比对

设备比对又称仪器比对或仪器比对试验，是指在相同的环境、相同的方法，由相同的检测人员采用不同的仪器设备对同一样品进行检测的质量控制活动。设备比对试验一般适用于在同一实验室内部，对某项目/参数采用不同仪器设备进行检验检测活动时的质量控制管理。

当某项试验有多种设备可供操作时，检测机构可采用设备比对试验的方式进行内部质量控制,判断对测量准确度、有效性有影响的设备是否符合测量溯源性的要求,用以评价仪器设备对实验室检测结果准确性、稳定性和可靠性的影响。

作为检测机构内部质量控制手段,设备比对试验优先适用于以下情况:主要受测量设备影响检测结果的项目/参数,以及新安装的设备、修复后的设备、检测结果总是或经常出现在临界值附近的设备等。

(三)留样再测

留校再测又称样品复测或样品复测试验,是指在尽可能相同的环境条件下,采用相同的检测方法、相同的测量设备和设施,由相同的检测人员对已完成检测的样品在其留样保存期间进行再次检测的试验。检测机构通过对留存样品的再次测试,比较分析上次测试结果与本次测试结果的差异,用以发现检测机构因偶然因素对实验室检测结果准确性、稳定性和可靠性的影响。留样再测试验一般适用于在同一实验室内部,对某留样样品涉及的某项目/参数进行再检验检测活动时的质量控制管理。

作为检测机构内部质量控制手段,留样再测优先适用于以下情况:验证检测结果的准确性、验证检测结果的重复性、对留存样品特性的监控等。

(四)方法比对

方法比对又称方法比对试验,是指在环境条件相同,由相同的人员采用不同的检测方法对同一样品进行检测的质量控制活动。方法比对试验一般适用于在同一实验室内部,采用不同的检验检测方法对某项目/参数开展检验检测活动时的质量控制管理。

当某个检测项目可以由多种方法进行操作,且不同的方法间存在着显著的差异并可能对产生的检测结果存在显著影响时,实验室应当采用方法比对进行内(外)部质量控制,以判断检测活动所遵循的标准或者方法是否被严格的理解和执行,从而评价检测方法对试验检测结果准确性、稳定性和可靠性的影响。

作为检测机构内部质量控制手段,方法比对优先适用于以下情况:对测量设备或操作程序有显著差异的两个或多个方法;刚实施的新标准或者新方法;引进的新技术、新方法和研制的新方法;已有的且有多个检验检测标准或方法的项目。

需要特别注意的是,方法比对往往针对的是同类型间的仪器设备,采用不同的试验方法,由同一实验室内部的同一批(组)人员所进行的能力比对活动,这是与设备比对最显著的区别。

(五)盲样试验

盲样试验又称盲样考核、盲样考核试验、盲试验等,是指将某待测样品发放给被考核检测机构或其检验检测人员,要求在规定时间内完成该待测样品的指定检测项目,并提供相应检测结果的一种考核形式,以评价被考核机构或人员所给出检测结果是否在允许的偏差范围内,若给出检测结果在允许偏差范围内,则视为合格,否则不合格。需要特别注意的是,待测样品的指定检测项目应具有确定的参考值及其不确定度。

盲样试验一般适用于资质现场评审、监督检查等外部机构对实验室某项检测能力进行的现场考核。

（六）实验室间比对

实验室间比对，是指在多个平行或互无隶属关系的实验室之间联合进行的一种检验检测能力比对活动。如由检测机构自行组织的，内部各部门、各分支机构、各派出机构参与的一种内部质量控制活动，为确保其可靠性，在可能的情况下，可同时邀请部分无利益关系的外部同行参加；如为国家认监委、国家认可委，以及省级及以上政府质量监督部门、行业组织发起的实验室间比对时，一般归结为能力验证。

需要注意的是，国家认可委只认可其所认可的能力验证提供者所组织和实施的能力验证活动。

（七）能力验证

《检验检测机构能力验证管理办法》规定，能力验证是指市场监管部门采取实验室间比对等方式，按照相关标准或者技术规范预先制定的考核规则，对检测机构技术能力是否持续符合资质认定条件和要求实施的技术管理手段。

《公路检测管理办法》规定，交通运输部、省级人民政府交通运输主管部门应当组织比对试验，验证检测机构的能力，并将比对试验情况录入公路水运工程质量检测管理信息系统。为验证检测机构的技术能力，提高检测机构的管理水平，推动公路水运工程质量检测行业的高质量发展，保障公路水运工程的建设质量，确保试验检测数据的科学性、客观性和准确性，助力“平安百年品质工程”的创建，各省（区、市）也相继出台了有关实验室间比对管理办法，如《四川省交通运输厅关于进一步加强全省公路水运工程质量检测比对试验工作的通知》（川交函〔2024〕399 号）、《广东省交通运输厅关于开展 2024 年度公路水运工程质量检测机构比对试验活动的通知》（粤交质管字〔2024〕156 号）等。

2024 年，中国交通建设监理协会为进一步提升公路水运工程质量检测机构技术能力水平，提供检测机构间能力验证多样化选择，保证能力验证结果的客观、真实、可溯源，依据《利用实验室间比对进行能力验证的统计方法》，在行业内部广泛开展检测机构能力验证活动，以检验、促进和提高协会内各检测机构质量技术管理能力，要求各检测机构结合自身实际情况选择参加。

在住房与建设工程行业，2022 年 12 月 29 日，住房和城乡建设部公布了《建设工程质量检测管理办法》（住房和城乡建设部令 2022 年第 57 号），其中第三十三条规定，县级以上人民政府住房和城乡建设主管部门应当对检测机构实行动态监管，通过“双随机、一公开”等方式开展监督检查，实施监督检查时，有权组织实施能力验证或者比对试验。各省（区、市）也相继出台有关管理实施细则、办法、标准或正在征求意见，如《贵州省建设工程质量检测管理实施细则》（黔建建通〔2024〕79 号）第三十九条规定，县级以上住房城乡建设主管部门应加强检测资质监管，通过“双随机、一公开”等方式定期对检测机构的人员、仪器设备、检测场所、质量保证体系等资质条件进行动态核查。县级以上住房城乡建设主管部门要通过电子证照应用等方式，动态核查检测机构人员劳动合同、社会保险、注册关系等情况。发现不符合资质条件的，资质许可机关应督促其限期整改。对存在违法违规行为的，依法实施行政处罚。实施监督检查时，有权组织实施能力验证或者比对试验。湖北省、北京市、山东省等住房和城乡建设厅（局、委）等也出台了类似实施细则或能力验证技术规程。

除指定必须参加的能力验证计划外，各检测机构都宜在自身检测能力范围内，在可能的情况下，尽可能地参加各项能力验证/测量审核活动，且尽可能覆盖自己的全部检测能力所涉及的各个领域，以检验或证实自身各领域检验检测能力的有效性和在同行业中的质量控制与技术管理水平，既为自己也为客户增强对所获得的检验检测结果的可信度。

（八）测量审核

测量审核是一项参加者对被测物品（材料或制品）进行实际测试，用其测试结果与参考值进行比较的活动，是对一位参加者进行“一对一”能力评价的能力验证计划。

按《实验室测量审核结果评价指南》（RB/T 171—2018），测量审核是指将单个参加者对被测物品进行检测的结果与指定值进行比较和评价的活动。测量审核是能力验证计划的一种，有时也称为“一对一”的能力验证计划。

按照《合格评定　能力验证的通用要求》（GB/T 27043—2012）（ISO/IEC 17043:2010），能力验证和测量审核都是指“按照预先制定的准则评价参加者的能力”，即均为基于实验室间的比对，按照预先设定的条件，将相同或类似的样品分发给多个实验室进行检测，然后将各个实验室的检测结果进行汇总，并按规定的要求进行处理、评价和说明，一般用“满意”“有问题”“不满意”三种方式表达。相应地，如为非权威机构或机构自身组织的内部质量控制活动，亦可参照其组织规则进行，但一般对其所得到的检测结果给予“合格”或“不合格”的评价。

凡是可获得的能力验证/测量审核活动，检测机构应当结合自己的检测能力范围积极参加。2023 年 4 月 7 日，国家市场监管总局发布《检验检测机构能力验证管理办法》，该办法指出“对于无故不参加能力验证的检验检测机构，市场监管部门应当予以纠正并公布机构名单，并在‘双随机、一公开’监督抽查中加大对其抽查概率”。

另外，检测机构开展内部质量控制的方法很多，如在化学分析方面还包含空白测试、回收率试验，以及内部监督检查、技术比武、知识竞赛、单因素控制试验、标准/校准曲线的核查以及使用质量控制图等。

二、质量控制重点

检测机构开展质量控制的重点，一般概括为五个方面。

（一）人员

人员是检验检测实验室中最具能动性的因素，也是影响检验检测工作质量的首要环节。根据《实验室通用要求》，实验室人员应具备技术能力、经验及所需的专业知识，并持续地接受教育培训，以确保其工作职责的公正性和准确性。

1. 技术培训与授权

实验室应建立全面的培训计划，涵盖所有岗位和各类人员，包括新员工入职培训和在职员工的持续教育。培训内容应涉及法律法规、管理体系、检测技术、安全操作、质量控制等各个方面，确保人员具备完成任务所需的知识和技能。培训结束后，应通过考核和授权，确认人员具备上岗资格。

2. 特殊岗位授权

对于涉及大型仪器设备、产生关键量值和安全风险等特殊岗位，实验室应依据相关法律法规和标准，对人员进行专门培训和授权，确保其具备相应的专业能力和安全意识。

3. 人员监督

实验室应设立专业技术监督岗位，由熟悉检验检测技术、经验丰富或理论水平深厚且有责任心的人员担任。监督方式包括盲样考核、操作演示、现场提问、留样复测、各种比对、记录/报告出具等，旨在评估人员的检验检测能力和工作质量。监督记录应真实、全面，对表现不满意的人员应采取相应的纠正措施，并输入管理评审。

(二)仪器设备

仪器设备是检验检测实验室的物质基础，其准确性和稳定性直接影响到检验检测结果的可靠性。

1. 设备配备与管理

实验室应根据检测项目的需要，配备基本设备和特殊设备。设备档案信息应完整，包括操作人员培训和授权、维护保养作业指导书和实施记录、维修记录和状态确认等。

2. 检定/校准与期间核查

仪器设备的检定/校准是确保检验检测结果准确性的关键步骤。实验室应选择具备资质和能力的检定/校准机构，制定校准计划，并对检定/校准证书进行确认。此外，实验室还应根据设备的使用频率、数据争议程度等因素，制定期间核查计划，选择适当的方法进行核查，如标准物质比对、设备稳定性试验、仪器设备间比对或实验室间比对等，以确保其输出量值的稳定性。

国家市场监督管理总局在2020年发布《市场监管总局关于调整实施强制管理的计量器具目录的公告》，自发布之日起，对用于医疗卫生、贸易结算、安全防护、环境监测及大气污染物颗粒含量、地理信息测绘、有毒有害和易燃易爆气体检测的40类62种列入目录且监管方式为“型式批准”和“型式批准、强制检定”的计量器具应办理型式批准或者进口计量器具型式批准，其他计量器具不再办理型式批准或者进口计量器具型式批准；列入目录且监管方式为“强制检定”和“型式批准、强制检定”的工作计量器具，使用中应接受强制检定，其他工作计量器具不再实行强制检定，使用者可自行选择非强制检定或者校准的方式，保证量值准确。同时还规定，根据强制检定的工作计量器具的结构特点和使用状况，强制检定采取以下两种方式：只做首次强制检定，失准报废，或只做首次强制检定，限期使用，到期轮换；进行周期检定。

对于非关键计量仪器设备、工具类仪器设备，或测量结果总是出现在某个小量程范围时，应在自身能力范围内，定期或立即对其进行量值准确性检定/校准(包括内部校准)，或功能是否正常核查；对于长期暂不使用的仪器设备，除宜粘贴暂停使用标识外，原则上应不超过3个月须对其进行一次功能核查。

3. 设备标识与维护

测量仪器应根据其性能情况加贴状态标志,如合格标志、停用标志等。同时,实验室应建立仪器设备维护保养制度,定期对仪器设备进行清洁、检查和维修保养,以及跑、冒、滴、漏、紧固、松动等状态进行检查,确保其始终处于良好状态。

(三)样品与消耗性材料

样品和消耗材料的质量直接影响检验检测结果的准确性和可靠性。

1. 样品控制

实验室应制定合适的抽样方案,明确抽样的数量和方式,确保样品的代表性。样品的制备应采用适当的方法,避免被测物的分解和污染。样品的再加工制作或二次抽样、传递、储存和标识等应建立规范或工作指南,以确保其代表性和可追溯性。

2. 消耗性材料验收和验证

对于检验检测工作用到的重要消耗性材料,如各种标准砂(粉)、水及化学药品、标准试剂/溶液、垫片等,实验室应结合自身能力进行必要的进场验收或过程验证,并根据验收或验证结果采取适当的质量控制措施。其中验收方法应包含名称、型号规格(含量、纯度)、生产商、外观性状等是否满足合同或相应技术标准要求;验证方法可采用直接测试、空白试验等多种技术手段,确保消耗性材料的质量符合检测要求。

(四)检验检测方法

检验检测方法是检测机构开展工作的技术依据,其科学性和有效性直接影响检验检测结果的准确性。

1. 方法选择与确认

检测机构须正确使用现行有效的方法开展检验检测活动。检验检测方法包括标准方法和非标准方法,应当优先使用标准方法。使用标准方法前应当进行验证;使用非标准方法前,应当先对方法进行确认,再验证,以确保其科学性、有效性和适用性。

方法的选择应结合工程的行业属性确定,即交通工程应优先选择交通行业规定的方法标准,铁路工程应优先选择铁路行业规定的方法标准,住房和城乡建设工程应优先选择住房和城乡建设行业规定的方法标准……当所属行业暂时没有相应的方法标准时,应按照国家标准、地方标准、其他行业或团体标准的要求开展检验检测活动,具体应征得监理或建设单位的许可。

检测机构对新引入或者变更的标准方法进行方法验证并保留方法验证记录,方法验证记录可以证明人员、环境条件、设备设施和样品符合相应方法要求,以及检验检测的数据、结果质量得到有效控制。检测机构在使用非标准方法前应当进行确认、验证,并保留相关方法确认记录和方法验证记录。

2. 编制作业指导书

当设备的操作方法、工艺流程或工作环境发生变化时,需要编写作业指导书,以确保操作的一致性和安全性；或当标准、规范、方法过于复杂或不够具体，不能被操作人员直接使用时，需要编写作业指导书来提供详细的操作步骤和注意事项；或当操作方法中有多个可选步骤时，为了确保操作的统一性和准确性，需要编写作业指导书来明确每个步骤的具体要求；或当没有作业指导书可能会导致操作失误、产品质量问题或安全风险活动等不利影响时，必须编写作业指导书。实验室编制的作业指导书，应明确检验检测操作步骤、操作要点和注意事项，并确保人员能够准确理解和执行。

3. 方法验证与不确定度评估

实验室应定期对检测方法进行验证，确保其准确性和可靠性。同时，对于技术标准有规定、委托方有要求、或测量结果处于临界值附近时，应进行测量不确定度评估，并在检测报告中给出测量不确定度。

(五)设施和环境条件质量控制

设施和环境条件是影响检测结果的重要因素之一。

1. 设施布局与监控

实验室应具有足够的空间、合理的布局和适宜的环境条件，并设置必要的监控设施，对温湿度、空气洁净度、振动、噪声、光照等环境因素进行实时监测和记录。

2. 区域隔离与限制进入

实验室应根据检测活动的需要，设置不同的功能区域，并采取严格的隔离措施。对于可能发生干扰或相互影响的特殊区域，如产生大量水蒸气、强烈振动、高频噪声、强大电磁场、有毒有害检测等区域，应限制人员进入，并采取必要的隔离与防护措施。

3. 环境监测

实验室应制定科学合理的环境监测程序，定期对实验室环境进行监测和评估。对于监测结果超标的情况，应及时采取措施进行整改，确保实验室环境符合检测要求。

检测实验室的质量控制是一个系统工程，涉及人员、仪器设备、样品与消耗性材料、检测方法以及设施和环境条件等多个方面。实验室应建立健全质量控制体系，加强人员培训、设备检定/校准与维护、样品控制、方法验证与确认以及环境监测等工作，确保检测结果的准确性和可靠性。

三、质量控制计划

质量控制计划或称质量监控计划，是检测机构为确保检验检测结果有效性，以增强检验检测结果可信度而开展的内部质量控制活动。检测机构应提前编制质量控制计划。在编制质量控制计划时，应选择适宜的质量控制方法，覆盖所有的场所、分支机构或派出机构，以规避自身风险，提高对各项风险的管控能力。如涉及分包时，同时应将分包方纳入质量控制，并将分包检测结果作为对分包方的重要评价手段之一。

(一)质量控制计划

检测机构宜根据工作需要和风险管理要求，对检测结果予以有效的质量控制。检测机构宜对质量控制活动实施策划，形成质量控制计划。质量控制计划策划时，应包含内部质量控制计划和外部质量控制计划。

质量控制计划在制定时，应当考虑到：

(1)检测机构的检验检测业务量；

(2)检测机构或客户对实验室间比对(包含能力验证活动)、检验检测结果的要求或用途；

(3)检验检测方法本身的稳定性、复杂性以及质量指标要求；

(4)检验检测方法对技术人员经验的依赖程度；

(5)参加实验室间比对(包含能力验证、测量审核)的可获得性、频次与结果；

(6)上一年度质量控制结果；

(7)检验检测人员的能力和经验、人员数量及变动情况；

(8)新采用的方法或变更的方法，以及方法确认或方法验证的需求；

(9)新采用的设备或设施；

(10)客户投诉项目；

(11)检验检测经历较少的项目；

(12)样品类型及其可获得性。

(二)质量控制实施方案

检测机构在建立质量控制计划后，应当结合拟开展的质量控制项目/参数，制定质量控制实施方案。一个完整的质量控制实施方案，应当包含：

(1)目的；

(2)开始时间和结束时间；

(3)质量控制形式、检测项目、仪器设备、检测方法、参加人员等；

(4)质量控制实施样品描述，例如均匀性、稳定性、编号规则、发放形式、接收要求和处置要求；

(5)检测技术的要求，例如重复测试次数的要求；

(6)记录(或报告)要求；

(7)评价方法和判断准则；

(8)出现不符合处置的要求；

(9)其他需要特别声明的事项。

(三)实施

1. 内部质量控制

按照检测机构质量控制计划总体设想和安排，要求各部门、各派出机构结合自己承担的检验检测任务，在确保有效地控制风险的前提下，选择1~2个经常性、有一定技术难度和特点，或者检验检测频率较高或较低，或者易于发生不符合的项目/参数，在年初上报机构质量管理部门。质量管理部门通过与技术、生产管理部门协商后，将计划实施所包含的项目类别、样品名称、所用仪器、检测方法、核查人员、实施时间、评判标准等编写成作业指导书，报检测机构技术负责人批准后正式发布，由质量管理部门负责监督实施。

在开展内部质量控制活动时，检测机构应建立对内部质量控制结果的评价依据、评价方法和评价（控制）标准。

2. 外部质量控制

结合检测机构检验检测能力（即资质证书附表中的检测能力），按物理性能、力学性能和化学分析等类别，以不少于规定频率，参加国家或权威机构组织的能力验证、测量审核或实验室间比对活动。如行政或行业主管部门另有要求时，须优先参加行政或行业主管部门组织的实验室间比对或能力验证活动。国家认可委要求其授权检测机构须优先采用其官网发布的能力验证提供者所提供的能力验证活动。

3. 其他能力证实的质量控制活动

积极参加各种技能大赛、技术比武活动。有条件的情况下，积极与同行业联合进行人员比对或实验室间比对，并尽可能涉及检验检测能力的各个方面，尤其是易于出现不利检测结果或可能带来较大潜在风险的检测项目/参数间的实验室间比对活动。

4. 要求

（1）检测机构应在管理评审结束后建立质量控制计划，以确保并证明检测过程受控以及检测结果的准确性和可靠性。质量控制计划应包括判定准则和出现可疑情况时应采取的措施，且应覆盖所有检验检测技术和方法。

（2）技术负责人应指定资深检测人员负责编写质量控制计划，并对计划进行审核，负责组织监督质量控制计划的实施。如系内部质量控制比对试验计划时，应明确比对试验的检测项目、实施形式、参加人员、预计日期、结果评价准则、不满意结果的处置要求等内容。

（3）检测机构在发布质量控制计划时，应建立杜绝弄虚作假、结果串通或结果修正的必要措施、程序，以及发布相应的奖惩规定等。

（4）技术负责人应按时收集质量控制资料并进行统计、分析，组织对质量控制活动的可行性和有效性评审，并形成质量控制比对试验报告。

（5）质量监督员应全程监督质量控制计划的实施，审核比对和能力验证试验的结果。

（6）检验检测人员应按要求完成质控活动中应承担的检验检测工作，认真填写检验检测原始记录。

（7）技术负责人应针对比对试验中出现的问题进行原因分析，并评估对质量控制活动的影响，以及采取必要的纠正措施、预防措施或相应的改进措施。

（8）检测机构在申请新检验检测能力时，应提前安排适宜的质量控制活动，以证实其具备所申请的新检验检测能力。

5. 结果判断

由技术负责人牵头，按提前制定好的结果评判方法评价所开展的质量控制活动的有效性。

6. 质量控制结果利用

如出现不满意或不合格结果时，应查找原因并提出整改要求，质量负责人要跟踪验证；如出现合格或满意结果时，可以作为仪器设备期间核查时机、检定/校准周期、培训效果或方法确认的依据。

（四）制定质量控制工作保证措施

在实施内部质量控制活动前，应制订详尽的质量控制实施方案和作业指导书，以对本次开展的质量控制要求进行清晰的说明。同时，还应建立质量控制工作保证措施，这些措施至少宜包含评价措施、技术咨询与疑虑解除措施、保密措施、廉政措施等。

四、质量控制领域及频率要求

检测机构开展质量控制的领域或项目/参数，应结合检测机构人员的综合检验检测技术水平确定，原则上应覆盖所有检验检测领域（或类别）。但重点应放在检验检测频率很高或很低、易于发生风险、新（或拟）申请的、关键的或不熟练的，或已经发生过不符合或有同行发生过不符合的项目/参数，即应从提高实际检验检测水平和技术能力控制着手，以规避机构的检验检测风险为根本目的。

按照《检验检测机构能力验证管理办法》规定，"检验检测机构应当积极实施人员比对、设备比对、留样再测等内部质量控制措施，并按照市场监管部门的要求参加相应能力验证活动，以保证技术能力能够持续符合资质认定条件和要求"。对于国家认可实验室，当初次认可和扩大认可范围时，按照《能力验证规则》（CNAS-RL02：2023）规定，"只要存在可获得的能力验证，合格评定机构申请认可的每个子领域应至少参加过 1 次能力验证且获得满意结果，或虽为有问题（可疑）结果，但仍符合认可项目依据的标准或规范所规定的判定要求"；当已获认可时，"只要存在可获得的能力验证，获准认可合格评定机构参加能力验证的领域和频次应满足 CNAS 能力验证领域和频次的要求。对 CNAS 能力验证领域和频次表中未列入的领域（子领域），只要存在可获得的能力验证，鼓励获准认可合格评定机构积极参加"；同时，"即使满足能力验证领域和频次要求，获准认可合格评定机构也应参加 CNAS 指定的能力验证计划"。指定参加的能力验证计划通常不收取费用。

由于国家认监委、国家认可委授权的能力验证提供者所提供的能力验证活动覆盖面往往更宽广，且更具权威性和公正性，对于检测机构，除必须参加指定的能力验证或实验室间比对计划外，在可能的情况下，也可结合自身实际情况，积极参加国家认监委、国家认可委授权的能力验证提供者所提供的能力验证活动，以检验或证实自己的检验检测能力。

五、检验检测结果质量控制活动用样品管理

开展质量控制活动所采用的质量控制样品管理，是确保质量控制活动成功与否的关键，须满足充分的均匀性和稳定性要求。数量应能够满足所有测试项目的需要，并确保能够进行必要的附加测试；样品的制备应有文件化处理程序，在使用前应对样品进行确认。因此，

在实施质量控制活动之前,应对实施样品制定专门的工作方案。

(一)样品的制备和准备

检测机构开展质量控制活动用样品,可以分为以下几类。

1. 自制样品

在对样品制备方式充分了解的情况下,检测机构可以利用自有的仪器设备进行简单样品的制备,也可以合作制备。无论采用哪种制备方式,制备的样品都应经过抽样检验评价其均匀性和稳定性,证实其可用于质量控制实施的比对试验。

2. 自留样品

在日常检测过程中遇到的样品,经确认其在上次检测完成后一直处于符合要求的妥善保存状态,并通过专家评估或样品评价等有效手段,确证其中被分析物的成分和含量没有发生变化。

3. 标准样品或质控样品

有证标准物质、参加实验室间比对或能力验证活动剩余的比对样品,以及检测机构纳入标准物质管理的内部质控样品,通常具有良好的均匀性,且具有指定的参考值和测量不确定度。因此,这类样品只要确认其一直处于符合要求的妥善保存状态,均可用作质量控制实施样品。

4. 加标样品

对于用于化学分析质量控制的比对试验,在一系列确定量的预备样品中分别添加适当浓度的标准物质所组成的质量控制实施样品称为加标样品或加标样。添加的过程应独立于检测过程,添加的人员应为有经验的技术人员,添加的浓度应适合比对试验的目的,添加的体积应准确、少量,添加后的样品应在适当的条件下进行一定时间的放置。

(二)自备样品的均匀性和稳定性评价要求

开展质量控制活动用样品,应当满足样品的均匀性和稳定性评价要求。质量控制用比对样品的一致性,对利用实验室间比对的方法进行检测能力评价至关重要。机构在制订实验室间比对计划时,必须确保比对结果中出现的不合格或离群结果不应归咎于样品之间或样品本身的变异性。因此,对于比对样品的检测特性量,必须进行均匀性检验和(或)稳定性检验。

质量控制实施用比对样品,当属于批量制备时,可参考《能力验证样品均匀性和稳定性评价指南》(CNAS-GL003:2018)规定,对比对样品进行均匀性和稳定性检验或评价,以证明样品内和样品间无显著性差异,样品是均匀稳定的。

一般情况下,对于制备批量样品的实验室间比对计划,通常都必须进行样品均匀性检验;但对于稳定性检验,则可根据样品的性质和计划的要求来决定。对于性质较不稳定的检测样品,如易受光、热及储存稳定性等因素影响的塑料制品、沥青及沥青混合料、外加剂、化学药品和化学试剂、溶液,以及需要通过传递方式且传递周期较长的样品,必须进行稳定性检验;对于钢筋、结构混凝土及其制品,可不进行稳定性检验,但应做好有效防护。

对于均匀性检验或稳定性检验的结果，可根据有关统计量表明的显著性或样品的变化能否满足比对计划要求的不确定度进行判断，以提高测量结果的可靠性，同时确保测量结果的可比性，从而增强各方的信任度。

（三）样品处置

在开展质量控制活动时，样品在制备、流转、检后处置等过程中，应当满足：

（1）质量控制实施样品制备或准备完毕后，应使用不会对检测结果造成影响的方式分装样品，按质量控制实施方案规定的方式或检测机构自有质量控制程序文件的要求分发样品。

（2）如果对质量控制实施样品的处置会影响检验检测结果时，则应在质量控制实施方案中清楚地予以说明，或用特殊说明的方式让检测人员加以注意；检测人员接到样品后，应按要求进行妥善处置。

（3）样品的唯一性标识和检验状态标识，可遵循其自有管理体系的规定。

（4）检后样品的处置规定，包含检后样品的防护、留置时间，以及是否需要寄回或就地销毁等。

检测机构及其各部门、派出机构在收到开展质量控制实施样品后，还须确认其环境条件不会对所要求的检测质量产生不良影响；确认用于检测的，对结果准确性或有效性有显著影响的所有设备，包括辅助测量设备（例如用于测量环境条件的设备），经过校准并通过有效的期间核查以保持其校准状态的置信度。参与质量控制实施比对试验的人员，应按检测方法的要求进行测试，如实记录试验结果及相关信息，提交检测报告和原始记录。当试验过程中出现可能影响比对试验结果统计分析的意外情况时，质量控制实施比对试验负责人应及时分析各种因素，与检测人员进行充分协调，并作出是否继续按原试验方案进行或修改原试验方案、执行新方案的决定。

六、检验检测质量控制结果的有效性评价方法与要求

质量控制结果的有效性评价由该项质量控制活动的组织者负责。质量控制活动参加者，应按规定提交质量控制结果报告及相应的质量与技术记录；质量控制活动的组织者应审查所提交资料的符合性，包含资料是否完善、签字和印章是否符合规定、是否存在串通等，并做好相应记录。

对于检测机构，在举行质量控制活动时，往往还派遣监督员亲临参加者现场对参与人员、设备和操作过程进行见证。如《四川省交通运输厅关于进一步加强全省公路水运工程质量检测比对试验工作的通知》（川交函〔2024〕399 号）明确指出，参与检测机构比对试验的检测人员应为检测机构注册人员，参与工地试验室比对试验的检测人员应为检测机构注册人员且为项目合同检测人员；比对试验所使用的仪器设备均应在检定/校准有效期内；比对试验主办单位应派员对比对试验过程进行现场见证并签字确认，并在提供的比对试验参与人员中随机抽取主要试验人员开展比对试验；参与比对试验的检测机构或工地试验室，应按照比对试验工作通知及作业指导书要求在规定时间内独立完成比对试验工作，对比对试验全

过程进行视频录像，并在通知规定的截止日期前提交比对试验结果数据及相关资料（包含但不限于比对试验结果报表、试验人员信息表及证书复印件、仪器设备信息表及检定/校准证书复印件、检测报告及原始记录、试验过程拍摄视频资料）。对于比对试验结果的评价，应取检测机构或工地试验室试验数据的准确性评价结果、检测报告及原始记录的规范性评价结果、操作视频资料的完整性评价结果中的最低等级作为比对试验最终结果。

对于内部质量控制结果的有效性评价方法，除可参考有关要求外，评价的技术手段可参考《检验检测结果质量控制的有效性评价方法》实例。

内部质量控制结果评价结束后，应当形成内部质量控制结果评价报告（文件）。报告内容应当包含质量控制的目的、意义、评价方法，各参与者提交的检测结果、统计分析结果等。对存在问题应在充分核实的基础上进行全方位描述，必要时提出发生的可能原因，同时要求对获得"离群""不合格""基本满意""不满意"评价的参与者进行进一步的分析，查找问题主因，必要时实施复测或整改，在完成整改前暂停对该项目/参数进行公正性检测，直到经再次确认达到要求时为止，从而形成一份完整的综合性的评价报告。对于只有较少参与者的质量控制结果的有效性评价报告，也可简化为表格形式。

检测机构参加的内外部质量控制活动，应定期形成工作总结，并提交检测机构管理评审。

交通工程质量检测行业技术与设备研发对于保障公路水运工程质量、安全和耐久性具有重要意义。随着科技的不断发展，未来将有更多创新技术和设备涌现，推动交通工程质量检测行业的持续发展。检测机构应加大在质量检测技术领域的研发投入，提高自主创新能力；加强质量检测技术人才的培养和引进工作，建立一支高素质、专业化的质量检测技术团队；加强与国际先进企业的合作与交流，引进先进的试验检测技术和设备，提高我国质量检测技术的国际竞争力；积极探索新的质量检测技术和方法，推动技术创新与应用；加强技术成果的推广和普及工作，提高整个行业的技术水平和质量水平。

第六章　交通建设工程质量检测机构技术管理

检测机构的技术管理是一个多方面、系统性的管理过程。它要求检测机构在各个环节都有严格的管理和控制，以确保检测结果的准确性和可靠性。它涉及多个方面的管理，包括样品管理、方法管理、设备管理、设施和场所环境管理、检验检测结果数据管理、记录报告管理、设备与技术研发管理以及资料管理等。通过严格的样品管理和方法管理，确保检测结果的准确性和可靠性；设备管理和设施环境管理确保检测设备和环境处于最佳状态，提高检测效率和准确性；检验检测结果数据管理和记录报告管理确保数据的完整性、安全性和可追溯性，避免数据丢失或误用；设备与技术研发管理推动检测技术的不断进步和创新，提高检测机构的竞争力；资料管理确保所有检测活动和记录符合相关法律法规和标准要求，避免法律风险。

检测机构通过有效的技术管理，提高检测结果的可信度，增强客户和公众对检测机构的信任，有助于检测机构的长期发展；通过持续改进和创新，适应市场变化，实现可持续发展，可以及时发现和预防潜在的工程风险，避免重大隐患的发生。优秀的技术管理可以提升整个行业的标准和水平，推动行业健康发展，有助于提升检测机构在国际市场上的竞争力。

第一节　样 品 管 理

样品是检测机构的“客户财产”，保护其完整性不仅是质量检测的需要，也是保护客户机密和所有权的需要，更是机构证明其诚信服务的需要。所以，样品管理是质量检测过程中的重要环节，机构应对样品获取、运输、接收、处置、保护、存储、保留、处理或归还进行规定（图6-1），建立样品的标识系统，保障客户的信息安全，确保样品的代表性、有效性和完整性。

一、样品的获取和接收

当检测机构对样品进行抽样前，应有明确的抽样计划和方法。如检测标准或方法已明确规定抽样方法，按照标准规定的取样方法和数量实施。抽样时填写《抽样记录表》（表6-1），记录表应明确抽样方法、抽样时间、抽样设备、抽样环境和运输方式等信息，并对这些影响因素进行有效控制。必要时，应标识抽样位置的图示或其他等效方式。

抽样结束后对样品进行分类和包装，妥善放置于盛样器或试样密封袋中，包装容器应不影响样品的内外在性质，并进行必要的封样标识和确认。

样品运输过程中，应避免样品变质、污损和丢失。对于在检测后重新投入使用的样品，比如橡胶支座，需特别注意样品在运输、检测等过程中不会产生破损、变质和混淆，影响后续使用效果。

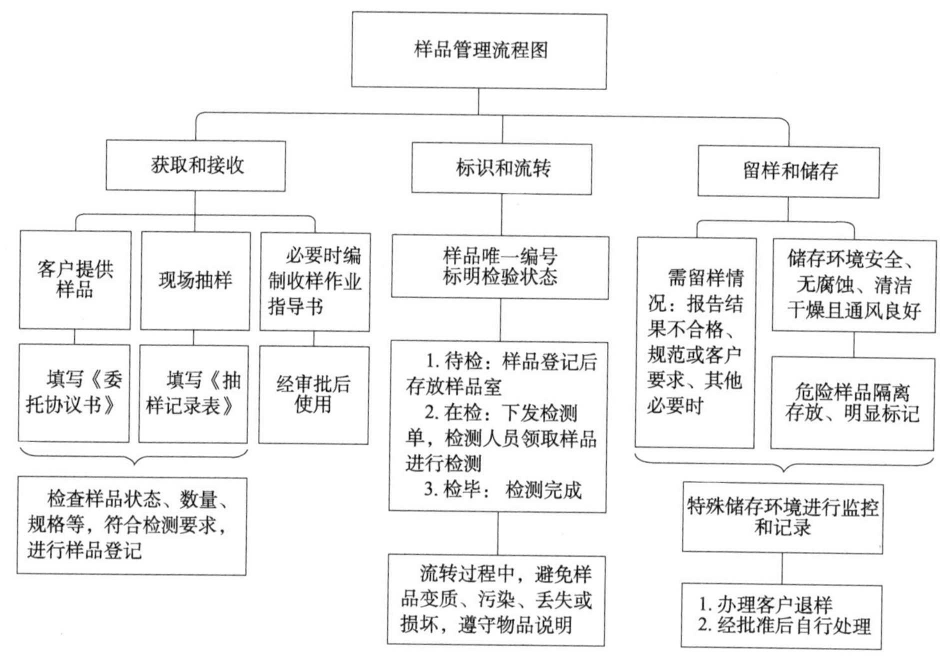

图 6-1　样品管理流程

抽样记录表

表 6-1

<table>
<tr><td>委托单位</td><td colspan="4">××公司</td><td colspan="2">抽样任务书编号</td><td colspan="2">GL-YSCY2310001</td></tr>
<tr><td>见证人单位</td><td colspan="4">××建设项目</td><td colspan="2">见证人</td><td colspan="2">××</td></tr>
<tr><td>抽样依据</td><td colspan="4">《公路交通安全设施质量检验抽样方法》(JT/T 495—2014)、《公路交通安全设施施工技术规范》(JTG/T 3671—2021)</td><td colspan="2">抽样方法</td><td colspan="2">JT/T 495—2014、JTG/T 3671—2021</td></tr>
<tr><td>抽样地点</td><td colspan="4">K286 +000 现场工地</td><td colspan="2">抽样人</td><td colspan="2">××</td></tr>
<tr><td>抽样母本数量</td><td colspan="4">两波形梁板 1250 片、钢管立柱 1250 根、拼接螺栓 10000 套</td><td colspan="2">校对人</td><td colspan="2">××</td></tr>
<tr><td>抽样日期</td><td colspan="4">2023 年 10 月 20 日</td><td colspan="2">抽样时间</td><td colspan="2">上午</td></tr>
<tr><td>抽样设备</td><td colspan="4">钢卷尺、游标卡尺、数显双球头壁厚千分尺、数显双平头壁厚千分尺</td><td colspan="2">抽样环境</td><td colspan="2">晴</td></tr>
<tr><td>工程名称</td><td colspan="4">××标段</td><td colspan="2">运输方式</td><td colspan="2">汽车运输</td></tr>
<tr><td>序号</td><td>样品名称</td><td>型号规格</td><td>批号</td><td>抽样编号</td><td>抽样部位</td><td>抽样数量</td><td>样品描述</td><td>施工日期</td></tr>
<tr><td>1</td><td>两波形梁板</td><td>长×宽×高×厚=4320mm×310mm×85mm×3mm</td><td>1011-327</td><td>GL-YSCY2310-001</td><td>—</td><td>3 块</td><td>涂层均匀，外观无明显缺陷</td><td>—</td></tr>
</table>

续上表

序号	样品名称	型号规格	批号	抽样编号	抽样部位	抽样数量	样品描述	施工日期
2	钢管立柱	ϕ114mm×4.5mm	1011-760	GL-YSCY2310-002	—	3根	涂层均匀，外观无明显缺陷	—
3	拼接螺栓	M16×35	1005-130	GL-YSCY2310-003	—	18套	灰色、完好	—

注：本章抽样包含从一个批次抽取样品的活动，也包含检测领域常用的概念“采样”和“取样”。

接收样品的人员应熟悉检测方法中对样品数量和外观的具体要求，以便与客户进行充分的沟通，及时办理委托手续，填写委托单。如客户对检测有特殊要求，可能会影响检测结果时，检测机构需进行明确标识，比如提供结果判定的技术指标。必要时，可编制作业指导书，保证样品接收工作的一致性。

样品接收时，应检查样品的外观状态、规格尺寸、数量等，明确样品相关的其他要求，包括样品的储存条件、检验说明、保密或退样等。如果是抽样的样品，应仔细检查样品是否与《抽样记录表》一致，封样部位是否完好，是否与标准状态有所偏离。样品有包装的，必须打开包装进行检查。当发现样品与标准状态有偏离时，应详细记录，并在检测记录和报告中进行必要说明。

接收样品时，应关注以下事项：

(1)土工类样品。应清晰标识土样的层位，特别是原状土或需要保持天然含水率的扰动土。

(2)集料类样品。用途较广泛，应标识集料的工程部位及用途，以此选择不同的试验参数和判定依据；当委托方要求检测粗集料黏附性但无法提供沥青时，宜让委托方声明“沥青由检测单位提供，对检测结果无异议”。

(3)岩石类样品。对于直接开采的块石，应标识岩石的工程部位及用途，以此选择对应的试件加工尺寸；用放大镜仔细观察岩石是否有明显的层理、裂缝等情况并登记；应使用游标卡尺检查已加工试件的尺寸。

(4)水泥及掺合料类样品。检查样品状态，如干燥、结块等；收集出厂检测报告等资料；如需留样，应与委托方送样人员共同分样、密封并签字确认，两份样品分别用于试验和留样；样品储存容器应洁净、干燥、防潮、密闭、不易破损，并且不影响样品件能。

(5)水泥混凝土类样品。检查试件表面是否存在蜂窝、麻面、缺角等情况，用游标卡尺测量试件尺寸，记录试件的成型日期及养护方式。配合比接样时，应核查样品规格与实际样品是否一致，水泥及掺合料是否有硬化或结块情况，外加剂如为粉剂，不得有硬化或结块，如为水剂，应色泽均匀；查看水泥、掺合料、外加剂质量保证书信息是否完整；检查是否清晰标识配合比使用的工程部位，以此选择对应的技术要求，必要时，由委托方提供配合比设计需要用到的相关设计信息。

(6)外加剂类样品。由于产品种类较多,应规范填写样品名称和型号规格,如标准型高效减水剂或缓凝型减水剂等;严格按照标准规定的时间留样,留样期限以生产日期往后推算,一般情况下,粉状样品留样6个月,液体状样品留样3个月。

(7)沥青和沥青混合料类样品。样品标识签应贴于盛样器上,不得贴于盖子上,以免混淆样品;乳化沥青在低温时应注意保温;配合比接样时,应仔细核对样品是否与委托协议填写规格一致;样品标识签应采用稳固的方式标识在包装袋上,如用记号笔写在样品袋上。

(8)土工合成材料类样品。土工织物应检查布面是否洁净、均匀,不应有明显的折痕,一般应卷成圆柱状;土工膜应检查膜外观是否有气泡、裂纹、分层、穿孔等,切口是否平整等;土工格栅应检查格栅是否存在损伤、破裂,网孔大小是否均匀。

(9)钢材与连接接头类样品。应仔细检查样品规格是否与质保单一致,长度是否符合试验要求;钢筋试样两端头的切口应该平行平整,且垂直于钢筋轴线;焊接钢筋应检查焊缝情况;螺栓类样品应无损伤,且是未使用过。

(10)橡胶支座类样品。应核对支座尺寸与委托方提供资料是否一致,重点核对钢板尺寸、厚度、单层橡胶厚度和总橡胶层厚度等影响结果判定的参数;检测极限抗压强度时,应核算本机构设备是否满足量程要求;盆式支座如是拆装交货时,应检查相对应的配件是否齐全;储存时应选择空旷通风的环境,在空间允许的情况下,尽量平放或竖放排列,堆放可能影响质量检测数据。尽量保持橡胶支座干燥但不宜直接暴晒,底下应放置隔垫层,不能直接接触地面,远离酸碱性腐蚀产品及环境,避免橡胶支座表面受损。

(11)水样品。由于水样质量特性受空气环境影响较大,送检水样品应使用盛装满瓶密封装,并在0~4℃下冷藏保存。在收到样品后,应立即在流转6h内进行pH值等时效性强的检测。

二、样品的标识和流转

样品的标识系统包括不同样品的唯一性标识和区别同一样品在不同流转阶段的状态标识。

样品标识

样品编号：____________

样品名称：____________

规格型号：____________

流转状态：□待检　□在检　□检毕

图6-2　样品标识

(1)检测机构应采用流水编号规则建立样品的唯一性标识系统,以便于追溯。多资质的检测机构可采用专业代码对样品编号进行区分,如公路工程(GL)、水运工程(SY)。样品标识包括但不限于样品编号、样品名称、规格型号和流转状态等信息(图6-2)。

(2)样品的标识方式根据样品状态可附着在样品或样品包装上,确保流转过程中样品不混淆、标识不损毁、文字清晰。以组为单位的样品或有附件的样品,建议采用同一编号,再对个体或附件进行细分序号。

①如果可能,样品标识直接粘贴在样品上,例如防水材料、桥梁支座、波纹管等。如流转

过程中粘贴的标识易脱落或丢失，也可以用防水笔在样品适当位置进行文字描述，例如水泥胶砂试件、混凝土试件等，内容包括但不限于样品编号、制件日期等信息。

②土、集料、路面标线涂料等松散状袋装样品，样品标识可以用防水笔在包装袋适当位置进行文字描述，或者粘贴在与标识尺寸相近的有穿孔的吊牌上，再将吊牌与外包装连接。

③水、外加剂、沥青等流质或粉状桶(瓶)装样品，样品标识可直接粘贴在包装正面。为避免样品混淆，尽量避免将样品标识粘贴在容易与盛装样品容器分离的部件，例如容器盖。

(3)样品在检测机构负责的期间内，应始终保留标识并及时标明流转状态。检测人员应注意保护样品完整，遵守随样品提供的特殊操作说明。如遇意外损坏或丢失，应保留处理过程记录。

(4)条件允许下，质量检测机构可以利用互联网、物联网、智能手机终端等信息化技术，推行检测样品流转管理使用二维码做唯一性标识。

三、样品的留样和储存

(1)样品的留样主要有以下几种情况：检测完成的残样；质量检测结果不合格；标准规范或客户要求留样；外委试验有必要时留样等。

①留样数量应满足进行后续检测项目需要的用量。

②留样期限依据样品类别、标准规范或委托方协议确定。

③留样样品应采用密封或绑扎成组后进行保存，如有易燃、易爆或有毒的危险样品应隔离存放并做出明显标记，粘贴留样标识签，分类堆放、标识清楚，做到台账与物品保持一致。

④留样期已过的样品，根据检测机构规定和样品后续使用目的，对样品进行处理或归还，处理须符合安全和环保的要求，保存处理过程须记录。

(2)样品应分类堆放、标识清楚，做到台账与物品保持一致。检测机构应设置样品储存场所，配备样品存放架，储存环境应安全、无腐蚀、清洁干燥且通风良好。有特殊储存环境要求的样品，应保持、监控和记录这些环境条件，充分确保样品在检测机构期间质量特性不发生变化。

(3)检测机构的样品管理员负责接收客户的委托、样品的检查登记和流转发放、任务下达等工作，并建立样品管理台账。

(4)根据管理规定设置检后残样留置区，检后残样在留置规定时间后处理。

(5)不合格样品的留置，应在留样室设置不合格样品存放区。

①应严格落实样品管理制度及不合格报告制度，加强不合格样品的管理。

②破损后不合格钢材及连接件按组捆绑悬挂标识后，存放于留样室不合格区。

③其他经检验不合格样品均须存放于留样室不合格区。

④所有不合格样品应保留至处理意见闭合，经批准后方可处置，并及时填写不合格质量检测结果报告台账。

第二节 方法管理

方法管理主要包括方法的选择、验证、确认和偏离等工作内容。检测机构应使用最新有效版本的方法、程序和支持性文件开展质量检测工作，并对文件实施有效的控制和管理，定期进行方法查新，防止使用无效或作废的文件。同时，根据不同情况实施方法验证和确认（图6-3）。

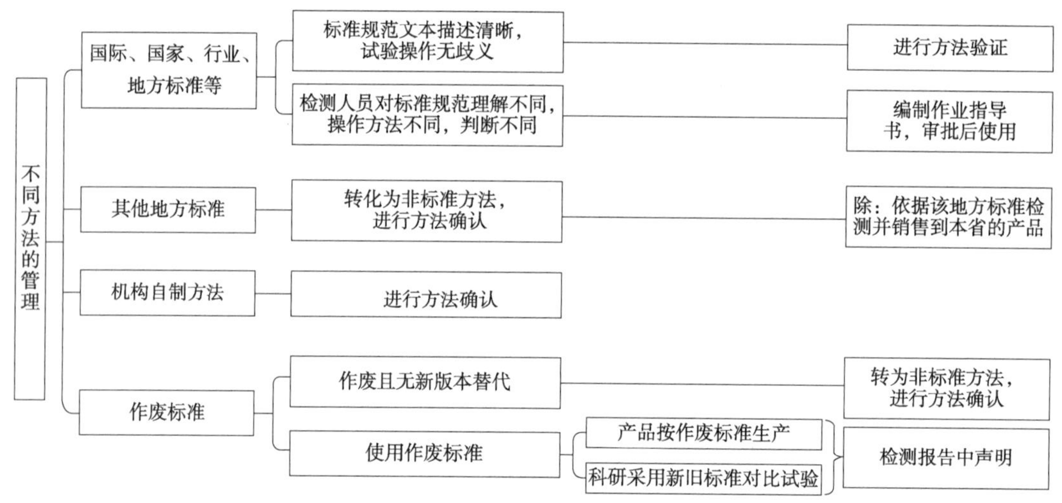

图6-3 检测机构对不同方法的管理

一、方法的选择

方法包括国际标准、国家标准、行业标准、地方标准、知名技术组织或有关科技文献或期刊中公布的方法、设备制造商规定的方法、检测机构开发或修改的方法等。

（1）优先选用客户指定的方法。如果客户指定或建议使用的方法不适合或已过期，应选择适当的方法并通知客户；如果客户坚持使用不适合或已过期的方法，检测机构应在委托合同和结果报告中予以说明。

（2）适当的方法包括标准方法和非标准方法。检测机构应定期跟踪查新标准的编制修订情况，及时更新目录，按文件规定的实施日期向上级部门申请变更后使用，确保使用标准的有效版本。使用标准方法前，应进行验证；使用非标准方法（含自制方法）前，应进行确认。对于自制方法，应告知客户相关方法可能存在的风险，并征得客户书面同意。

（3）当由于缺乏作业指导书会造成检验检测人员对标准规范理解不同、操作方法不同、判断不同而影响质量检测工作时，应补充方法的使用细则。国际标准可以作为检测依据使用，但是除非检测人员能熟练使用该外文标准，否则检测机构应制定相应的中文作业指导书，以确保应用的一致性。

(4)如果一个检测项目没有国家标准、行业标准和本区域的地方标准，不可以直接使用其他区域的地方标准，除非用该地方标准检测销售到本区域的、该地方标准涉及的产品。如果需要使用其他区域的地方标准时，需将其转化为检测机构的方法，按非标准方法确认后使用。

(5)由于特殊原因，需使用作废标准时，根据情况处理：

①当试验方法已作废且无新版本替代，可以将试验方法转为非标准方法申请资质许可后使用。

②当产品按照作废标准生产时，可用作废标准进行试验。但是要在报告中声明：本产品生产时采用旧标准，因此本报告采用旧标准进行试验和判定。

③当客户因为自身原因，比如科研项目采用新旧标准进行对比试验，可用作废标准进行试验。但是要在报告中声明：仅供内部参考，不具有证明作用。

二、方法的验证

检测机构在引入方法前，应验证是否能够正确地运用该方法，以确保实现所需的方法性能，保存验证相关证明材料。

方法的验证从“人、机、料、法、环、测”等方面进行识别，通过模拟试验证明结果准确性和可靠性。如果发布机构修订了方法，应依据方法变化的内容重新进行验证。

(1)对执行新方法检测人员的评价，是否具备所需的技术能力。必要时进行人员培训，经考核后上岗。

(2)对现有设备适用性的评价，是否要补充新的设备(包括测量仪器、软件、测量标准、标准物质、参考数据、试剂、消耗品或辅助装置)。

(3)对设施和环境条件的评价，必要时进行验证。

(4)对物品制备，包括前处理、存放等各环节是否满足方法要求的评价。

(5)对操作规范、不确定度、原始记录、报告格式及其内容是否适应新方法要求的评价。

(6)对新方法是否正确运用的评价，当有旧方法变更时，应对新旧方法进行比较，尤其是差异分析与比对的评价。

(7)模拟试验，分析检测结果。必要时，进行检测机构间比对。

三、方法的确认

检测机构在使用非标准方法、公司制定的方法、超出预定范围使用的标准方法或其他修改的标准方法前，应进行方法确认。确认应尽可能全面，包括检测物品的抽样、处置和运输程序，满足预期用途或应用领域的需要。

(1)方法确认可选用以下一种或多种技术方式:

①使用参考标准或标准物质进行校准或评估偏倚和精密度;

②对影响结果的因素进行系统性评审;

③通过改变受控参数来检验方法的稳健度,如加样体积等;

④与其他已确认的方法进行结果比对;

⑤检测机构间比对;

⑥根据对方法原理的理解以及抽样或检测方法的实践经验,评定结果的测量不确定度。

(2)方法确认时应保存研究报告、数据验证资料和相关结论。必要时,还需提供有专家验收意见的相关资料(含专家背景资料)及形成的作业指导书等。

(3)当修改已确认过的方法时,应确定这些修改的影响。当发现影响原有的确认时,应重新进行方法确认。

四、方法的偏离

检测机构应有人员识别与管理体系或质量检测活动程序的偏离,进行控制并预防或减少这些偏离,以保证质量检测活动的数据和结果准确。

(1)方法的偏离包括检验检测方法不适用于预期目的或不适合工作的实际情况,所使用的检测设备、环境条件、检测过程、步骤、检测项目及测量次数与现有文件规定有一定的差异。非标准方法不应作为方法偏离进行长期使用,如需长久偏离,可修订方法形成受控的作业指导书。

(2)偏离仅允许在一定的测量范围或误差范围内、限制一定的数量和一定的时间段等条件下发生,以不降低质量要求为原则,分析偏离所产生的风险程度、对检测结果的影响。

(3)如果是客户提出的偏离,应在合同中事先约定,评估客户要求的偏离带来的风险,如果影响检测机构的诚信或结果的有效性,则不能接受。

(4)当需要实施偏离时,应事先将该偏离形成文件,经技术判断,获得授权。客户同意后方可实施,并在结果报告中作出免责声明。

(5)偏离后需回归常态,标准方法回归标准方法,非标准方法回归非标准方法。

方法验证、方法确认和方法偏离三者之间的区别见表6-2。

方法验证、方法确认和方法偏离的区别 表6-2

差异项目	方法验证	方法确认	方法偏离
面对对象	新使用或更新后的标准方法	非标准方法、自制方法、超出预定范围使用和修改的标准方法	标准方法和非标准方法在临时需要、突发和万不得已的情况
工作目的	验证的是机构能力	确认的是方法本身	判断机构偏离方法后的结果
工作程序	从人、机、料、法、环、测及实现所需的方法性能进行验证	采用一种或多种技术方法进行综合判断	形成文件、技术判断、获得授权和被客户接受

第三节　设备管理

工欲善其事,必先利其器。在日常的工作中,使用符合检测方法要求和相关规定的设备,有利于质量检测工作的正常开展,保证数据结果的准确性与可靠性。

一、设备的配置和采购

检测机构参考交办安监函〔2024〕1432 号附件 1“公路水运工程质量检测机构各资质等级检测能力基本要求及主要仪器设备”和试验规程等要求,配置仪器设备和辅助工具。鼓励检测机构配置具有自动采集、存储、处理和打印于一体的智能化设备,对使用频率高的仪器设备可根据功能室分别配置,数量、功能、量值范围和准确度等应满足质量检测活动的要求。

检测机构根据需要提出采购申请,申请内容应包含设备名称、型号规格、技术要求、预估单价和数量等,充分考虑市场和机构综合能力,重点关注先进性、技术性和经济性的要求。通常的采购物品主要分为以下几类:

易耗品:包括标准物质、化学试剂、试剂盒和玻璃器皿等。选购时优先考虑获得质量体系认证的供应商,标准物质应满足检测或抽样方法对计量溯源的要求。使用时,机构应对品名、规格、等级、生产日期、保质期、成分、包装、储存、数量、合格证明等进行符合性检查或验证。对商品化的试剂盒,应核查该试剂盒的技术评价证明记录。当某一品牌的物品验收的不合格比例较高时,机构应考虑更换该产品的品牌或制造商。

仪器设备及辅助装置:一是应考虑满足质量检测方法以及相关要求,主要包括适用对象、测量范围、精密度、分辨力、灵敏度、稳定性等,特别是对设备参数、配置、应用等诸多方面进行充分论证;二是要货比三家,充分进行市场调研,选择性价比较好的设备。机构应单独保留主要设备的制造商记录,优先选择有“CMC”资质的供应商或知名厂商。对于设备性能不能持续满足要求或不能提供良好售后服务的供应商,机构应考虑更换供应商。

因特殊原因,必须采用租用设备设施开展检验检测工作时,必须保证租用的设备设施租用期间使用权归机构自身,租赁期限不少于 1 年,并按照本机构管理体系进行管理。

二、设备的验收和安装

(一)设备的验收

设备管理员组织人员进行验收,依据采购要求和装箱清单,对设备进行开箱清点、安装、调试、验收和确认等全过程。设备附带的软件投入使用前应进行功能确认,必要时还要对易耗品和标准物质进行现场使用状况检验,或送第三方法定检验机构进行验证。比如对仪器设备进行检定/校准合格后方可验收;如有相同功能的设备,也可以采用设备比对进行验证。

检测机构应详细记录验收相关情况,必要时拍下影像资料,填写验收记录。验收内容一般包括:

(1)检查包装是否完好无损;

(2)开箱检查外观及整机完整性;

(3)检查主机、附件的规格、型号、随机备件、专用工具配置及数量与合同及装箱单是否一致;

(4)使用说明书、产品检验合格证等技术资料是否齐全;

(5)带有加密的设备,应记录核验登录账号和口令或验证加密硬件(加密狗)有效性,带有时间限制或试用限制的随机软件应记录解密口令并及时去除软件限制;

(6)通电试运行情况。

(二)设备的安装

1. 设备布局原则

仪器设备布局应遵循试验连续、操作便捷、便于维护保养、干净整洁的原则。

(1)根据功能室划分,集中、合理地摆放相关仪器设备,保证一定的操作空间和距离,且布局合理,尽量减少人流、物流的交叉,避免相互干扰。

(2)按照质量检测工作流程,同一检测项目或参数所使用的仪器设备应尽量摆放在同一或相邻功能室,方便现场操作和管理。如《公路工程沥青及沥青混合料试验规程》(JTG E20—2011)规定沥青混合料马歇尔稳定度试验“从恒温水槽中取出试件至测出最大荷载值的时间不得超过30s”,所以,恒温水槽与马歇尔稳定度仪应就近摆放。

(3)重型的、需要固定在基础上的、容易产生振动的仪器设备,尽量摆放在坚实的楼层;通过基础固定安装的以及有后盖、有在背面操作、有散热排气要求的仪器设备距墙至少保持50cm距离。

(4)为方便操作,一些小型仪器设备应摆放在操作台上面,仪器设备的控制器分体式应放在操作台上或按尺寸定制的搁物架上,严禁摆放在仪器设备、其他物体及地板上。

(5)对工作环境有特殊要求的仪器设备应合理摆放。如水泥比表面积勃氏透气仪应放置在干燥区域,保证相对湿度不大于50%;沸煮箱应隔离放置,避免影响环境温湿度,可以使用外箱罩住,外箱上接聚氯乙烯(PVC)塑料管通向室外;高温炉应放置在对环境温度要求不高、对周围仪器设备设施的功能不产生影响的功能室;精密天平应设独立台座,不得放置在正对空调出风口处,并对其使用时的环境条件严格控制,确保称量的稳定和准确。

(6)贵重的小型外检仪器设备应专柜存放,专人管理。

(7)铂坩埚、铂皿等贵金属设备工具应逐件精确称量初始质量(精确至0.0001g)并编号,在专柜中存放,专人管理。

(8)设备安装到位后宜进行拍照打印后存入设备档案,大型设备一般拍摄正面、侧面或

45°斜侧面设备照片，同时拍摄设备铭牌的清晰照片。

2. 设备安装要求

检测机构按照使用说明书、试验规程等的要求和操作步骤，由仪器设备供应方的专业人员或设备管理人员对仪器设备进行正确安装与调试，并满足安全、环保等要求。

(1)有固定要求的仪器设备，应按使用说明书、操作规程及有关标准进行固定，包括击实仪、振动台、摇筛机等产生振动的仪器设备。

(2)电动仪器设备调试前应检查输入电压是否正常，且应有漏电保护和接地装置；使用三相电的仪器设备应注意检查电机正转、反转。

(3)调试前，应按照使用说明书要求，对电动仪器设备进行预热，同时检查控制器、计算机连接和控制程序是否符合要求。

(4)标准养护室在安装调试完成后，应对整个系统进行校验，包括温湿度传感器的准确度、灵敏度，显示器的准确度；制冷、制热设备的功率；加湿器的雾化能力；制冷、制热、加湿设备工作后，温度、湿度是否能够控制在要求范围内等。

(5)仪器设备在调试时，环境温度、湿度应满足要求，如发现问题应及时处理。

设备通过验收安装后，及时建立设备档案，加贴设备管理标识，标志着设备正式成为检测机构的固定资产，纳入检测机构的管理。

三、设备的分类

(1)设备在投入使用前，机构应按照检测/校准方法的要求对其进行符合性验证。验证的内容包括功能或计量特性，验证的方法包括校准和核查两种方式。按照方法对设备功能或计量特性的不同要求可将设备分为以下 3 类：

①A 类设备：检测/检定/校准方法对其有量值要求、需要检定/校准(如 CNAS-CL01：2018 6.4.6 所列的设备)的设备。该类设备的验证采用检定/校准的方式，验证其计量特性是否符合方法要求，适用时，检测机构可在相邻两次检定/校准之间对设备进行期间核查。

②B 类设备：检测/检定/校准方法对其有量值要求、无须检定/校准(通过核查即可判定设备与方法要求的符合性)，计量特性影响测量结果有效性的设备。该类设备的验证采用核查的方式，核查其计量特性是否符合方法要求，期间核查方法与设备投入使用前的核查方法相同，是在使用过程中对设备进行的再核查。

③C 类设备：检测/检定/校准方法对其无量值要求(无法检定/校准)，功能的正常性影响测量结果有效性的设备。该类设备的验证同样采用核查的方式，核查其功能是否符合方法要求，期间核查方法与设备投入使用前的核查方法相同，是在使用过程中对设备进行的再核查。

(2)设备的分类、校准、核查和期间核查的关系如图 6-4 所示。

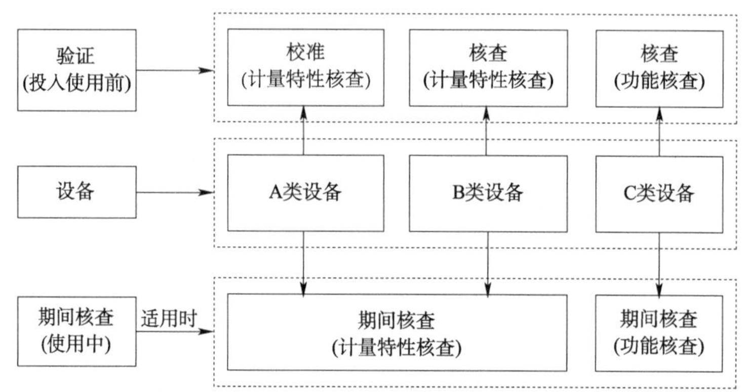

图6-4 设备的分类、校准、核查和期间核查关系图

注:A类设备和B类设备也可能涉及设备功能的期间核查,如设备开机的正常性核查等。

四、设备的计量溯源和确认

计量溯源是自下而上的寻求量值"源"的一种行为,确保了相关测量结果的准确、一致和可靠,最常用的溯源方式是检定和校准。

(一)设备的计量溯源

1.编制计量溯源计划

实验室应根据检测设备的使用需求,制定详细的量值溯源计划。该计划应包括设备清单、溯源周期、溯源机构的选择以及溯源方法等内容。对于直接影响检测结果或测量不确定度的设备,需要制定详细的校准计划,明确校准时间、溯源路径、计量参数和校准周期等。如果出现采购设备、重新启用设备、设备不能使用报废或相关技术标准、管理规定发生变化等情况时,应及时对计划进行补充或更新,确保计划的有效实施,做到不超周期使用,同时尽量减小对日常检测工作的影响。

2.计量溯源依据

应依据以下公开发布的技术文件对仪器设备进行计量溯源:

(1)国家计量检定规程及校准规范;

(2)交通运输部门的计量检定规程及校准规范;

(3)其他行业部门的计量检定规程或有关技术文件;

(4)地方发布的计量检定规程;

(5)社会团体发布的团体标准等。

3.选择溯源方法

计量设备量值溯源主要有四种方式:

(1)使用有证标准物质:通过使用有证标准物质实现量值溯源。

(2)溯源至公认实物标准品或对照品:当溯源至国家标准不可能或不适用时,可以溯源至公认的实物标准品或对照品。

(3)比对试验和能力验证:通过比对试验或参加能力验证等途径提供证明。

(4)送至有资质的检定校准机构:直接送至有资质的检定校准机构进行检定、校准来实现量值溯源。

(5)内部校准:在检测机构内部实施的,使用自有的设施和测量标准,校准结果仅用于内部需要,为实现获认可的检测活动相关的测量设备的量值溯源而实施的校准。

4.确定计量溯源周期

检验周期一般应根据设备本身特性、设备的性能要求以及使用情况,参考《计量器具检定周期确定原则和方法》(JJF 1139)确定。

(1)对于国家规定的强制检定范畴的计量器具,检定周期应按相应计量检定规程的规定,不得延长计量溯源周期。

(2)对于连续使用的非强制检定范畴的设备,如有计量检定规程或校准规范,或其他适用的、公开发布的技术文件,宜按照其要求确定计量溯源周期。

(3)对于连续使用、频次较高的设备,通常应按照相应技术文件确定检验周期,尤其是自动化程度较高的、新型的设备,应正确判断对计量参数稳定性影响最大的测试部件,确定其计量溯源周期。

(4)对于量值稳定、使用频次极少或阶段性使用的设备,机构可根据使用计量器具的需要自行确定,可选择定期检验、不定期检验或使用前检验。此外,还应根据仪器的使用状态、使用年限和环境条件来调整计量溯源周期。对于使用频繁或老化的设备,建议缩短计量溯源周期。

无论确定多长的计量溯源周期,检测机构均需保证在使用仪器设备开展检测工作并出具检测报告时,检验日期应处在计量溯源周期内,确保量值准确、可靠。

5.计量溯源项目参数的确定

计量溯源参数指除外观质量等目测、手感项目外的,影响仪器设备量值准确性的技术参数。检测机构应依据顾客要求、法律法规、产品技术规范、合同书、技术标准、检验规程等要求确定计量要求,可明确需要校准的关键量或值。

(1)计量要求的参数可包括但不限于:

①最大允许误差或扩展不确定度;

②测量范围;

③量程;

④分辨力;

⑤稳定性;

⑥环境条件。

(2)计量溯源参数可参照以下方法确定:

①当“依据标准”为计量检定规程时,列出检定规程中首次检定和后续检定的全部参数;

②当“依据标准”为校准规范时,列出全部校准参数;

③当无“依据标准”时，则根据公路水运工程试验检测专业特点并结合其他公开发布的技术文件，如《公路工程试验检测仪器设备服务手册》、《公路工程试验检测仪器设备检定校准指导手册》、《水运工程试验检测仪器设备检定/校准指导手册》、《公路专用试验检测仪器设备计量管理目录》、《水运专用试验检测仪器设备计量管理目录》、试验检测规范或设备产品说明书等，列出推荐计量溯源参数。

(3)仪器设备计量溯源应根据设备在检测机构所处的阶段区分实施：

①对于外观质量、手感等项目，不需要测量，但要求通过目测验证是否符合产品使用说明书即可，如仪器设备材质等；

②对于仪器设备的结构尺寸等项目，只需首次检定/校准；

③对于仪器的稳定性参数，应在使用时进行核查并记录在试验原始记录中；

④对于直接给出试验检测结果或影响试验检测结果的计量溯源参数，应定期检定/校准。

以下以雷氏夹计量溯源参数的确定作为示例，如图6-5所示。

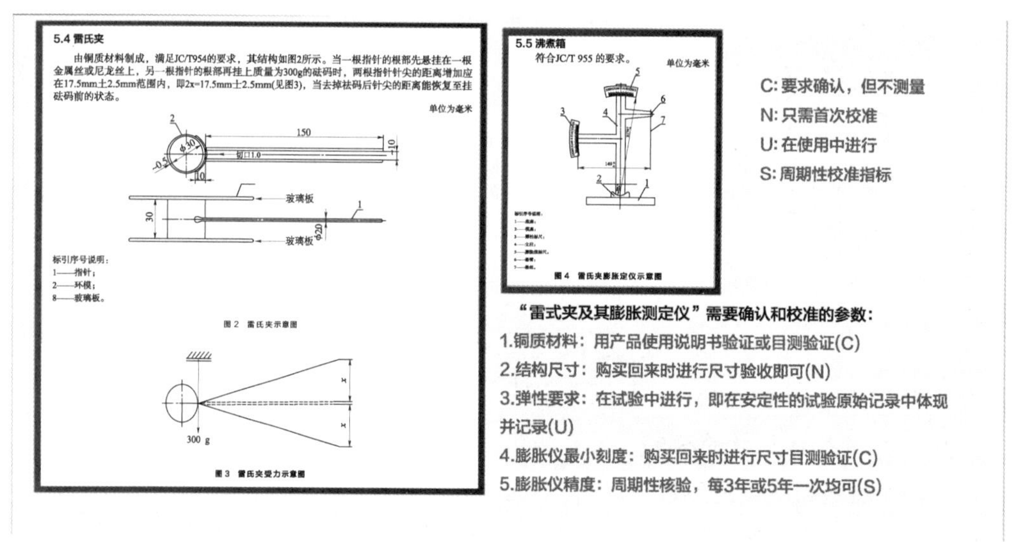

图6-5 雷氏夹计量溯源参数

6. 计量溯源机构的选择

(1)检测机构应将提供校准/检定服务的机构，以及所能提供的检定/校准项目纳入合格供应商管理，每年对其服务的资质、能力、质量等表现进行评价，根据评价结果采取措施，并保留对校准/检定供应商评价、选择、评价结果及采取措施的记录。计量溯源机构应是能出具其法定计量机构授权书、测量能力和溯源性证明的法定计量检定/校准机构。检测机构可根据以下内容选择计量溯源机构并对其进行评价。

①资质及能力：机构是否为国家法定计量检定机构，或取得国家认可或国际认可的资质，如中国的CNAS(中国合格评定国家认可委员会)或CMA(中国计量认证)。如果需要在国际上通用，还需确认是否通过ILAC-MRA(国际实验室认可合作组织的多边互认协议)认证；检定/校准、认可项目是否覆盖设备校准范围；查看是否具有设备的计量标准证书；技术

人员是否有校准资格证;赔偿能力;有些价值昂贵设备送检时,还应了解计量技术机构的赔偿能力,如由于检验人员失误造成仪器损坏的可能。

②技术能力和设备:机构的技术团队是否具备相关领域的专业背景和经验,确认其是否拥有先进的检测设备和符合标准的实验室;机构配备的计量标准器具及辅助设备是否满足要求;参数是否满足设备计量参数的精确度要求。

③服务范围和质量:能否提供所需的计量溯源服务,并确认其报告在目标市场或行业内是否被广泛接受。此外,机构的响应速度和服务效率也是重要的考量因素,确保能够及时响应需求并提供详细的、准确的报告。

④客户评价和行业地位:查看其他客户的反馈,了解机构的服务质量和信誉。选择在行业内有一定知名度和权威性的机构,可以降低风险并确保服务质量。

⑤价格和性价比:虽然价格是一个考虑因素,但不应作为唯一决定因素。选择资质齐全、服务优质的机构,虽然可能价格略高,但能确保检测结果的准确性和可靠性。

(2)当采用内部校准进行计量溯源时,其活动应符合以下要求:

①实施内部校准的人员,应经过相关计量知识、校准技能等必要的培训,考核合格并持证或经授权;

②实验室实施内部校准的校准环境、设施应满足校准方法的要求;

③实施内部校准应按照校准方法要求配置和使用测量标准(含测量仪器、校准系统或装置、测量软件及标准物质等)和辅助设备,其中测量设备的计量溯源性应满足《检测和校准实验室能力认可准则》(CNAS-CL01)第6.5条和《测量结果的计量溯源性要求》(CNAS-CL01-G002)的规定;

④实验室的质量控制程序、质量监督计划应覆盖内部校准活动。

7. 计量溯源的实施

(1)设备管理员按计量溯源计划送检仪器设备,并及时取回计量溯源证书/报告,且交由相关人员进行结果确认。

(2)开展内部校准活动还应符合以下要求:

①实验室实施内部校准应优先采用标准方法。当没有标准方法时,可以使用自编方法、测量设备制造商推荐的方法等非标方法。使用外部非标准方法时应转化为实验室文件。非标准方法使用前应经过确认。

②实验室应对全部内部校准的测量结果评定测量不确定度,适用时,应在校准证书中报告测量不确定度。

③内部校准的校准证书可以简化,或不出具校准证书,但校准记录的内容应符合校准方法和认可准则的要求。

(二)计量溯源结果确认

1. 校准/检定证书的确认内容

检测机构应对校准/检定机构提供的校准/检定的报告或证书进行计量溯源确认,确认满足要求后方可使用，确认内容包括但不限于：

(1)校准/检定机构资格：

①法定的计量检定机构(地方县级以上计量所或政府授权的计量站等)出具的证书上应有授权证号；

②政府授权的或认可的校准机构出具的证书上应有授权证书号或出具的校准证书上应有认可标识。

(2)校准/检定机构的测量能力：

①应在授权范围内出具鉴定证书；

②应在政府授权或认可范围内出具校准报告或证书，且校准证书应包括测量不确定度和/或符合确定的计量规范声明的测量；

③测量结果能溯源到国家或国际基准。

(3)满足检测机构要求：

①校准/检定参数应与实验室计划校准/检定参数一致；

②应满足检测方法、技术规范中规定的要求；

③若检测方法未定，可参照仪器说明书中的技术参数要求。

(4)校准结果或检定结论的确认：

①应确认校准结果、检定结论描述是否适当。实施检定的设备应出具检定证书，实施校准的设备应出具校准证书，需要进行强制检定的仪器设备不应出具校准证书。检定/校准结果：出具的校准证书应包括测量不确定度和/或符合确定的校准规范声明。

②"检定证书"通常包含溯源性信息。如果未包含测量结果的不确定度信息，检测机构应索取或评估测量结果的不确定度。

2. 计量溯源结果的有效性确认

(1)检测机构应将校准/检定得到的检测设备的计量溯源结果，与相应的计量要求进行比较，以确定检测设备能否符合预期使用要求。

(2)检测机构进行计量溯源结果确认时，可采用相应的计量溯源结果确认方法：

①检测方法对仪器设备的准确度等级有明确规定的，检测机构应验证校准结果是否符合仪器设备准确度等级所规定的技术要求；

②检测方法对仪器设备的准确度没有明确规定的，检测机构应以行业要求、仪器设备校准规范或检定规程规定应能达到的要求作为计量要求；

③如检测机构配置的仪器设备的准确度等级优于检测方法的规定或预期的计量要求，评价时既可以仪器设备的校准规范或检定规程为依据，也可以检测机构预期使用的计量要求为依据；

④经检定或校准后，仪器设备某些指标或某些测量范围不符合检定规程或校准规范，但它不在检测机构的使用范围之内，而检测机构所使用的技术要求和量程都符合要求，仍可判定其为符合计量要求；

⑤校准证书中可能有很多项目的测量数据，可根据实际需要挑选其关键或技术要求最严格的量或值进行评价；

⑥有些仪器设备计量溯源结果可能不符合检测机构预期使用的计量要求，但可应用修正值或修正因子。此时，只要其修正后的计量溯源结果符合检测机构预期使用的计量要求，仍然可判定为符合计量要求；

⑦仪器设备检定结果没有不确定度的，检测机构应索取不确定度，按照不确定度信息进行计量结果的确认，计量溯源结果确认时，校准/检定结果不确定度的使用可按照《测量仪器特性评定》（JJF 1094—2016）标准要求进行。

对检定/校准证书及测试报告的结果确认是极其重要的工作，它是决定设备是否能正常使用、如何使用的前提条件，确认示例见表6-3。

设备检定/校准确认表　　表6-3

<table>
<tr><td rowspan="2">设备信息</td><td>设备名称</td><td>反光膜附着性能测试仪</td><td>设备编号</td><td>JT122</td></tr>
<tr><td>型号规格</td><td>STT-910</td><td>设备所在地</td><td>A216交通工程二室</td></tr>
<tr><td rowspan="3">证书/报告信息</td><td>检定/校准机构</td><td>××计量科学研究院</td><td>设备责任人</td><td>××</td></tr>
<tr><td>证书/报告类型</td><td>□检定证书　☑校准证书　□测试报告
□其他</td><td>证书/报告编号</td><td>CL2410000439a</td></tr>
<tr><td>检定/校准依据</td><td>《反光膜附着性能测试仪》（JJG（交通）083—2007）</td><td>证书/报告有效期至</td><td>××</td></tr>
<tr><td colspan="2">检定/校准确认依据</td><td colspan="3">《道路交通反光膜》（GB/T 18833—2012）
《反光膜附着性能测试仪》（JJG（交通）083—2007）</td></tr>
<tr><td rowspan="4">技术指标确认</td><td>检定/校准项目</td><td>技术要求</td><td>检定/校准结果</td><td>是否满足要求</td></tr>
<tr><td>吊锤质量（g）</td><td>800±4</td><td>799.6</td><td>☑是　□否</td></tr>
<tr><td>支架顶部方孔尺寸长度（mm）</td><td>190±10</td><td>189.9</td><td>☑是　□否</td></tr>
<tr><td>支架顶部方孔尺寸宽度（mm）</td><td>40±5</td><td>42.3</td><td>☑是　□否</td></tr>
<tr><td rowspan="2">结果确认</td><td colspan="4">☑设备合格，可以使用。其他说明（如修正）：
□设备限制范围使用，准用范围为：
□设备停用。
□无法确认，原因：
确认人：　　　　部门负责人：　　　　日期：　年　月　日</td></tr>
<tr><td colspan="4">技术负责人意见：
签名：　　　　日期：　年　月　日</td></tr>
<tr><td>备注</td><td colspan="4"></td></tr>
</table>

3. 计量溯源确认结果的处置

（1）检测机构应对计量溯源结果确认合格的仪器设备加贴计量确认合格标识。对影响其性能的调整装置进行封印或采取其他保护措施,防止未经授权的改变。

(2)检测机构设备调整或维修前,计量溯源结果确认不合格的设备,应对不合格原因进行分析,并制定相应的措施。这些措施包括:

①对不合格造成的影响后果进行评价,并对以往的测量结果或受影响的产品作追溯处理;

②同类测量设备存在批量差异时,应对计量溯源结果的确认间隔进行评审;

③对校准结果不符合高精度检测要求或关键量值不满足检测要求的设备,可降级使用(精度要求较低的)或限制范围使用。

(3)状态标识一般分为“合格”“准用”“停用”,通常分别用“绿”“黄”“红”三色标签进行标识。

①绿色合格证:适用于经检定/校准(比对或测试)合格的设备。

②黄色准用证:适用于某一功能或某一指标达不到设备本身要求,或存在部分缺陷,但在限定范围内可以使用(受限使用)的设备:

a. 某些功能已经丧失,但检测所用功能正常,且检定/校准合格;

b. 设备某一量程准确度不合格,但检测所用量程合格;

c. 降级后使用的仪器设备。

③红色停用证:适用设备损坏,检定不合格或校准、比对、测试技术指标达不到使用要求;超过检定/校准或比对、测试周期;怀疑设备有失准问题,封存备用。

(4)设备状态标识应内容充分、醒目清晰、不易脱落、不受污染。如果设备由多台(件)组合而成,则每台(件)都应进行标识。鼓励运用信息技术手段,为每台(件)设备设立一个二维码,以方便检测人员随时扫码查看,更为全面地了解设备的信息。

五、设备的期间核查

期间核查是设备在使用过程中或在相邻两次校准之间,按照规定程序验证其功能或计量特性能否持续满足方法要求或规定要求而进行的操作。

(一)期间核查对象

期间核查适用于所有设备,但不是所有设备均需要进行期间核查。当需要利用期间核查以保持对设备性能的信心时,按照程序进行核查,应基于风险管理策划制定期间核查方案。在确定设备是否需要进行期间核查时,检测机构至少应考虑以下因素:

(1)检测/校准方法的要求;

(2)设备的稳定性;

(3)设备的使用寿命和运行状况;

(4)设备的校准周期;

(5)设备历次校准的结果及变化趋势;

(6)质量控制结果;

(7)设备的使用范围(或参数)、使用频率和使用环境;

(8)设备的维护保养情况；

(9)是否具备实施期间核查的资源或配置期间核查资源的成本；

(10)测量结果的用途及风险大小。

(二)核查范围

1. 计量特性期间核查适用于 A 类设备和 B 类设备

(1)对于 A 类设备，机构可根据资源条件、风险和必要性决定是否对其进行核查。

(2)对于 B 类设备，期间核查适用于无计量溯源性要求，但有计量特性要求，在测量过程中起辅助作用，对测量结果的不确定度贡献不大(如贡献不大于 10%)的设备。

注：若检测/校准方法只对设备的部分计量特性有要求，机构只需验证设备相关的计量特性与方法要求的符合性，而无须对设备进行校准，这样机构也可以降低设备的管理成本。

2. 在确定计量性能期间核查范围时，机构宜重点考虑以下设备

(1)校准周期较长的设备；

(2)使用频繁的设备；

(3)历次校准结果波动较大或临近最大允许误差的设备；

(4)新购的、不了解其计量特性及变化规律的设备；

(5)使用或存储环境(振动、高湿等)恶劣或发生过剧烈变化的设备；

(6)主要和重要设备(计量基准、标准等)；

(7)稳定性差(易漂移、易老化等)的设备；

(8)经常携带到客户现场或脱离机构管理控制的设备；

(9)使用中易受损、数据易变或有可疑现象发生的设备；

(10)使用寿命临近到期的设备；

(11)准确度要求较高的关键设备；

(12)对测量结果有重要价值和重大影响(如较大风险等)的设备；

(13)检测/校准方法对核查有规定的设备，如电感耦合等离子体质谱仪，开机时对其灵敏度和稳定性进行核查。

3. 在确定计量特性核查范围时，以下设备不需要进行期间核查

(1)历次校准结果(或稳定性核查结果)表明稳定性好、校准结果的最大误差“远离”最大允许误差(如示值误差位于“中心线”附近)、核查难度大的设备；

(2)不具备实施期间核查条件的设备，如无法获得有效的核查标准或核查标准的配置成本过高等情况；

(3)在有效期内，正常存储的有证标准物质通常不需要进行期间核查，除非怀疑其可能被污染或变质。

(三)期间核查的方法

开展期间核查的方法有很多，不同的仪器可使用不同的核查方法，包括但不限于：

(1)仪器间的比对，如传递测量法、两(多)台套设备比对法；

(2)使用有证标准物质进行核查;

(3)留样再测法;

(4)仪器自带标样核查法;

(5)限值检查法;

(6)外部实验室之间的比对或参加能力验证计划;

(7)方法比对法。

(四)核查频次

1. 定期核查

(1)检测机构应重点对校准周期长、使用频率较高、稳定性差的设备按照固定的时间间隔进行定期核查。

(2)对于计量性能稳定、日常维护及时有效、对测量结果的测量不确定度贡献小的设备,可降低核查频次,反之应加大核查频次。

(3)对于校准结果接近最大允许误差,具备核查条件且实施期间核查的难度小、成本低的情况,应加大核查频次。

2. 不定期核查

不定期核查具有一定的针对性和灵活性,必要时检测机构可对下列设备进行不定期核查:

(1)检测/校准方法对核查有明确要求的设备,如每次试验前,需对设备进行核查;

(2)用于非常重要场合的设备,如具有较高准确度、较高测量可靠性要求或风险较大的测量所用的设备,使用前进行核查;

(3)离开固定场所,去客户现场进行试验的设备,使用前进行核查;

(4)脱离控制返回机构的设备,应及时核查;

(5)因错误操作、过载、运行中突然断电、死机等非预期使用情况的设备,应及时核查;

(6)使用的环境条件(温湿度、振动等)发生较大变化的大型仪器或高精密度设备,应及时核查;

(7)发生碰撞、跌落、电压冲击等意外情况的设备,应及时核查;

(8)使用前或使用中对其性能产生怀疑的设备,应及时核查。

(五)核查标准

(1)通常情况下,核查标准应具有良好的稳定性和重复性。只有其性能稳定,核查结果的判定和据此作出的决定才可靠。

(2)若核查标准只是作为稳定的“中间媒介物”传递量值时,核查标准不一定须经过校准获得参考值。

(3)根据不同设备性能特点的差异,可选择以下设备作为核查标准:

①准确度(或不确定度)优于或相当于被核查对象的设备,如选择可对被核查对象进行校准的计量标准作为核查标准;

②具有良好稳定性的被测样品或实物量具,如量块、标准砝码、硬度块、标准电阻、标准

热电偶等设备；

③具有良好稳定性、重复性和足够分辨力（或分度值）的设备；

④有证标准物质，附有权威机构（如符合 ISO 17034 和 ISO 指南 35 的机构）发布的具有参考值和测量不确定度证书的标准物质，如有证的邻苯二甲酸氢钾 pH 标准物质、中国一级标准海水、可见光区透射比标准滤光片等。

（六）期间核查作业指导书

检测机构应根据检测/检定/校准方法对设备的要求和风险的可接受程度编制作业指导书。必要时，期间核查作业指导文件在发布实施前，机构应对其可行性和有效性进行确认。

作业指导文件的内容应明确具体，便于操作人员的理解和实施，通常应包括以下内容：

（1）被核查对象，包括设备的名称和型号等信息；

（2）核查内容（设备具体的功能或计量特性）；

（3）核查标准，包括名称、唯一性编号、计量特性（如参考值和测量不确定度）等信息；

（4）核查的环境要求，确保环境条件不影响核查结果的有效性；

（5）核查步骤；

（6）核查频次；

（7）核查结果的判据及采取的应对措施；

（8）核查的记录表格。

（七）期间核查的实施

检测机构根据需核查的设备进行具体分析，编制期间核查计划和作业指导书。组织实施后，填写核查记录，对核查结果进行评价，评价依据应编制在作业指导书中。

期间核查结果如果判定合格，设备继续正常使用；对于设备期间核查出现异常的设备应重点关注，适当增加期间核查的频次。

当期间核查确认设备失准，采取以下措施：

（1）立即停止使用并进行维修，重新检定/校准，表明其满足要求，方可投入使用；

（2）应立即采取适当的方法和措施，对本次核查前开展的检测工作进行追溯。

六、设备的使用和保养

检测机构的设备往往数量众多，设备使用期占整个生命周期的时间最长。为确保设备管理台台到位，应为每台设备配备责任人，可选择常用该设备的检测人员作为责任人。

（一）仪器设备的使用

特殊仪器设备（指精密、大型、贵重、操作复杂、危险性较大的设备）应进行培训考核和授权后才能使用，如地质雷达、桥梁检测车和橡胶支座压剪试验机等设备。培训考核可以由设备厂家提供技术支持，也可以由检测机构技术管理人员组织进行。检测机构应将设备使用人员的培训、考核和授权作为全部必要条件，并作出文件化规定。

为满足仪器设备正确使用的需要，必要时，设备责任人编写设备操作维护规程，比如进口设备、使用说明书较复杂的设备等。设备使用前,熟悉仪器设备性能,对设备进行开机检查,工作正常才能进行检测。检测完毕,再对设备进行关机前检查,填写设备使用记录表。使用人员应严格按照规程操作,应对使用过程中设备出现的异常、故障等情况进行详细记录,并按规定要求填写使用记录表,特殊设备的操作人员应持证上岗。

设备在使用过程中,如发生过载、误用、故障或对设备性能有怀疑时,应立即停止使用,并启动设施故障/维修程序并报设备管理员进行标识处置,防止误用。

检测机构对外业用检测设备应加强出入库管理。设备外出使用和归还时,领用人与设备责任人应核对数量和配件齐全,更重要的是进行功能检查确认,填写设备外出记录表。必要时,可对仪器设备进行识别码和信息化管理。

(二)标准物质的使用

标准物质是具有足够均匀和稳定的特定特性物质。检测人员在领用标准物质时,应核对标准物质的状态、包装、有效期、证书等信息,必要时复印其使用说明书;可长期使用的标准物质,如砝码等,需填写使用记录并及时归还。

使用标准物质前,详细了解标准物质的性质、化学组成、量值特点、稀释方法、最小取样量和标准值的测定条件,避免误用;应始终保持标识清晰完整,严禁使用超过期限的标准物质;对于可多次使用的有证标准物质,应确保其包装有适合的严密性,并按生产者提供的储存方式储存样品。

检测人员应按给出的最小取样量取样,小于最小取样量则没有代表性。必要时对剩余部分进行重新包装,设计为单剂量的标准物质不需要再分取。

检测机构应对消耗性标准物质做好出入库登记,使用完毕若有剩余,不得放回原瓶,以免影响标准物质质量。

(三)仪器设备的保养

仪器设备的维护保养能够使设备保持良好的性能,延长设备使用寿命,并保证其具有稳定的状态,从而为试验检测提供准确、可信的检测结果。

设备的维护保养包括日常保养和专业保养两类。检测机构可自己完成的是日常保养,包括外观清洁、通电检查和故障排查预防等;对于某些大型仪器及高精尖贵重设备,需定期安排专业人员对其进行检修和维护保养。

检测机构应对仪器设备制定维护保养计划。维护保养的内容应参照设备的操作或使用说明书中维护保养部分的要求,通过擦拭、清扫、通电、检查和调整等方法对仪器设备进行护理并做好相应的记录,以维持和保护仪器设备处于完好的工作状态。

若存在使用复杂、贵重、精密的设备维护保养工作,可委托给厂家或者具有相应能力的公司执行,并签订维护保养协议。

七、设备故障处置

设备在使用过程中,难免发生过载、处置不当、误用、故障或对设备性能、检测结果有怀疑等情形，此时应立即启动设备故障处置程序。一般而言程序应包含但不限于以下内容：

(1)设备出现故障或者异常(包括过载或处置不当、给出可疑结果，或已显示有缺陷、超出规定限度等情况的设备)时，应立即停止使用，及时通知相关部门负责人，会同相关人员对该设备进行检查。

(2)若故障不能及时排除，应及时通知设备管理员对故障或异常设备进行隔离或加贴红色停用标识。

(3)修复后的设备必须进行核查，确认其性能和技术指标符合检验检测相关要求后方可投入使用。必要时，对其进行检定或校准，以确保检测结果的计量溯源性。

(4)设备使用的相关部门必须对这些因缺陷或超出规定极限，而对过去进行的检验检测活动造成的影响进行追溯。若发现不符合项，应执行不符合工作的处理程序，暂停检验检测工作，不发送相关检验检测报告或证书，并按要求追回之前的检验检测报告或证书。

八、设备出库入库

所有登记入账的设备设施，出/入库必须由相关部门提出申请，并填写出/入库审批表。技术负责人批准后由设备管理员组织相关人员实施，设备管理员应保留相关资料。原则上，设备原始档案应留存在库。确因工作原因需要变动设备设施的放置位置，需由相关部门提出申请，技术负责人批准后，由设备管理员组织相关人员实施，设备管理员应保留相关资料。

出库的设备设施返回后，申请出库部门应对其外观、功能、检定/校准状态进行核查，确认其能满足检验检测相关要求后，方可上报设备管理员实施入库，设备管理员应保留相关资料。

设备管理员应采用定期(每年至少1次)或不定期方式对设备设施进行盘点，核查其状态、性能、放置位置等相关信息与台账的一致性，并在设备档案中保留出/入库记录及盘点相关资料。

九、设备的维修和报废

当设备发生故障时，设备管理员先组织对设备故障情况进行评估，并对设备进行报修，同时立即停止设备的使用，加贴红色停用标识。必要时，还应该追踪设备故障前的设备使用记录、检测记录和期间核查记录，评价故障前出具的检测结果的有效性。

设备维修后，设备管理员组织人员对设备进行核查或校准。结果符合要求，换掉红色标识，重新投入使用；结果不符合要求，不能再用于检测工作，或设备已经无法维修或无维修价值，应按报废程序向资产管理部门申请报废。

十、设备的档案管理

设备的档案是准确、完整地反映设备信息的文件资料，在设备的安装验收、校准使用和维护维修等环节具有重要的作用。档案管理是设备管理工作中的重点内容之一，是监督、了解设备状态和情况的重要信息来源。

仪器设备档案应包括但不限于：设备档案卡、验收记录、使用说明书、装箱清单、合格证和保修卡、软件或光盘（必要时，附上软件评审记录）、计量溯源报告及确认记录（含首次及每年度）、期间核查记录、维护保养记录、维修记录、使用记录、设备封存/启封/停用/报废/记录和内部调拨记录。

标准物质档案应包括但不限于：标准物质名称、型号规格；生产厂名称和质量证明书、标准物质证书、验收记录、使用记录；期间核查记录；使用说明书和其他相关资料。

为了保证仪器设备资料的长期合理使用，检测机构应建立严格的设备档案借用、归还、交接等规章制度。仪器设备附带的操作手册在办理归档手续后，可按照文件管理并分发给设备使用人员。必要时，宜制定通俗易懂的作业指导书。

仪器设备档案管理是一个动态、持续的过程。

十一、危险化学品的管理

危险化学品，是指具有毒害、腐蚀、爆炸、燃烧、助燃等性质，对人体、设施、环境具有危害的剧毒化学品和其他化学品。

质量检测机构依据《危险化学品安全管理条例（2023 年修正本）》、《危险化学品目录》和《化学品分类和危险性公示　通则》（GB 13690—2009）等文件，对危险化学品进行分类和安全管理，建立出/入库核查、监督和登记制度。根据工作需求，提前预估并合理采购，避免盲目采购导致积压或浪费。机构应选择有良好信誉、质量可靠、能提供合规化学品的正规供应商，验收时仔细检查数量、包装是否符合要求，标签信息（如名称、纯度、生产日期等）是否准确清晰，或者通过简单的物理和化学测试（如外观、溶解性等）验证质量是否符合要求，预防和减少危险化学品事故，保障机构和人员的生命财产安全。剧毒化学品、易制爆危险化学品应按照公安要求进行管理。

（一）危险化学品的分类

公路水运质量检测使用的危险化学品包括但不限于如下几类：

（1）重金属：汞等；

（2）强酸：盐酸、氢氟酸、高氯酸、硫酸、硝酸等；

（3）强碱：氢氧化钾、氢氧化钠等；

（4）易制毒品：甲苯、乙醚、丙酮、盐酸、硫酸、高锰酸钾等；

（5）易制爆品：高氯酸、硝酸、硝酸钾、硝酸银、重铬酸钾、硝酸锶、过氧化氢等。

（二）危险化学品的使用

检测人员应接受必要的化学类培训并对其进行相应考核，了解危险化学品的性质和安全注意事项。检测区域内严禁吸烟、吃食，禁止离开工作岗位，防止因操作不当而导致人员伤亡、扩散污染。

配制化学溶液时，仔细核对品名、规格和数量，取完试剂盖紧塞子，填写配制记录表，如实记录使用数量。必要时，标准溶液应进行标定后使用，同时在试剂瓶上粘贴溶液标识签，溶液配制及检查过程中要防止中毒、腐蚀等危险发生。

稀释浓硫酸时，必须将浓硫酸缓慢倾入水中，并防止暴沸；装配玻璃仪器时，注意不要被玻璃割伤（扎伤）；试管加热液体时，不要把试管口朝自己或临近工作人员，不准用鼻子对准试剂瓶瓶口闻味，如需嗅试剂的气味时，可将瓶口远离鼻子，用手在试剂瓶口上方扇动，使气流吹向自己而闻出气味。

凡使用有毒、强腐蚀、有刺激、易燃、易爆试药试剂或产生有毒有刺激气体时，应在通风良好的环境，按规定穿戴工衣、口罩、护目镜等个人防护工具，且现场至少有两人，可以互相救护。操作过程中不小心眼睛内进入溶液飞沫或其他异物时，首先应立即用大量清水冲洗眼睛，然后到医院就医。

（三）危险化学品的储存

一般按照试剂的性质分类存放在阴凉、干燥、通风、防潮、防腐的地方，比如酸、碱分开，易燃、易爆、易制毒试剂单独存放于特定的安全柜中。有些试剂的存放还需要避免光照，比如浓硝酸应存放在棕色瓶中，置于阴凉处。储存地点和使用地点应配置适量的灭火器、沙土和洗眼器等安全防护设施，且应制定危险化学品紧急事件应急处置方案，明确应急工作小组，并明确工作任务及职责。

机构应指派专人负责管理，及时建立明细台账，严格规范化学品的领用、登记和使用管理，剧毒化学药品应实行双人双锁制度。领用时，详细记录试剂的名称、规格、数量，领用时间、领用人、保管人等信息，同时向使用者告知试剂的危险性和安全注意事项，便于追溯和管理试剂的使用情况。

每年底，药品保管人及时清点、核对账目，检查化学品的质量和有效期，对库存药品的损坏、污染、过期、变质等情况进行清理，报告部门负责人处理。

建议在储存剧毒化学品区域设置防盗报警装置和视频监控系统，远离明火、热源，通风良好，定期检查。

（四）危险化学品的处理

检测机构应设置专门容器，随时分级、分类收集三废（废气、废液、废固）物质，定点存放、专人保管、定期巡查、安全监管，凡能互相发生化学反应并产生新的危害的废物严禁混放或同时排放。

一般废液：可通过酸碱中和、混凝沉淀等方法，采取“无毒害化”处理排放，但排放要符合当地环保要求。

酸性或碱性试剂：酸性试剂（如盐酸）和碱性试剂（如氢氧化钠），可进行中和处理，将 pH 调节到接近中性后，再进行排放。

重金属试剂：含重金属（如汞、镉、铅等）的试剂，过期后不能随意丢弃，应将其收集起来，交给有资质的专业危险废物处理公司进行处理。

有机试剂:易挥发的有机试剂(如乙醇、丙酮),如果过期,可在通风橱中进行蒸馏回收利用,不能回收的部分则要当作危险废物处理。对于有毒有害的有机试剂(如苯、四氯化碳),应交给有资质的专业危险废物处理公司进行处理。

氧化还原试剂:像过氧化氢这种氧化剂或者亚硫酸钠这种还原剂,过期后可能会有危险,需要采用适当的化学反应使其转变为无害物质后再处理,或者交由专业单位处理。

第四节　设施和场所环境管理

检测机构的设施和环境条件是保证检测工作正常开展,以及检测数据准确可靠的重要影响因素之一。机构应建立管理制度,根据实际开展的质量检测活动的范围和需求,配置相应的设施和环境条件,同时还应满足健康安全防护和环境保护要求,并对影响检测结果有效性的因素进行控制。

一、设施与环境条件识别

设施条件主要包括场所、水、电、气、照明、采暖、通风等。环境条件主要包括温度、湿度、电磁干扰、噪声、冲击振动、有害气体等。

检测机构应根据检测(包括抽样、样品制备、养护、试验等)活动所依据的法律法规、标准规范等要求,识别开展检测所需的设施和环境条件,并采取相应的控制措施(表6-4)。

检测设施以及环境条件识别示例　　表6-4

<table>
<tr><th>项目</th><th>参数</th><th>检测方法</th><th>要求识别</th><th>采取措施</th></tr>
<tr><td rowspan="4">水泥</td><td rowspan="2">密度</td><td>《公路工程水泥及水泥混凝土试验规程》(JTG 3420—2020)/T 0503—2005</td><td>水槽和试验室温度(20±0.5)℃</td><td rowspan="2">配置恒温水槽和试验室温控设备,可设置独立的试验室</td></tr>
<tr><td>《水泥密度测定方法》(GB/T 208—2014)</td><td>水槽和试验室温度(20±1)℃</td></tr>
<tr><td rowspan="2">标准稠度用水量、凝结时间、安定性</td><td>《公路工程水泥及水泥混凝土试验规程》(JTG 3420—2020)/T 0505—2020</td><td>养护箱温度(20±1)℃、相对湿度大于90%;试验室温度(20±2)℃、相对湿度大于50%</td><td rowspan="2">配置养护箱、加湿器和试验室温控设备</td></tr>
<tr><td>《水泥标准稠度用水量、凝结时间、安定性检验方法》(GB/T 1346—2011)</td><td>养护箱温度(20±1)℃、相对湿度不低于90%;
试验室温度(20±2)℃、相对湿度不低于50%</td></tr>
</table>

续上表

项目	参数	检测方法	要求识别	采取措施
防水材料	防水板拉伸强度和断裂伸长率	《高分子防水材料　第1部分:片材》(GB/T 18173.1—2012)、《硫化橡胶或热塑性橡胶拉伸应力应变性能的测定》(GB/T 528—2009)	养护和试验室温度(23±2)℃、相对湿度50%±10%	配置养护箱、加湿器、除湿器和温度控制设备
预应力波纹管	抗冲击性	《预应力混凝土桥梁用塑料波纹管》(JT/T 529—2016)、《热塑性塑料管材耐外冲击性能试验方法　时针旋转法》(GB/T 14152—2001)	水浴调节温度(0±1)℃;水浴中取出20s或30s内完成试验	配置低温水浴和试验室温控设备;水浴和落锤冲击试验机应布置在同一试验室

当有多个依据时,应分别进行识别;当有标准规范发生变更时,应重新进行识别。

二、设施与环境条件配置

检测机构根据设施与环境条件的识别结果,配置必要的设施和环境条件。

检测区域与办公场所应分离,整体布局根据检测项目划分功能区,有效隔离不相容的试验室活动区域,设置门禁系统。有较大噪声产生的检测区域,应远离办公室并设置紧密的门窗,增加减振或吸收噪声装置。若噪声较大且人员须暴露噪声中工作时,应配置耳塞。天平室要设在温度变化较小和周围干扰较小的地方,避免震动、气流、磁场、阳光直接照射等影响,室内安装窗帘。

检测机构宜配置发电机、储水设施以及试验废气、废水的排放系统,合理布设水、电、气、照明、采暖、通风等设施确保试验室正常开展检测工作。有温湿度要求的试验室应配置冷暖空调、加湿器等,确保检测环境满足规范要求。

三、设施与环境条件控制

当相关规范、方法或程序对环境条件有要求时,或环境条件影响结果的有效性时,检测室应配备相应的监控与记录设备,比如在检测区域内放置温湿度记录表,以监测、控制和记录这些环境条件。

标准养护室内应配置储水设施,使养护水恒温并确保有后备水源。为确保标养室温度控制的连续性,应采用自动控制装置进行温湿度的控制。有试件养护时,进行出入库登记。

检测机构应有与检测范围相适应的安全防护和环境保护装备、设施及个人防护用具,防止对内部和外部人员以及环境产生有害影响。比如对产生X射线的仪器应有监测和防护手段防止射线的泄漏;对剧毒化学药品应配置专门的保险柜等。必要时,在适当的醒目位置配置辐射、腐蚀或有毒等警示标识牌。

检测机构供配电由专业人员管理。供电系统应与检测设备使用电量相匹配,并具有良好的接地线,以保证用电安全。计算机放置区间要保持清洁、干燥,对于检测持续时间长的设施应配置不间断电源。

当发现检测过程中环境条件或辅助设施不符合要求时,应进行纠正和整改。必要时终止试验,对此期间出具的检测数据的有效性进行分析处理。

对固定场所,应根据自身的特点和具体情况确定控制的范围;对人员进入或使用对检测活动有影响的区域予以控制;定期评审控制设施的有效性,预防对试验室活动的污染、干扰或不利影响。

对永久控制之外的场所或设施中实施的检测(包括抽样)活动,应制定相应的环境条件控制要求,必要时做出验证、做好记录。在进行现场检验检测工作时,其设施和环境按标准、规范进行控制,如在夜间温度波动最小的时段进行桥梁荷载试验,在无通行车辆经过的情况下测量路基变形沉降。检测人员在开展检测前,要确认环境是否满足要求,以免对检测结果造成不良影响。

试验室应保持整齐洁净,每天工作结束后要进行清理,定期擦拭仪器设备。设备使用完后应将器具及其附件摆放整齐,盖上仪器罩或防尘布。一切用电的仪器设备使用完毕后均应切断电源。对于检测机构无能力处置的废液、固体废弃物等,应定期联系环保部门或有资质的机构,对废液和废弃物等进行处置,并保存处置记录和处理前后图片资料等。必要时,编制设施与环境处置作业指导书。

第五节　质量检测结果与数据管理

检测机构的各项工作中,检测数据管理是一个重要的内容,涉及数据的收集、处理、存储、分析和应用等多个环节。

检测结果与数据管理旨在确保检测结果的准确性和可靠性,通过严格的流程控制和质量保证措施,以及对数据的妥善管理和使用,来提供符合标准和客户需求的检测报告。这对于维护公正的市场环境、保障人民权益以及促进交通建设工程的质量提升具有重要意义。

一、基本要求

(1)准确性与真实性。通过科学严谨的数据采集、处理和记录方式,保证检测结果准确反映交通建设工程的质量状态,防止数据篡改和失真,保障工程质量。

(2)合规性。满足国家法律法规、行业标准以及《公路检测管理办法》等相关规定的监管要求,对检测全过程的数据进行有效管理。

(3)可追溯性。建立完整的检测数据链,使得任何检测活动的结果都能够追查原始数据、检测过程和操作人员,便于质量问题的追溯分析。

二、主要措施

(1)标准化体系构建。建立完善的检测数据管理制度,明确数据采集、传输、存储、分析和归档的标准流程。

(2)信息化手段应用。采用信息技术手段,实现检测数据电子化管理,如使用专业检测信息系统、数据库管理系统等。

(3)权限控制与责任落实。设置不同级别的数据访问权限,确保数据的安全性和完整性,同时明确每个岗位对数据管理的责任。

三、管理流程要点

(一)数据收集

数据收集是检验检测数据管理的起点,应严格按照检测规程和标准进行取样和检测,确保数据全面、完整、准确。

(1)辨别数据产生方式。数据产生的方式多种多样,通常依据具体的检验检测对象的特点及标准规范要求而进行针对性收集,通常包括人工观察、电子采集等适当方式进行。

①人工观察:直接通过检验检测操作,由检测人员观察到的数据,如通过电子天平量取样品的质量、通过钢直尺量取构件尺寸;

②电子采集:对工程实体或样品进行检验检测,各种仪器和设备产生的数据(含自动化设备),如地质雷达、结构应力应变数据采集系统、万能试验机等;

③其余方式,如标准规范所要求的相应数据;包括测试或调节过程中影响检测结果的数据,以及环境温湿度、气压、振动、设备核查(率定)情况等。

(2)收集数据范围应全面。涵盖检测仪器、人员操作、环境(含设施)等各方面所产生对检测有影响的信息,应结合产生的方式列入收集范围。

(3)在检测过程中,应实时记录检测数据,包括原始数据、中间数据和最终结果。数据记录应清晰、准确,不得随意涂改或伪造,检测数据因笔误修改的,应由原记录者杠改并签名,并能清晰识别出修改前的数据。

(4)利用计算机或自动化设备对检验检测数据进行采集的情况,使用前应确保计算机系统和软件功能正常,采集过程中确保数据得到及时保存。对户外使用的计算机或自动化设备,需记录下数据文件的名称与存储路径,保证数据可追溯。需要打印采集数据时,应由采集者在打印件上签名,热敏打印等不稳定的打印文件应复印后保存。

(二)数据处理

数据处理是将原始数据转化为有用信息的过程。在应用之前,应对数据进行复核、确认、分析,从而转化为符合对应标准或方式的检测结果和报告。

(1)检测完成后,对原始数据进行复核,将检测信息系统的数据录入系统后,需核对数据以确保其准确无误。

（2）经过授权的管理人员，对录入系统的检测数据进行审查，确认数据的完整性和一致性。

（3）基于已确认的检测数据，对数据进行必要的计算和统计分析，得出分析结果。

（三）数据存储

数据存储是确保数据安全、可追溯和可重用的关键环节。检测机构应建立数据存储管理制度，明确存储方式、存储期限和存储责任。

（1）采用电子或纸质方式存储数据，都应确保数据的可读性和可访问性，并按照规定进行。对于重要数据，应采用加密或备份等方式进行保护。

（2）按照档案管理要求，将原始记录、检测报告、电子数据及相关资料分类整理，并做好备份，以防丢失。

（3）根据检测标准、客户需求或法律法规要求，确定数据的存储期限。超过存储期限的数据应按照规定及时进行归档或销毁，不得随意销毁数据，任何数据销毁应经过技术讨论。

（4）明确数据存储的责任人和职责，确保数据的完整性和安全性。

（四）数据分析

数据分析是挖掘数据价值、提升检测水平的重要手段。检测机构应建立数据分析机制，对数据进行深度挖掘和综合分析。

（1）及时发现和处理异常数据，确保检测结果的准确性和可靠性。对涉及工程结构安全的不合格结果，应按照相关规定将结果进行上报，以确保及时采取安全措施。质量检测机构应建立不合格结果档案。

（2）通过对历史数据的分析，发现检测结果的变化趋势和规律，为质量控制和改进提供依据。

（3）分析不同检测指标之间的相关性，为优化检测方法和提高检测效率提供指导。

（五）数据应用

数据应用是将分析结果转化为实际行动的过程。检测机构应充分利用检测数据，为客户提供优质服务，提升检测机构的竞争力和影响力。

（1）根据检测数据和分析结果，编制符合规定的检测报告，由具备相应资格的人员签发，为客户提供详细的检测结果和解读。

（2）利用数据分析结果，发现检测过程中的问题和不足，及时采取措施进行改进和优化。

（3）根据客户需求和反馈，提供个性化的数据服务和解决方案，增强客户满意度和忠诚度。

（4）根据大量的检测数据，对产品、工程进行总体评估，为客户提供更高水平的咨询服务和质量把控服务，提升行业的整体质量水平。

四、采用信息化系统的数据管理要求

相较于传统的纸质信息，通过计算机和自动化设备产生的数据有专门管理要求。检测机构应建立和保持数据完整性、正确性和保密性的保护程序，以满足此类数据管理的要求。

（1）自行开发的计算机软件第一次启用前、版本更新、适用的规范标准更新、数据有疑问时,均应对数据采自自动化设备的计算和数据传递进行核查和确认,评估其适用性,并保留确认记录。

(2)进行分级管理,不同人员分配不同权限,如录入、核查、审核、批准、修改等按照分配给检测人员、报告审核人和授权签字人,规定哪些人能接触哪些数据和文件。

(3)需配备安全保护功能,以防止篡改数据和数据丢失。如果要修改,一定要经过授权,并且留有痕迹。

(4)系统有应对失效情况的紧急措施及纠正措施,并制定应急预案。比如:当发现意外停机、系统异常和其他计算机问题时,应立即报告维护人员或系统管理员,并采取应急措施。

(5)编制加密程序、防火墙技术,对数据进行加密保护。

(6)定期对试验软件及数据进行备份,并统一保存。

(7)定期维护计算机和自动设备,保持其功能正常。

第六节　记录报告管理

记录报告管理的目的在于确保交通建设工程质量检测工作的规范性、准确性和可追溯性,以提高质量检测数据的质量,为交通建设工程的质量控制和风险评估提供可靠依据。

一、基本规定

记录报告管理是检测机构工作的重要组成部分,旨在确保检测记录的真实性和可追溯性,以及检测报告的准确性和规范性。检测机构应建立完善的记录报告管理制度,明确记录报告的编制、审核、批准和存档等流程。

二、主要措施

(1)建立完善的记录管理制度。制定详细的记录管理规程,明确记录的种类、格式、填写要求、保存期限等,确保质量检测数据的完整性和准确性。

(2)选用合适的记录工具。采用符合规范的记录表格、电子数据管理系统等,方便数据的记录、整理和查询。

(3)定期对记录进行审查。定期对质量检测记录进行审查,检查记录的完整性、准确性和合规性,及时发现和纠正问题。

(4)加强记录人员的培训。对记录人员进行专业培训,提高其对记录重要性的认识和操作技能,确保记录的准确性和规范性。

三、记录管理流程要点

(一)记录填写

(1)规范性:所有记录应按照既定的格式和要求进行填写,确保信息的完整性和准确性。

记录中应包含质量检测的时间、地点、人员、设备、方法、结果等关键信息。

(2)实时性:记录应在质量检测过程中实时填写,避免事后补记或遗漏重要信息。

(3)签名确认:记录填写完成后,应由质量检测人员签名确认,以示对记录内容的真实性和准确性负责。

(二)记录审核

(1)复核:在记录填写完成后,应由直接负责该质量检测项目的工程师进行复核,检查记录是否完整、准确,是否符合相关标准和要求。

(2)审核:复核通过后,记录应提交给更高一级的审核人员或质量管理部门进行审核,确保记录的一致性和合规性。

(3)记录修改:如审核过程中发现记录存在问题,应要求质量检测人员及时修改或补充,并重新进行审核。

(三)记录整理

(1)分类归档:经过审核的记录应按照项目名称、时间顺序或其他分类方式进行归档,方便后续的查询和追溯。

(2)电子化管理:鼓励采用电子数据管理系统对记录进行整理,以提高查询效率和数据安全性。

(3)版本控制:对于需要更新的记录,应实施版本控制,确保使用人员始终能获取到最新版本的记录。

(四)记录保存

(1)保存期限:根据相关法律法规和企业规定,确定记录的保存期限,确保记录能在需要时提供有效支持。

(2)保存环境:记录应保存在干燥、通风、防火、防盗的地方,避免损坏或丢失。

(3)数据备份:对于重要的记录,应定期进行备份,以防数据丢失或损坏。

(五)记录使用

(1)查阅权限:根据工作需要和保密要求,设置不同层级的查阅权限,确保记录的使用在合规的范围内。

(2)查阅记录:对于需要查阅记录的人员,应记录其查阅时间、目的和查阅内容,以便后续追溯。

(3)使用限制:禁止对记录进行篡改、伪造或未经授权的复制、传播等行为,确保记录的真实性和合规性。

四、报告管理主要措施

(1)制定报告编制标准。明确报告的格式、内容、编制要求等,确保报告的规范性和一致性。

(2)确保报告的准确性和可靠性。所有报告必须基于真实的质量检测数据编制,不得虚报、夸大或隐瞒。

(3)实施报告审核制度。对报告进行多级审核,确保报告的准确性和合规性。

(4)建立报告发放和归档制度。明确报告的发放对象和归档方式,确保报告的及时性和安全性。

五、报告管理流程要点

(1)报告规范性。确保报告符合编制标准,格式统一、内容完整、表述清晰。

(2)报告准确性。所有报告数据必须准确可靠,能够真实反映质量检测的结果。

(3)报告合规性。报告必须符合相关法律法规和标准要求,不得违反任何规定。

六、记录报告在资质管理中的要求

记录报告在资质评审/延续审批中,具有极高权重。根据交办安监函〔2024〕1432 号要求,原始记录及检测报告中如出现“不实、虚假检测报告”或记录报告出现不符合的 5 种情形(含结论不正确、关键信息缺失等情形),均会不同程度地影响资质评审/延续审批结果。其中,涉及记录、报告问题的否决项问题 4 项,非否决项问题有 3 项。

1)否决项问题

(1)未按照标准等规定传输、保存原始数据和报告,且相应的检测结果、数据存在错误或无法复核。

对于检测过程中产生的原始数据、检测结果,均应按相应的标准和检测机构的有关规定进行传输、保存,以保证检测数据结果的可追溯、可复核和必要的安全性、保密性要求,并作为重要的检测过程行为的真实性的原始证明。

检测机构应建立并执行检测数据信息管理程序制度。通过对检测用的网络系统、计算机或自动化设备、计算机软件进行有效的控制,对计算机或自动化设备采集、处理、记录、报告、存储、传输和检索检测数据的规范管理,以确保数据在输入或采集、存储、转移和处理过程中的完整性和保密性,并对其信息管理系统进行有效管理。

技术评审时,检测机构应按要求展示检测原始数据的传输、保存过程和保存结果。展示的数据和报告与技术评审条件核查时所抽查到的原始记录和报告能相互吻合一致。同时,数据的传输、保存应完整、正确、稳定、可追溯和复核。否则,该项资质条件核查结果将被判定为不符合。

(2)未经检验检测的;伪造、变造原始数据、记录,或未按标准等规定采用原始数据、记录的。

检测数据和检测报告的真实性是检测机构资质条件核查中最基本的要求。如果出现未经检测即出具检测数据和报告,或伪造、变造原始数据、记录,或未按标准等规定采用原始数据、记录的,属有意、人为造假行为,一旦发现即触及否决项,原始记录和检测报告的资质条件核查结果将被判定为不符合。

可判定为存在此类问题的情况有如下几种：

①不能提供检测原始记录；

②提供的检测原始记录不真实，存在伪造、变造原始数据、记录的情况；

③提供的检测报告和相应的原始记录内容无法对应。

(3)减少、遗漏或者变更标准等规定的，应当检验检测的项目，或者改变关键检验检测条件的。

要判定某种材料、产品、工程结构或部位的品质、性能是否符合质量指标要求和合格标准，往往需进行多项参数的检测并对多项检测结果进行综合判定。如果减少、遗漏了标准规定的主要指标项目的检测，或是同个参数检测的结果数据被减少或遗漏，则必然影响最终的检测结果合格判定的科学性、完整性和准确性；而改变关键的检验检测条件(如温度、时间等)，必然影响检测数据的正确性和准确性，从而导致最终合格判定结果的错误。一旦发现存在这些问题，无论是主观人为或是无意的，在资质条件核查时，均被视为触及了否决项，判定为资质条件不符合。

(4)伪造检测机构的公章或者检验检测专用章，或者伪造报告签发人的签名或签发时间的。

具备公路水运工程质量检测机构资质的检测机构出具的检测报告，应正确加盖检验检测专用章、资质等级专用标识章和资质认定章(当有时)[具体按《公路水运试验检测数据报告编制导则》(JT/T 828—2019)的规定执行]，且报告需要由具备公路水运试验检测师资格的授权签发人签发。如果出现伪造公章或专用章、签发人签名或签发时间等有意的造假行为，均视为该机构违反了资质条件规定，判定为资质条件核查结果不符合。

2)非否决项问题

(1)原始记录或报告中主要仪器设备及编号、试验条件、样品抽取或测点布设等关键信息不全，且导致试验结果无法复现、追溯的，或导致检测结论不准确的报告多于或等于3份。

原始记录作为试验检测全过程的真实和唯一的记录，必须包含足够的信息，以让试验检测过程能够完整复现和追溯，并证明试验检测与其依据的标准方法的符合性，为取得的检测数据和结果的有效性、可比性提供佐证；检测报告的主要功能是向委托方和有关方明确检测的结果结论，并载明支撑相应检测结果结论的条件信息(如检验检测的依据、检测和审核审批人员)，以及与委托方直接相关的信息(如委托方的名称、送检样品的数量、代表批量等)。

检测机构应制定和执行检测记录和检测报告的有关管理程序，明确记录和报告应包含的主要内容，并设计制定各类检测记录和检测报告的格式，作为相应的作业指导书指导和规范原始记录和检测报告的填写及管理工作。科学、合理、完善的检测记录和报告格式，是避免必须填写的信息被遗漏，并正确引导和规范有序展开实施检测方法步骤的“利器”。

(2)未严格按相关标准规范要求的步骤进行检验检测，且对试验结果产生影响的报告多于或等于3份，或导致检测结论错误的报告1份。

熟悉检测工作依据的标准规范，掌握规定的方法步骤，同时以严谨认真的态度对待检测工作，严格执行标准规范的要求，这是对一名合格的检测人员的业务水平和专业素养的基本要求。

对检测原始记录和检测报告的审查，尤其是检测原始记录的审查中，若存在未按照标准规范规定的方法步骤进行检测的行为，常可从记录的信息内容（检测的过程记录信息、所用的仪器设备、环境条件信息、数据的处理方法等）中发现。要避免出现这类问题，直接相关的措施有：

①人员方面：检测人员应正确选择、熟练掌握并严格执行标准的规定；质量检测机构应加强人员的业务和职业素养的培养、培训，并建立对人员和检测过程的监督监管机制。

②资源配备：配备符合检测条件要求的各类资源，包括设备设施、材料、场所环境，并对这些资源要素进行有效管控。

③制定科学合理、内容完善的，符合标准规范规定的检测方法步骤的各类检测原始记录格式和检测报告格式，以有效规范和指导检测行为。

(3)原始记录和报告信息不一致的报告多于或等于3份。

检测报告依据检测原始记录进行编制，检测报告中的检测原始信息必然也必须全部来自原始记录。检测报告是根据原始记录中记录的检测数据和采用的质量评判标准，在报告中给出检验检测结论，即检测报告是出自原始记录。虽然检测原始记录和检测报告的功能作用有所不同，形式和包含的内容项目也不尽相同（如检测报告中的委托方信息在原始记录中没有，这是盲样管理的要求；检验结论在原始记录中也不一定包含），但涉及主要检测条件、检测对象等原始信息的内容，原始记录和检测报告均应体现，同时也必然一致。如果不一致，则可能是因为无意的疏漏错误，或是有意的弄虚作假。对此问题检测机构应予以重视，减少和避免出现此类问题。

七、记录报告综合控制提升要求

(1)培训与提升。加强员工的培训和提升，提高员工对记录报告管理重要性的认识和理解，确保员工能够正确、规范地执行记录报告管理制度。

(2)持续改进。定期对记录报告管理制度进行评审和改进，根据实际操作情况不断完善和优化管理制度，提高管理效率和质量。

(3)信息化手段。利用信息化手段提高记录报告管理的效率和质量，如采用电子记录系统、自动化审核系统等。

第七节　资料管理

资料管理在于确保交通建设工程质量检测机构所产生的各类资料得到妥善保存、有序整理，以便在需要时能够迅速、准确地提供，从而支持检测机构的日常运营、质量控制、风险评估以及项目回溯等工作。通过有效的资料管理,可以提高检测机构的管理效率,降低运营风险,并为检测机构的发展提供有力支持。

一、基本要求

资料管理是检测机构工作的重要保障,旨在确保检测资料的完整性、准确性和可追溯性。检测机构应建立完善的资料管理制度,明确资料的收集、整理、归档、借阅和销毁等流程。

二、主要措施

(1)建立完善的资料管理制度。制定详细的资料管理规程,明确资料的收集、整理、归档、借阅、销毁等各个环节的具体要求,确保资料管理的规范性和有序性。

(2)分类整理资料。根据资料的性质、用途、来源等因素,对资料进行分类整理,方便后续的查询和使用。同时,对于重要或涉密的资料,应设置专门的档案柜或档案室进行保存。

(3)数字化管理。采用电子数据管理系统对资料进行数字化管理,提高资料的存储效率和查询速度。同时,应确保电子数据的安全性和完整性,定期进行备份和检查。

(4)培训与教育。对资料管理人员进行专业培训,提高其资料管理的专业水平和操作技能。同时,加强员工的资料保护意识教育,确保资料的安全性和保密性。

(5)定期审查与更新:定期对资料进行审查,检查资料的完整性、准确性和合规性。对于过期的或不再需要的资料,应及时进行销毁或更新。

三、流程要点

(一)资料收集

在质量检测过程中,应及时收集相关的资料,包括原始数据、试验报告、照片、视频等。收集的资料应真实、完整、准确。

(1)明确收集范围。根据质量检测项目的需求和标准,明确需要收集的资料范围,确保资料的全面性和完整性。

(2)实时收集。在质量检测过程中,实时收集相关资料,包括原始数据、试验报告、图片、视频等,避免遗漏重要信息。

(3)初步整理。对收集到的资料进行初步整理,去除重复、无关或错误的信息,确保资料的准确性和有效性。

(二)资料整理

对收集到的资料进行整理,按照分类规则进行归档。整理过程中应注意资料的完整性和有序性,确保资料易于查询和使用。

(1)分类原则。根据企业的实际需求和行业标准,结合资料的性质、用途、来源等因素,制定明确的分类原则,如按项目、按时间、按类型等进行分类。

(2)编号规则。为每一类资料设定编号规则,确保每一份资料都有唯一的标识,编号可以包含项目名称、时间、序号等信息,方便后续的管理和查询。

(3)对于电子资料,可以使用电子标签和索引功能,方便用户快速定位到所需资料。

(三)资料存储

将整理好的资料存放在指定的地方,确保资料的安全性和保密性。对于电子数据,应存储在安全可靠的地方,并定期进行备份和检查。

(1)物理存储。选择安全、干燥、通风、防火、防盗的地点存放纸质资料,确保资料不受损坏或丢失。对于重要的纸质资料,可以进行复印或扫描备份。

(2)电子存储。利用电子数据管理系统对电子资料进行存储,设置访问权限和加密措施,确保资料的安全性和保密性。定期进行电子数据的备份和检查,防止数据丢失或损坏。

(四)资料借阅

对于需要借阅资料的人员,应设置相应的借阅制度,记录借阅时间、借阅人、借阅内容等信息。借阅人员应妥善保管借阅的资料,并在规定的时间内归还。

(1)建立检索系统。根据资料的分类和编号规则,建立高效的检索系统,方便用户快速查找所需资料。

(2)提供利用渠道。为用户提供方便的资料查阅和下载渠道,如在线查询、借阅等。同时,对资料进行保密、授权等管理,确保资料的安全使用。

(五)资料销毁

对于过期的或不再需要的资料,应按照规定的程序进行销毁。销毁过程中应注意环保和保密要求,确保资料不会对环境造成污染或泄露。

(1)销毁原则。根据资料的保密级别和保管期限,制定明确的销毁原则。对于过期、损坏、无用的资料,应按规定要求进行销毁或归档处理。

(2)归档管理。对于需要长期保存的资料,应设置专门的档案室或档案柜进行归档管理。归档资料应按照一定的顺序和规则进行排列和编号,方便后续的查询和利用。

(六)资料更新

随着项目的进展和技术的更新,部分资料可能需要进行更新。在更新资料时,应注意保持资料的连续性和一致性,确保新旧资料之间的衔接和对应。

(1)推行信息化建设。利用信息技术手段提高资料管理的效率和水平,如建立数字档案室、数据中心等设施和管理制度。

(2)创新管理模式。不断探索和创新资料管理模式和方法,如引入云计算、大数据等先进技术进行资料存储和分析,提高资料管理的智能化水平。

第八节　技术与设备研发

交通质量检测是保障公路水运工程质量、安全和耐久性的重要手段。随着科技的进步,公路水运工程质量检测行业的技术与设备研发也在不断发展。本书将探讨公路水运工程质量检测行业中的关键技术与设备研发。

一、前沿技术情况

(1)无损检测技术。利用非破坏性的方法检测公路水运工程结构内部缺陷,如超声波检测、射线检测等。无损检测技术具有不损伤被检测对象、检测效率高等优点,广泛应用于公路水运工程质量检测。

(2)自动化检测技术。通过自动化设备与系统实现对公路水运工程项目检测项目的快速、准确检测,如自动弯沉仪、自动化路面破损检测系统等。自动化检测技术提高了检测效率,减小了人为误差。

(3)物联网技术。利用物联网技术实现公路水运工程资产信息化、远程监控等功能。通过集成传感器、通信等技术,实时采集和传输公路水运工程设施状态数据,为管理者提供决策支持。

(4)人工智能技术。利用人工智能算法对公路水运工程检测数据进行深度分析,实现异常预警、预测性维护等功能。人工智能技术有助于提高公路水运工程质量检测的智能化水平。

二、技术发展趋势

未来,交通工程质量检测技术的发展将呈现以下趋势:

(1)智能化。随着人工智能技术的不断发展,交通工程质量检测将实现更加智能化的管理和决策。通过数据分析、机器学习等技术手段,可以对检测数据进行深入挖掘和分析,提供更加准确的评估结果和决策支持。

(2)精细化。随着对交通工程性能和安全性要求的不断提高,试验检测技术将向更加精细化的方向发展。通过引入更加先进的检测设备和手段,可以实现对交通工程结构更加精细化的检测和分析。

(3)环保化。在环保理念日益深入人心的背景下,交通工程质量检测技术也将更加注重环保。通过采用环保材料和节能技术,降低检测过程中的能耗和排放,实现绿色检测。

三、技术与设备创新实现作用

质量检测前沿技术的应用和发展,将在以下几个方面发挥重要作用:

(1)提高检测效率和准确性。通过引入自动化、智能化等先进技术,可以大大提高公路水运工程质量检测的效率和准确性,降低人为误差和劳动强度。

(2)保障公路水运工程质量和安全。通过精细化、非破坏性检测等技术手段,可以更加准确地评估公路水运工程的性能和安全性,及时发现并处理潜在问题,保障公路水运工程的正常使用和安全性。

(3)推动行业发展和创新。公路水运工程质量检测技术的不断发展和创新,将推动整个行业的进步和发展。通过引入新技术、新材料和新工艺,可以推动公路水运工程建设和养护技术的进步和创新。

四、技术与设备研发重点、方向

(1)新材料、新工艺研发。针对交通建设工程中使用的新材料、新工艺,开展相应的质量检测技术研究,为其应用提供科学依据和技术支持。

(2)检测技术标准化。加强质量检测技术标准的制定和修订工作,推动检测技术的规范化、标准化发展。同时,积极参与国际标准的制定和交流,提高我国质量检测技术的国际影响力。

(3)智能化检测设备研发。针对当前检测设备存在的不足,加大智能化检测设备的研发力度,提高检测设备的自动化、智能化水平。同时,加强检测设备的维护和保养工作,确保设备的稳定运行和长期使用。

(4)数据分析与挖掘。加强质量检测数据的分析和挖掘工作,发现数据中的规律和趋势,为工程质量评估提供有力支持。同时,加强数据安全保护工作,确保数据的完整性和安全性。

五、设备研发应用

(1)自动化路面破损检测设备。通过高分辨率摄像头和图像处理技术,实现对路面破损的快速、准确检测。该设备有助于提高路面破损检测的效率和精度。

(2)智能桥梁健康监测系统。该系统集成了传感器、无线通信等技术,实现对桥梁结构状态的实时监测和数据分析,有助于及时发现桥梁结构异常,保障桥梁安全。

(3)物联网技术在公路水运工程质量检测中的应用。针对不同材料和结构形式,研发新型无损检测设备,如激光雷达路面厚度检测仪、非接触式混凝土强度检测仪等。这些设备具有高精度、高效率的特点,有助于提高公路水运工程质量检测水平。

(4)自动化材料试验机。研发自动化材料试验机,实现对各种工程材料快速、准确的性能测试。该设备有助于提高材料试验的效率和精度,为公路水运工程建设提供可靠的数据支持。

(5)虚拟现实与增强现实技术的应用。虚拟现实技术特别适用于模拟复杂的交通场景和公路结构,使得研究人员和工程师可以在安全、可控的环境中进行各种试验和测试。通过虚拟现实技术,可以模拟出各种可能的交通情况和公路状况,以测试不同设计方案和设备的性能和效果。

在质量检测设备研发中,增强现实技术可以将各种虚拟的指示、数据和图像叠加到真实世界的场景中,为研究人员和工程师提供更加丰富、直观的信息。例如,通过增强现实技术,可以将交通基础设施的3D模型、结构数据和交通流量等信息实时显示在真实世界的场景中,使得研究人员可以更加直观地了解公路水运工程的实际情况并进行相应的调整和优化。

第七章　交通建设工程质量检测机构安全与风险管理

交通建设工程质量检测机构是经交通运输部及国家认证认可监督管理委员会资质认定的专业技术服务机构，依据《建设工程质量管理条例》和《检验检测机构资质认定管理办法》等相关法规，对交通建设工程原材料、施工工艺及实体质量进行独立、客观、科学的检测验证。作为工程质量控制体系中的关键环节，检测机构通过实施全面的安全与风险管理，确保检测数据的准确性、结果的可靠性和报告的公正性，为工程质量安全提供技术保障。有效的安全与风险管理体系不仅能够预防检测过程中的质量事故和技术风险，还能显著提升机构的技术公信力、市场竞争力和社会认可度，对维护公共利益和保障交通基础设施安全运营具有重要作用。

第一节　检测机构的安全管理

安全管理是通过运用行政监管、法律法规、经济技术、教育培训和科学技术等手段，统筹协调社会经济发展与安全生产的关系，有效预防和控制各类安全风险的专业管理活动。在交通建设工程质量检测机构中，安全管理具有特殊的重要性，必须坚持以人民为中心的发展思想，牢固树立安全发展理念，强化安全生产红线意识，推动检测工作与安全生产协调发展。检测机构的安全管理应当遵循“安全第一、预防为主、综合治理”的方针，贯彻“科学管理、持续改进”的原则，落实全员安全生产责任制，构建完善的安全管理体系。

具体而言，检测机构的安全管理应当以责任落实为核心、组织体系为保障、安全教育培训为基础、标准化管理为依托、考核奖惩为手段、隐患排查治理为主线、实现本质安全为目标，通过系统化、规范化的安全管理，确保检测活动的安全可控，保障检测数据的准确可靠。本节将从检测机构的专业特点出发，阐述安全管理的四个核心要素。

一、安全管理的定义和目标

（一）安全管理的定义

安全管理是指检测机构通过建立系统化、规范化的管理体系，运用风险识别、评估、控制等技术手段，对检测活动中存在的物理、化学、生物等危害因素进行全过程管控的专业活动。其核心是通过实施预防控制、过程监管、应急处置和持续改进等措施，有效消除或降低安全风险，保障从业人员职业健康，维护检测环境安全可控，确保检测活动规范有序开展。

（二）安全管理的目标

安全管理的目标主要包括以下几个方面：

(1)保障从业人员和相关方的健康与安全。通过实施风险分级管控和隐患排查治理双重预防机制,有效控制检测活动中的物理、化学、生物等职业危害因素,最大限度预防和减少生产安全事故,切实保障检测人员、客户及相关方的生命健康安全。

(2)确保检测数据准确可靠。安全管理通过规范检测环境控制、仪器设备管理、样品处置等关键环节,降低人为失误和环境干扰,确保检测过程受控。从而保证检测数据的准确性、可靠性和可追溯性,为工程质量评定提供科学依据。

(3)提升机构核心竞争力和公信力。完善的安全管理体系是检测机构技术能力和管理水平的重要体现。通过持续改进安全管理绩效,可以有效增强客户信任度,提升机构品牌价值,为拓展检测业务领域、提高市场占有率奠定坚实基础。

二、安全管理的基本原则

在交通建设工程质量检测机构的安全管理中,应当坚持以下几个原则。

(一)以人为本

在安全管理中,检测机构应始终以员工和客户的健康与安全为出发点和落脚点,注重员工的安全意识培养、技能培训以及应急演练。通过提高员工的安全意识和技能水平,增强员工的安全感和应对突发事件的能力。检测机构的安全生产工作,实行各级领导负责制。机构一把手为机构安全生产第一责任人;各部门、驻地试验室负责人为机构的二级安全生产责任人;各试验检测小组和岗位的组长为机构的三级安全生产责任人。落实“谁主管、谁负责”的原则,机构内实行安全生产全面承包责任制。各级安全生产责任人应在各自的工作范围内对实现安全生产和文明生产负全面责任。

(二)安全第一

在检测机构的管理中,应始终把安全放在第一位。任何工作都不能以牺牲安全为代价,任何决策都必须以安全为前提。在处理安全与生产、效益等关系时,应始终坚持“安全第一”的原则。在机构内各级经济承包中,必须把安全纳入承包范围,同时规定安全目标、安全管理要求和安全职责等条款,并严格考核。机构与外单位发生业务的合同中,必须有安全内容,并规定各自的权利、义务和责任。

(三)预防为主

在安全管理中,应注重预防为主的原则。通过加强预防和监测工作,及时发现和处理存在的安全隐患。同时,应建立完善的安全管理制度和操作规程,提高预防事故的能力。对于存在的安全隐患,要及时采取措施进行整改和消除,防止事故的发生。同时,全体员工必须认真履行各自的安全职责,做到各司其职、各负其责。

三、检测机构的安全管理职责划分

(一)安委会主任安全生产职责

(1)遵守国家有关安全生产法律、法规、标准、安全生产方针、政策及本机构安全管理制度。

(2)组织制定、评审、修订本机构安全生产管理制度和安全技术操作规程,并检查、监督、考核执行情况。

(3)制定年度安全培训计划,编制安全教育培训大纲,具体负责新进员工的"公司级"安全培训教育授课;负责离岗员工、调岗员工、危险岗位员工、班组长以上管理人员的培训教育授课;负责检查、督促、监督部门(试验室)级、班组级安全培训教育。

(4)负责本机构日常安全培训教育管理工作。负责具体组织机构级综合安全生产大检查、节日检查、季节检查、专业检查,对查出的事故隐患进行分类、汇总、分析,制定隐患整改措施,下达隐患整改通知单,并督促、监督事故隐患单位落实整改。

(5)负责组织检查、考核各部门、驻地试验室、班组的安全生产活动。负责生产(安全)设备和设施、消防器材、防护器材、职业卫生设施、急救器具的管理。

(6)不定期到检测一线开展现场检查,发现事故隐患,立即落实整改,制止违章作业、违章指挥。组织生产安全事故调查、处理,负责事故分析、统计、上报工作。

(7)具体组织员工每年进行应急预案演练,负责组织本机构部门主管进行应急预案的评审和修订。组织生产安全事故的应急救援。

(8)根据各部门年度安全投入计划,负责编制全机构每年安全生产投入计划;负责安全投入费用的审查、监督所有安全投入的有效实施。

(9)对各部门安全员进行安全技术指导;负责危险作业的审批和安全监督管理。

(二)业务生产部门安全生产职责

(1)组织制定本部门的安全规定;编制本部门的安全技术措施计划,经机构批准后,认真组织实施。

(2)组织员工认真学习和贯彻执行安全生产责任制,安全生产规章制度和操作规程。

(3)建立健全部门安全管理网络;督促、检查试验检测一线、机构仓库、食堂的安全生产工作,及时消除生产安全事故隐患。

(4)组织部门员工开展安全学习和安全检查工作,提高员工安全思想、安全知识和安全操作技术;确保设备、安全装置、防护设施、消防器材处于完好状态;教育员工懂得维护和使用。

(5)参加机构组织的安全生产大检查工作,对重大隐患要审查制订整改计划,组织有关部门实施。

(6)组织参加生产安全事故的应急救援;组织本部门的事故调查、分析,并按"四不放过"原则进行处理,及时如实地向机构报告。

(7)贯彻有关危险化学品储存场所的法律、法规、制度和标准,并检查执行情况。

(8)落实安全防火措施,检查物品堆放是否符合消防要求、各出入口及通道是否畅通、紧急情况下疏散人员是否符合安全要求。

(9)有权拒绝上级不符合安全生产要求的指示和意见。

(三)生产部门主要负责人安全生产职责

生产部门主要负责人是本部门安全生产的责任人(机构二级安全生产责任人),对机构

负责,对本部门的安全生产工作全面负责。其职责为:

(1)在机构负责人带领下负责机构生产计划和生产等工作的组织和管理。

(2)认真贯彻执行各项安全生产法律、法规、规定、制度和标准。

(3)主持并负责拟定、修订部门安全技术规程和安全生产管理制度,编制部门安全技术措施计划和方案,经批准后组织实施。

(4)主持、组织落实本部门级安全教育。做好本部门新员工的安全培训工作。

(5)组织对职工进行安全思想和安全技术教育,定期进行考核,保证职工持证上岗。

(6)做好本部门员工的安全防护工作,并培训员工正确使用防护用品。

(7)主导本部门的各种消防设施的检查,确保设备、安全装置、防护设施处于完好状态。发现隐患及时组织整改,部门无力整改的要采取有效的安全防护措施,并及时向机构书面报告。

(8)组织本部门生产安全事故的应急救援,参加事故的调查和处理。

(9)部门负责人不在时,部门副职履行部门负责人的职责。

(四)班组长的安全生产职责

班组长由试验检测骨干兼任,认真做好本检测小组安全工作,受机构安全主任的业务指导,其职责为:

(1)贯彻执行并督促员工遵守机构的各项安全生产管理制度、安全操作规程,制止违章行为,不违章指挥和违章作业。

(2)做好检测前安全布置、检测过程中安全检查、检测后总结安全。

(3)组织开展本班组各种安全活动和对新工人进行岗位安全教育。

(4)坚持检测前讲安全,检测过程中安全检查,检测后总结安全工作。

(5)检查督促班组人员合理使用劳保用品和懂得各种防护用品、消防器材的维护和使用。

(6)了解和熟悉检测活动中的安全风险点,正确分析、判断和处理各种事故苗头,把事故消灭在萌芽状态。

(7)检测前后开展安全检查,及时整改事故隐患,做好记录。对于检测小组无力整改的隐患,要采取有效的防范措施,并向部门负责人报告。发生事故时,协助部门负责人组织抢救伤员、保护现场、报告领导。

(五)员工安全生产职责

员工(含试验检测人员和后勤其他操作人员)对本岗位的安全生产负直接责任。其职责为:

(1)认真学习和严格遵守各项规章制度、安全操作规程和劳动纪律,不违章作业,并劝阻他人违章作业。有权拒绝违章作业的指令。

(2)精心操作,做好各项记录,保持作业现场整洁,搞好文明生产。

(3)加强设备维护,作业前认真做好安全检查工作,发现异常情况,及时处理和报告。

(4)上岗必须按规定着装。妥善保管、正确使用各种防护用品和消防器材。

(5)积极参加机构组织的安全教育和各种安全活动。

(6)发生事故,要果断正确处理,及时如实地向上级报告,严格保护现场,做好详细记录。

(六)行政部门安全生产职责

(1)遵守国家安全生产方针、法律、法规、标准。遵守机构安全管理制度。

(2)负责新建、扩建、改建及大修、技措工程的“三同时”监督;负责组织建设工程项目的安全、卫生(预)评价工作。

(3)负责检测设备的安全监督管理工作,包括:检测设备的定期检测、维护保养的相关外部联系和申报工作;检测设备档案的建立和完善;检测设备的日常检查等。

(4)外包单位资质评审、资格认定;负责签订外包合同;负责与承包商签订安全管理协议,明确双方的安全职责。

(5)负责组织从事接触职业病危害因素的劳动者进行职业病检查,并建立职业病健康监护档案。

(6)负责有毒、有害作业场所职业危害因素检测外联工作;负责通报有毒、有害作业场所职业危害因素检测结果。

(7)负责购买、保存、发放个体防护用品和保健品,并建立管理台账。

(七)行政部门主要负责人安全生产职责

行政部门主要负责人是行政部安全生产的责任人(机构二级安全生产责任人),对机构负责,对本部门的安全生产工作全面负责。其职责为:

(1)行政部门负责人要认真遵守各项安全生产法律、法规、规定、制度和标准。

(2)组织拟订、修订部门安全技术规程和安全生产管理制度,编制部门安全技术措施计划和方案,经批准后组织实施。

(3)组织落实本部门级安全教育;配合安全主任组织好新员工的入职安全培训工作。

(4)组织对职工进行安全思想和安全技术教育,定期进行考核,保证职工持证上岗。

(5)对本部门发生事故要及时报告和处置,并负责保护事故现场。事故处理要坚持“四不放过”原则。

(6)配合财务部为员工购买工伤保险。

(7)配合安全办,及时更新国家有关安全的法律法规。

(八)行政管理岗位安全生产职责

(1)负责本部门的安全工作,组织安全检查、安全教育和隐患治理。

(2)负责本机构后勤库房和公共场所的安全防火管理工作。

(3)负责食堂菜品采购验收等供应安全管理工作。

(4)负责行政、生活设施等的安全管理。

(5)负责本部门事故的调查处理和上报工作。

(九)人事(劳资)、教育岗位安全生产职责

(1)负责组织新入职员工和有关人员(实习、培训人员)及全体员工的健康、安全与环保的知识教育培训和考核。对于新入职员工,要考核合格后方可分配到工作岗位。

(2)贯彻执行员工劳动纪律管理规定,负责对员工劳动纪律的教育、检查和考核。组织特殊工种人员的培训(或送外培训)考核工作和办理合格证领取工作。

(3)贯彻劳动法,按工作需要配备岗位工作职数,严格控制安排加班加点,注意劳动强度和保护员工身心健康。

(4)审查和监督全机构的劳动保护用品发放标准制度,并加强管理。

(5)组织好员工的健康体检工作。根据职业禁忌症要求,做好员工工种的分配和调整,并认真执行有害工种定期轮换、定期脱离岗位的规定。

(6)把安全工作纳入员工晋级和奖励的考核内容。

(7)在办理劳动合同和临时用工协议时,应有安全方面的条款;对从事有毒有害岗位,要有专门的条款说明。

(8)参加重大事故的调查和处理,办理事故责任者的惩处手续,参加工伤鉴定处理工作。

(十)安全办公室安全生产职责

(1)负责机构安全生产、职业卫生的组织、推动、指导、协调、检查、监督。

(2)贯彻执行国家和上级的安全生产的方针政策、法规、制度和标准。在机构负责人和安全生产领导小组的领导下负责本单位的安全管理、监督工作。

(3)组织制订、修订、编制汇总和审查安全技术规程、管理制度、防火制度、员工劳动防护用品标准、安全技术措施计划等,经报机构负责人审批后,督促有关部门按期执行,并监督检查执行情况。

(4)负责消防设施、电气设备等安全设施的安全检查工作,建立台账。

(5)编制机构员工三级教育培训大纲,会同机构行政部门相关人员,对员工进行二、三级教育;配合上级部门做好特种作业人员的安全技术培训和考核;组织开展各种安全活动。

(6)协助机构负责人组织全机构性的安全大检查,开展不定期或季节性的安全检查;督促解决有关安全方面存在的问题,监督检查隐患的整改工作,遇有危及安全生产的紧急情况,有权令其停止作业,并立即报告有关领导。

(7)负责禁火区内明火、动火作业的审批和管理工作。协助有关部门做好职业病防治、防暑降温等工业卫生工作;负责抓好劳动防护用品发放和使用的检查工作。会同有关部门做好机构员工安全卫生、健康和劳动保护工作,不断改善劳动条件。

(8)建立健全安全管理网络,指导驻地试验室安全工作。每月召开一次安全会议,综合分析研究安全生产中的突出问题,布置安全工作,及时向领导或有关部门提出改进意见,加强安全基础建设。

(9)负责消防工作的组织管理,组织制订事故应急救援预案。会同有关部门组织机构事故应急队员进行抢险和消防训练、演习。负责全机构消防抢险设备、器材的计划、分配和管理,定期检查岗位消防器材的保养情况。

(10)按规定建立各种台账、票证和档案。组织各类事故的处理,负责火灾、伤亡事故的调查、分析、统计、上报和建档工作。参加工伤鉴定和重大事故的调查处理工作,按事故“四不放过”原则,提出对事故责任者的处理意见及改进措施。

(11)负责机构的电气设备管理工作。负责审核(审批)电气安装和临时用电电缆的装设,并进行监督检查。

(十一)安全办公室主要负责人安全生产职责

安全办主要负责人是安全办安全生产责任人(机构二级安全生产责任人),对机构负责,对本部门的安全生产工作全面负责。其职责为:

(1)协助分管副职贯彻执行有关安全生产的法律、法规和方针、政策。

(2)主持、组织建立健全安全生产责任制度、安全生产管理制度、安全生产工作档案、安全操作规程和安全生产检查表。

(3)拟定年度安全生产工作计划、安全技术措施计划、日常的消防安全计划并检查和督促落实。

(4)掌握机构安全生产状况,协助制定生产安全事故应急预案并指导落实。

(5)履行检测一线现场安全生产检查职责,对检查发现的事故隐患,提出整改意见,并及时报告安全生产负责人,督促各部门、驻地试验室落实整改。

(6)督促、指导、协助各部门、驻地试验室员工开展安全生产教育和培训工作。指导和督促生产部门按国家规定从业人员发放劳动防护用品,并监督教育从业人员按规定使用。

(7)组织各岗位安全操作规范检查,指导培训(如用火用电、释放静电操作);组织、落实机构消防设施设备的日常检查、维修保养和检测等。

(8)组织新入职员工的岗前消防、安全知识培训;负责对外作业人员的消防安全监管教育;组织建立消防、安全资料标准文件建档管理。

(9)每月、每季度8号之前的消防、安全资料报送有关上级部门级机构分管领导;协助分管副职处理各类生产安全事故;危险作业的审批和安全监督管理。

(10)分管领导委派的其他工作。

(十二)财务部安全生产职责

(1)按规定负责落实安全生产技术措施经费,并保证机构计划投入的安全生产资金用在安全生产当中,确保劳动保护、安全技术措施经费的合理提取和使用,并单独立项、专款专用,不得挪用。

(2)在审定和编制机构基本建设和项目计划费用时,应留足相应计划的安全技术措施费用。确保资金到位,并负责监督、检查该项计划的安全措施费用的专款开支状况。

(3)保证安全生产设施建设和设备购置、事故隐患治理、安全教育费用,确保资金到位。

(4)负责审核各类事故处理费用支出,并将其纳入机构经济活动分析内容。

(5)保证全体员工劳动保护用品、防暑降温及职业病防治费用的合理使用,实行财务监督。

(6)组织落实本部门级安全教育;组织对本部门职工进行安全思想和安全技术教育,定期进行考核。

(7)负责全机构员工社保及工伤保险的购买。

(十三)财务部主要负责人安全生产职责

财务部主要负责人是财务部安全生产的责任人(机构二级安全生产责任人),对机构负责,对本部门的安全生产工作全面负责。其职责为:

(1)认真贯彻执行各项安全生产法律、法规、制度和标准。

(2)编制部门安全生产管理制度,经批准后组织实施。

(3)组织落实本部门级安全教育;组织对本部门职工进行安全思想和安全技术教育,定期进行考核。

(4)认真负责地做好本机构的安全生产台账,保障安全资金的投入并监督实施。

(5)对采购过程进行安全监督、管理。

(十四)财务岗位安全生产职责

(1)保证按规范提取安全费用,并列入财务计划;确保安全费用要专款专用,列入年度财务计划。

(2)凡安全措施不落实的部门和驻地试验室、未经机构安委会主任审核同意和机构负责人批准的费用不得拨款。

(3)要监督劳动防护用品、职业病防治等费用的合理使用,没有机构负责人签字同意的费用,不予报销。

(4)负责机构资产安全监督工作,负责保险投保、索赔等事务。

(5)负责保管好机构财务票据、凭证和现钞,谨防丢失。

(6)积极参加机构的安全学习,参与事故应急救援预案演练,熟练掌握事故处理的方法和步骤。

(十五)其他员工安全职责

(1)要自觉遵守劳动纪律,遵守各项安全生产制度及安全操作规程。

(2)工作中要服从上级的安排调度。

(3)杜绝违章违规操作行为,看到他人违章违规操作时要制止。

(4)积极参加各种安全活动,认真学习安全知识,爱护和正确使用劳动保护用品。

(5)认真做好各自岗位的卫生,发现异常要及时上报,并听从指挥,及时采取有效的应急措施。

四、安全管理的内容与方法

(一)安全政策与法规

1.制定安全政策

检测机构应制定明确的安全政策,该政策应包括以下几个主要方面:

(1)安全管理原则:明确检测机构的安全管理原则,如安全第一、预防为主、综合治理等,用于指导整个安全管理工作的开展。

(2)安全管理目标:设定检测机构的安全管理目标,如零事故、低风险等,明确安全管理工作的努力方向。

(3)安全管理措施:检测机构应制定详细的安全管理措施,包括但不限于安全培训、安全设备管理、安全检查等,确保各项安全管理工作有据可依。

2. 遵守法律法规

检测机构在进行安全管理时,应严格遵守国家和地方的相关安全法律法规,确保自身的检测业务符合法定要求。同时,应关注相关法律法规的更新,及时调整安全管理工作以适应新的法规要求。

(二)安全教育培训

1. 制定培训计划

根据员工的岗位需求和现有安全知识水平,制定系统的安全培训计划,包括岗前培训、定期复训和专项培训等。确保员工充分了解安全知识和操作技能,提高员工的安全意识和应对风险的能力。

2. 培训内容

培训内容应包括安全意识培养、安全操作规程学习、应急处理等方面。对于新员工,应进行必要的安全意识培养,使他们充分认识到安全工作的重要性。同时,应定期组织员工进行安全操作规程的培训和考核,提高员工的操作水平。此外,还应开展应急处理的培训和演练,提高员工在遇到紧急情况时的应对能力。

(三)设备安全管理

1. 设备选购

根据检测机构的业务需求,选购性能稳定、质量可靠的安全设备。在选购过程中,应重点关注设备的可靠性、易用性和安全性,确保设备能够满足检测要求并降低安全风险。

2. 设备使用与维护

建立完善的设备管理制度,规范设备的使用、保养和维修流程。定期对设备进行检查和维护,确保设备的正常运行。同时,应加强设备的档案管理,记录设备的购置、使用、维修等信息,为后续的管理提供依据。

(四)安全检查与监督

1. 安全检查

定期进行安全检查,包括设备设施、操作过程和员工行为等方面。通过定期的安全检查,可以及时发现和纠正存在的安全隐患,防止事故的发生。

2. 监督与考核

建立有效的监督机制,对员工的安全行为和操作过程进行实时监控和考核。通过实施定期的安全考核,可以了解员工的安全知识水平和操作技能状况,及时发现问题并采取相应措施。同时,应将安全考核结果与员工的绩效挂钩,以提高员工的安全意识和责任心。

(五)信息系统安全管理

1.信息化管理

运用信息化手段,建立完善的安全管理信息系统,实现安全管理信息的实时采集、记录、统计和分析,为管理层提供决策依据。安全管理信息系统应具备以下功能:

(1)信息采集:通过传感器和其他数据采集设备,实时采集设备运行状态、员工行为、环境监测等信息。

(2)记录与分析:系统能够自动记录各类安全信息,并运用数据分析和可视化技术,对信息进行统计和分析,为管理层提供决策依据。

(3)报告生成:定期生成安全管理报告,总结安全管理工作的成果和不足,提出改进措施和建议。

2.系统功能

安全管理信息系统应具备以下功能模块,见图7-1。

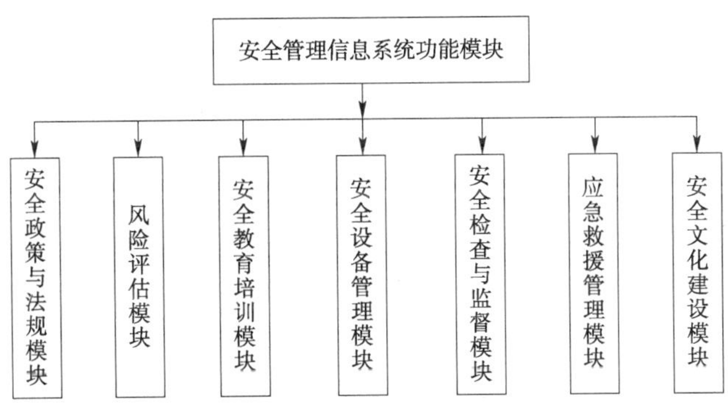

图7-1 安全管理信息系统功能模块

(1)安全政策与法规模块:将安全政策、法规要求等信息纳入系统管理范畴,方便员工查阅和学习。

(2)风险评估模块:支持风险评估的各项功能,包括风险识别、评估与分析等,帮助检测机构全面了解各领域的安全风险状况。

(3)安全教育培训模块:实现员工安全教育培训的计划制定、培训内容管理、考核评估等功能,确保员工的安全意识和技能水平得到全面提升。

(4)安全设备管理模块:对设备采购、使用、维护等全过程进行跟踪管理,确保设备安全可靠运行。

(5)安全检查与监督模块:支持安全检查与监督工作的开展,记录检查结果和整改情况,形成闭环管理。

(6)应急救援管理模块:实现应急预案制定、应急演练、事故报告等功能,提高应急响应速度和处理能力。

(7)安全文化建设模块:支持安全宣传教育、安全标杆与案例分享等活动的开展,促进安全文化建设的持续推进。

通过以上细化的七个方面，检测机构可以全面提升自身的安全管理水平，保障员工和客户的健康与安全，提高检测质量和市场竞争力。同时，应不断完善和优化各项管理措施，确保安全管理体系的有效运行。在此基础上，还应积极探索和应用新的安全管理技术和方法，不断提升安全管理工作的科学性和规范性，为检测机构的持续稳定发展保驾护航。

（六）事故应急救援

1. 制定应急预案

根据可能发生的事故类型，制定相应的应急预案。应急预案应明确救援组织、通信联络方式、救援流程等内容，以便在紧急情况下能够迅速响应并采取有效措施。

2. 应急救援培训与演练

定期对员工进行应急救援培训和演练，提高员工的应急反应能力和协同作战能力。通过模拟事故演练，可以让员工熟悉应急预案的执行流程，了解各自在应急预案中的职责和行动要求。同时，可以检验应急设备和通信联络系统的运行状况，确保在紧急情况下能够迅速启动并发挥作用。

3. 事故报告和处理

建立事故报告制度，及时上报和处理各类事故。在发生事故后，应迅速启动应急预案并组织救援行动。同时，应对应急预案进行及时更新和改进，以适应新的事故类型和处理需求。为了确保事故处理的及时性和有效性，检测机构应建立高效的事故报告和处理机制。例如，设置专门的事故报告渠道和联系人员，鼓励员工积极上报事故并保护受害者的权益。此外，应组织专门的事故调查小组对事故进行深入分析，找出事故原因并提出改进措施，防止类似事故再次发生。

（七）安全文化建设

1. 安全意识培养

通过多种途径和形式，培养员工的安全意识。例如，可以通过定期的安全活动、宣传栏、内部刊物等方式向员工传递安全知识和理念。同时，应将安全意识培养贯穿于员工的整个职业生涯中，使员工充分认识到安全工作的重要性。

2. 安全宣传与活动

开展安全宣传教育活动，包括宣传栏、内部刊物、员工手册等，以此提高员工的安全意识。定期组织安全宣传活动，通过安全知识和案例的宣传教育，让员工了解安全知识和事故的危害性，增强安全意识。

3. 安全标杆与案例分享

树立安全标杆和典型案例，引导员工学习借鉴先进的安全管理经验和技术手段，促进全机构的安全文化建设。可以定期组织员工交流会，分享各部门的先进安全管理经验和成功案例，促进全机构的安全文化共同进步。

第二节 检测机构的风险管理

检测机构在日常运营过程中面临着多维度的风险挑战,这些风险主要来源于人力资源、仪器设备、检测环境、质量管理、市场竞争以及政策法规等多个领域。建立科学的风险识别与评估机制,实施全面的风险防控措施,是确保检测机构合规运营、保障检测数据准确可靠、实现可持续发展的关键基础。本节将基于检测机构的专业特点,系统分析各类风险要素及其内在关联,为构建完善的风险管理体系提供理论依据和实践指导。

一、检测机构的风险分析

(一)法律法规风险

国家相关法规和政策的变动可能对检测机构的业务产生直接影响。法规政策的调整或变动可能导致检测市场的变化、业务范围的调整以及成本结构的改变等。检测机构应关注相关法规政策的变动,及时调整自身业务策略以适应市场变化。

应对措施:建立完善的法规政策跟踪机制,定期关注国家相关法规政策的变动和调整;根据政策变化及时调整检测机构的业务策略和运营模式,以适应市场需求和变化;积极与政府部门沟通和合作,了解政策走向并提供合理化建议,降低违反法规政策的风险。

例如,某试验检测机构 G 在对一种新的建筑材料进行检测时,由于对这种材料的国家标准和行业规定理解不准确,导致检测报告与规范要求存在细微差异。在提交报告后,被相关监管部门指出问题并要求重新检测。这不仅延误了项目进度,也对 G 机构的声誉造成了影响。为此,G 机构加强了对法规和政策的学习,确保检测工作符合规范要求。

(二)管理风险

1. 人员因素风险

人员是检测机构的核心资源,人员素质和操作风险对检测机构的运营会产生重要影响。

(1)素质风险。交通建设工程质量检测对人员的素质要求较高,包括专业技能、工作经验、职业道德等方面。人员素质的不足或不一致,可能影响检测质量和信誉。因此,检测机构应重视人员素质的选拔和培养。

应对措施:建立完善的人员选拔和培养机制,对员工进行专业技能培训和职业道德教育;定期对员工进行考核和评估,确保员工素质满足岗位要求。

例如,A 机构在一次大型项目的检测中,由于与客户沟通不足,导致双方对检测范围和结果的理解存在分歧。客户认为 A 机构在某些方面的检测不够细致,而 A 机构则认为自己已经按照合同要求完成了工作。经过多次沟通和协商,双方才达成共识。这个案例提醒检测机构,与客户的沟通同样重要,可以避免误解和纠纷。

(2)操作风险。检测过程中,人员的操作失误或不当,可能导致检测结果失真,从而影响工程质量。检测机构应加强人员操作规范的培训和监督,确保人员操作的准确性和规范性。

应对措施:制定完善的人员操作规范和流程,确保员工明确各自的职责和操作要求;建立有效的监督机制,对人员操作进行实时监控和纠正。

例如,B 机构在进行某桥梁工程的材料检测时,由于操作人员对新引进的检测设备不熟悉,导致操作失误,从而获得的数据与实际情况存在偏差。这一失误在后续的复核中被发现,B 机构立即重新进行检测,并对相关人员进行再培训,确保类似问题不再发生。

2. 设备风险

设备是检测机构进行检测工作的基础,设备性能和操作风险会对检测结果产生重要影响。

(1)设备性能风险。检测设备的性能直接影响到检测结果的准确性和可靠性。设备老化、故障或未及时更新,可能导致检测结果失真,给工程质量带来潜在风险。检测机构应定期对设备进行检查和维护,确保设备性能稳定可靠。

应对措施:建立完善的设备管理制度,定期对设备进行检查和维护,及时更新老化和故障的设备。

(2)设备操作风险。检测设备的操作过程中,人员操作不当或不规范,可能导致设备损坏或检测结果失真。检测机构应对员工加强设备操作培训,确保员工正确、规范地操作设备。

应对措施:对员工进行设备操作培训,确保员工了解和掌握设备的操作要领;建立有效的设备操作监督机制,对员工操作进行实时监控和纠正。

例如,C 机构的部分检测设备使用时间较长,开始出现老化现象。在一次道路工程的质量检测中,一台老化设备的检测结果出现异常。幸好,C 机构有严格的检测复核机制,通过其他设备的复核检测,及时发现了这一问题。此后,C 机构加速了设备更新和维修计划,确保所有设备都处于良好状态。

3. 环境条件风险

环境条件对检测工作会产生重要影响,检测机构应关注自然环境和检测场所的风险。

(1)自然环境风险。交通建设工程质量检测受自然环境的影响较大,如恶劣天气、地质灾害等,可能影响检测工作的正常进行。检测机构应关注当地自然环境变化,合理安排检测时间和计划,降低自然环境对检测的影响。

应对措施:建立完善的自然环境风险预警机制,提前预测和应对自然环境的变化;合理安排检测时间,尽量降低自然环境对检测的影响。

(2)检测场所风险。检测场所的布局、设施和环境可能对检测结果产生影响。场所布局不合理、环境条件不稳定或存在安全隐患,可能影响检测质量和安全。检测机构应对检测场所进行合理布局和设施配备,确保检测场所符合相关规定和要求。

应对措施:建立完善的场所管理制度,对场所的布局、设施和环境进行合理规划和配置;确保场所符合相关规定和要求,为检测工作的正常进行提供保障。

例如,某试验检测 D 机构,在进行一项涉及化学物质的检测时,由于实验室通风系统故障,导致室内空气质量恶化。一名实验人员在操作过程中,因吸入有害化学物质,出现身体不适。幸好及时救治,该实验人员很快康复。

这一事件引起了D机构的高度重视,立即组织专家对实验室环境进行全面检查,发现通风系统存在严重问题。为了确保员工的安全和健康,D机构立即采取措施,修复通风系统,并对所有可能受到影响的区域进行彻底清洁。同时,D机构还加强了实验室环境管理的培训,提高员工对环境因素的重视程度。此外,D机构制定了更为严格的实验室环境检测和维护流程,确保类似事件不再发生。

4.信息安全与隐私保护风险

随着信息技术的快速发展,检测机构在运营过程中涉及的大量信息和数据可能面临信息安全和隐私保护风险。

(1)信息安全风险。检测过程中涉及的大量数据和信息可能涉及信息安全风险,如黑客攻击、病毒感染、系统漏洞等都可能对检测信息的安全性产生威胁。检测机构应建立完善的信息安全体系,加强网络安全防护,确保检测信息的安全性和保密性。

应对措施:制定完善的信息安全管理制度,建立严格的信息安全标准和规范;加强网络安全防护,采用先进的加密技术和防火墙技术,防止信息泄露和攻击;定期进行信息安全审计和检查,确保信息安全管理的有效性和可靠性。

(2)隐私保护风险。客户的隐私信息和员工的个人数据可能面临隐私保护风险。检测机构应严格遵守相关隐私法规和政策,保护客户隐私不受侵犯,同时确保员工个人数据的合法使用和保密性。

应对措施:建立完善的隐私保护管理制度,规范员工对客户隐私信息和员工个人数据的处理和保护;采用加密技术和安全存储设备来存储和处理客户隐私信息和员工个人数据;定期对员工进行隐私保护意识和技能培训,提高员工的隐私保护意识和能力。

例如,近年来,随着检测机构信息化建设的推进,信息安全与隐私保护成为一个重要的风险点。某知名检测机构H,曾遭受网络攻击,导致部分项目数据和客户信息泄露。

H机构在日常运营中,积累了丰富的项目数据和客户信息。然而,由于信息安全防护措施不到位,机构遭受了一次网络攻击。攻击者获取了部分敏感数据,并在暗网上公开售卖。这一事件不仅对H机构的声誉造成了严重影响,还可能给其客户带来潜在的损失。

应对措施:事件发生后,H机构立即启动应急响应机制,与网络安全专家合作,对系统漏洞进行修补,加强网络安全防护;同时,机构通知受影响的客户,提供必要的支持和协助;为了避免类似事件再次发生,H机构投入大量资源加强信息安全建设,包括员工安全意识培训、系统安全升级、定期安全审计等。

(三)检测标准与技术风险

随着科学技术的发展,检测技术和标准不断更新和变化,检测机构应关注检测标准和技术的发展动态。

1.检测标准风险

检测技术的应用和结果的判定往往依赖于具体的检测标准。检测标准的变动或不一致,可能导致检测结果失真或不符合相关规定,从而给工程质量带来潜在风险。检测机构应密切关注相关标准的更新动态,及时调整和更新检测技术和标准。

应对措施:建立完善的技术标准管理体系,定期对相关的技术标准进行评估和更新,确保检测机构的技术标准和检测技术符合最新规定和要求。

2. 检测技术风险

新兴的检测技术在应用过程中可能存在不确定性和风险。检测机构在引入新的检测技术时,应充分验证技术的可靠性和稳定性,避免技术风险给检测结果和工程质量带来潜在影响。

应对措施:建立完善的技术评估和审核机制,在对新技术进行充分验证和评估的基础上才可引入和应用;定期对技术应用进行监督和检查,确保技术的稳定性和可靠性。

例如,E 机构为了提高效率,决定采用一种新的自动化检测技术。然而,在应用初期,由于技术不够成熟和人员操作不熟练,导致多次检测失误。E 机构决定暂停使用该技术,进行进一步的研发和培训,确保新技术能够稳定、准确地应用于实际工作中。

又如,某高速公路建设项目监理试验室,发现施工单位擅自将隧道开挖获得的洞渣进行破碎加工后用作沥青混凝土路面和水泥混凝土防护工程用集料,该洞渣集料呈浅灰色至灰黑色不等,经多次取样检测,母材抗压强度达到 60MPa。后在多批留样样品中发现,该洞渣在空气中自然暴露一个月左右,其表面就会出现明显的灰状附着物;利用该洞渣制备的混凝土试件,60d 左右则在混凝土表面出现膨胀、泛白,最后出现自然崩塌的现象。后续通过对部分路面和防护工程结构物进行反复检测和连续监测,对发生不良反应的结构物全部返工,并清除已生产集料约 30 万 m^3,从而避免了重特大质量安全事故的发生。

(四)市场竞争风险

随着市场竞争的加剧,检测机构可能面临来自同行业的竞争压力。竞争对手的技术创新、服务提升以及价格策略等都可能对检测机构的业务和市场地位带来影响。检测机构应加强自身技术研发和服务提升,关注市场动态,制定合理的竞争策略,以降低市场竞争风险。

应对措施:建立完善的市场分析机制,定期关注市场动态和竞争对手的情况;通过技术创新和服务提升来提高自身竞争力,并制定合理的价格策略以保持竞争优势;建立良好的客户关系,提高客户满意度,以降低市场竞争风险。

例如,面对激烈的市场竞争,F 机构接到了一个紧急的大型桥梁检测项目。为了在规定时间内完成检测,F 机构加班加点进行工作。但在初步检测结果中,发现了一些数据异常。经过内部审查,确定是因为追求速度而忽视了某些检测细节。F 机构及时调整策略,确保在后续工作中,质量和速度并重,避免因市场竞争压力而牺牲检测质量。

(五)检测机构风险管理相关结论与建议

检测机构的风险管理是一项持续的过程,需要检测机构定期进行风险识别、评估和监控。针对上述风险分析的结果,建议检测机构采取以下措施进行:

(1)加强对人员的选拔和素质的培养,建立完善的人员管理制度和激励机制。

(2)定期对设备进行检查和维护,及时更新老化和故障的设备,提高设备的可靠性和稳定性。关注自然环境和检测场所的风险,合理安排检测时间和计划,降低自然环境对检测的影响。

(3)建立完善的技术标准管理体系和新技术评估机制,及时调整和更新检测技术和标准。

(4)关注市场竞争风险,加强自身技术研发和服务提升,制定合理的竞争策略,提高市场竞争力。

(5)严格遵守相关法规政策和隐私保护规定,建立完善的信息安全和隐私保护管理制度。

(6)定期进行风险识别、评估和监控,不断完善风险管理机制和措施,提高风险防范能力和应对能力。

通过以上措施的实施,检测机构可以有效地降低各种风险的影响,保障业务的稳定发展,提高企业的核心竞争力。

二、检测机构的风险识别和评估

(一)开展风险识别

全面识别检测机构存在的潜在风险是进行安全管理的首要步骤。检测机构应组织专门的安全风险评估小组,对检测过程中可能出现的各类风险进行全面、系统地识别,包括但不限于法律合规风险、设备风险、环境风险、人员风险、材料风险等。针对在建项目、运营项目和特殊检测作业,在检测工作开展前对检测对象及范围,从人员、设备、物品、检测方法及环境和设施等方面逐一开展危险源辨识。同时,识别所有与检测任务相关的可预见危险,如机械伤害、高处坠落伤害、交通意外伤害等,或与检测任务不直接相关的可预见危险,如突发暴雨、地震等特殊状态下的安全。

(二)风险评估与分析

对识别出的风险进行评估与分析,采用定性和定量评估方法,了解各项风险的性质、发生的可能性及影响程度,为后续的风险管理提供依据。对于可接受风险,通过安全管理保持现有控制措施,以保证现有控制措施的有效实施或及时改进;对于不可接受风险,应确定控制措施,及时更正控制措施中存在的缺陷,有效降低或消除风险。如:隔离风险源控制风险,加强警示标志标牌以提高安全距离,提升个体防护装备应用水平以加强自身安全。同时,应定期进行风险评估和更新,以便及时掌握新的风险状况并采取相应措施。

三、检测机构风险控制与方法

检测机构在运营过程中面临着各种风险,这些风险可能对机构的运营产生不利影响。因此,采取有效的风险控制措施是检测机构稳定发展的重要保障。以下将针对不同的风险,阐明检测机构应采取相应的有效的风险控制。

(一)风险控制

1. 针对法规与政策风险

(1)建立完善的法规政策和技术标准跟踪机制,及时掌握政策变动和调整。检测机构应设立专门的法规政策研究团队或专员，负责关注国家相关法规政策的变动和调整。同时，应建立完善的内部通报和反馈机制，确保企业及时掌握政策变化并做出相应的调整。

(2)深入理解法规政策内涵，确保业务合规运营。检测机构应对新出台的法规政策进行深入理解和分析，确保企业的业务运营符合法规政策的规范和要求。对于存在疑问或不确定性的法规政策，检测机构应积极向相关部门咨询或寻求专业意见，以确保业务运营的合规性和稳定性。

(3)调整业务策略，降低法规与政策风险的影响。针对可能存在的法规政策风险，检测机构应适时调整自身的业务策略，降低潜在的风险影响。例如，在法规政策限制或禁止的领域，检测机构应积极寻求符合规定的替代方案或调整业务方向，以降低法规政策风险的影响。

(4)检测机构应积极与政府相关部门沟通合作，了解政策走向和监管要求。同时，应积极参与政策制定过程，提供专业的意见和建议，争取合理的政策和资金支持。通过与政府部门的紧密合作，以降低法规与政策风险的影响。

2. 针对人员因素风险

(1)建立完善的人员选拔和培养机制，注重人员专业技能和职业道德的考察。在选拔人员时，应注重候选人的专业背景、工作经验和道德素质等方面的考察，确保选拔出的人员具备较高的素质和能力。同时，应定期对员工进行专业技能和职业道德培训，提高员工的专业水平和职业道德素养。

(2)建立有效的激励机制，提高员工的工作积极性和忠诚度。检测机构应建立完善的激励机制，包括薪酬体系、福利待遇、晋升机制等方面，为员工提供良好的职业发展和福利待遇。同时，应关注员工的心理健康和工作压力，提供必要的支持和帮助，提高员工的工作积极性和忠诚度。

3. 针对设备风险

(1)建立完善的设备管理制度，确保设备的稳定性和可靠性。检测机构应制定详细的设备管理制度和流程，包括设备的采购、使用、维护、保养等方面。应确保设备采购来源合法、质量可靠，并建立完善的维护和保养机制，确保设备的稳定性和可靠性。同时，应定期对设备进行检查和维护，及时发现和解决潜在问题。

(2)对设备进行充分验证和技术更新，确保设备的准确性和可靠性。检测机构应对新购置的设备进行充分验证，确保设备的性能和质量符合相关标准和技术要求。同时，应关注行业技术的发展动态，及时引进新技术、新设备，提高检测机构的检测能力和水平。

(3)建立完善的设备操作规范和流程，确保人员操作的准确性和规范性。检测机构应制定详细的设备操作规范和流程，明确各项检测设备的操作步骤和注意事项。员工在操作过程中应严格遵守规范和流程，避免操作失误或不当导致的检测结果失真。同时，应定期对员工进行设备操作技能培训和考核，确保员工能够准确、熟练地操作设备。

4. 针对环境条件风险

(1)关注自然环境变化，合理安排检测时间和计划。检测机构应关注当地的自然环境变化,如天气、地质灾害等,根据实际情况合理安排检测时间和计划。在自然环境恶劣的条件下,应尽量避免进行户外检测或安排适当的安全措施,降低自然环境对检测工作的影响。

(2)对检测场所进行合理布局和设施配备,确保检测场所的安全性和可靠性。检测机构应对检测场所进行合理布局和设施配备,如建设防风、防雨设施等,确保检测场所的安全性和可靠性不受影响。同时,应定期对场所进行检查和维护,及时发现和解决潜在问题。

5. 针对信息安全与隐私保护风险

(1)建立完善的信息安全体系和隐私保护制度,加强网络安全防护。检测机构应制定详细的信息安全政策和隐私保护政策,加强对网络安全防护的投入和管理。应采用先进的加密技术和安全防护设备来保护检测信息的安全性和保密性,避免信息泄露或侵犯客户隐私的行为发生。

(2)加强对员工的信息安全教育和培训,提高员工的隐私保护意识和能力。检测机构应定期对员工进行信息安全和隐私保护的培训和教育,提高员工的隐私保护意识和能力。员工应严格遵守信息安全和隐私保护政策,避免在工作中泄露客户隐私信息。

(3)建立完善的客户隐私信息保护机制,严格控制客户隐私信息的访问和使用。检测机构应建立客户隐私信息保护机制,对员工访问和使用客户隐私信息的行为进行严格控制和监管。同时,应采用加密技术和安全存储设备来存储和使用客户隐私信息,确保客户隐私信息的保密性和完整性。

(4)定期进行信息安全审计和隐私保护审查,及时发现和解决潜在风险。检测机构应定期进行信息安全审计和隐私保护审查,及时发现和解决潜在的安全风险和隐私保护问题。同时,应积极配合国家相关部门的监管和审查,确保检测机构的信息安全和隐私保护符合相关法规和政策。

6. 针对市场竞争风险

(1)加强自身技术研发和服务提升,提高市场竞争力。检测机构应注重技术研发和服务提升,不断提高自身的技术水平和专业能力。通过引进先进的技术和设备,开发新的检测项目,提高检测服务的品质和效率,增强自身的市场竞争力。

(2)建立完善的市场营销和客户关系管理机制,提高客户满意度。检测机构应建立完善的营销策略和客户关系管理机制,加强与客户的沟通和合作,提高客户满意度和忠诚度。同时,应积极收集客户需求和市场信息,及时调整自身的业务策略和经营模式,降低市场竞争风险。

(3)联合其他检测机构和行业协会,共同应对市场竞争风险。检测机构可以联合其他检测机构和行业协会,共同应对市场竞争风险,实现资源共享、互利共赢。通过加强行业合作和交流,共同推动行业技术的发展和创新,提高整体的市场竞争力和抗风险能力。

7. 针对安全生产风险

对安全生产风险要采取“两个控制”,即前期控制和过程控制。

(1)试验检测开始前,编制检测安全工作检查表,针对检测的各种危险源和风险,制定出监控措施。其中,应急方案要有针对性、可行性。

(2)在检测过程中,对危险源风险进行实时检测,发现危及试验检测人员和设备设施时必须停止检测,必要时撤离检测人员,及时消除或控制危险源,防止风险演变成为事故隐患。

认真落实各级安全生产责任制,建立健全各项管理制度,杜绝一切人为事故的发生。加强对全体职工进行安全教育和技术交底作业培训,提高作业人员的安全意识和安全生产时的自我保护能力。

(二)控制方法

1. 风险规避

风险规避是指从根本上消除特定的风险源和中途放弃某些既存的风险源,采取主动放弃或改变该项活动的方式。一般来说,当某项活动的风险无法通过其他风险管理措施进行减轻或消除时,组织就会采取这种方法。一些特定的风险在采用避险行为时会受到限制,另外还可能出现替代风险、未被识别出来的风险。

(1)建立风险召集人制度。风险召集人是企业风险规避制度的核心制度之一。企业需指定专人担任风险召集人,及时召集相关人员开展风险评估、应急预案制定、风险防范等工作,以减少企业的损失。

(2)风险预警机制。建立风险预警机制是对企业内部和外部风险的预警和应急处置的安排。应建立科学、高效的风险预警机制,及时识别潜在风险、预判外部风险和内部风险,并综合运用多种手段进行及时有效的处理,维护企业可持续发展。

(3)建立风险评估机制。风险评估是对风险进行科学分类、量化分析、评估评级的有效管控机制。应根据不同的风险类型和等级,针对性制定风险应对方案,落实相应的风险预防措施和控制措施,有助于科学分析和识别风险,确保应对措施和资金的合理运用,减小风险对企业的影响。

(4)突出应急保障。应对突发事件和意外事件的应急预案是企业保障生产生活、减少和避免损失的有效措施。主要负责人要带头编制应急预案,明确应急组织、应急措施和应急物资等,建立完善的应急管理体系,提高全员安全意识和应对突发事件能力。

(5)强化风险管理。风险管理的全过程包括风险预警、风险识别、风险分析、风险防范和风险控制。企业必须制定风险管理流程,规范内部管理,保证风险管理的连贯性和有效性。

2. 损失控制

损失控制是企业风险管理的方法之一,对企业不愿放弃也不愿转移的风险,降低其损失频率,缩小其损失幅度的各种控制技术。它包括两方面,即损失预防和损失抑制。前者指在损失发生前为了消除或减少可能引起损失的各项因素所采取的具体措施;后者是指在损失发生时或之后为了缩小损失幅度所采取的各项措施。通常,人们事先已经对风险管理目标、管理机构、管理人员以及费用预算等作出决策,然后选择合适的风险缓解措施来实现风险管理目标。

(1)预防计划的目的在于有针对性地预防损失的发生,其主要作用是降低损失发生的概率,在许多情况下也能在一定程度上降低损失的严重性。在损失控制计划系统中,预防计划的内容最广泛,具体措施最多,包括组织措施、管理措施、合同措施、技术措施。

(2)灾难计划是一组事先编制好的、目的明确的工作程序和具体措施,为现场人员提供明确的行动指南,使其在各种严重的、恶性的紧急事件发生后,不至于惊慌失措,也不需要临时讨论研究应对措施,可以做到从容不迫、及时、妥善地处理,从而减少人员伤亡以及财产和经济损失。

(3)应急计划是在风险损失基本确定后的处理计划,其宗旨是使因严重风险事件而中断的工程实施过程尽快全面恢复,并减少进一步的损失,使其影响程度减至最小。应急计划不仅要制定所要采取的相应措施,而且要规定不同工作部门相应的职责。

3. 风险转移

风险转移是指将特定风险单位或全部风险单位的责任和可能利益转移给其他有能力或准备承担这种风险的实体。通常在非自愿的情况下使用,可分为保险转移和非保险转移。前者是指通过买保险合同来承担可能的风险损失,并得到相应经济补偿的一种行为;后者是指通过其他经济合同的签订,将风险损失转移给其他经济单位的一种行为。购买适当的商业保险,如购买财产保险、责任保险、雇主责任险等,以应对财产损失、第三方责任等风险,这是企业风险转移最常见的方式。

(1)建立完善的风险管理制度和流程,明确各项风险的控制措施和方法。检测机构应制定详细的风险管理制度和流程,包括风险的识别、评估、控制等方面。应明确各项风险的控制措施和方法,建立风险防范和应对机制,降低风险对检测机构的影响。

(2)建立有效的内部监督机制,对风险控制措施的执行情况进行监督和检查。检测机构应建立内部监督机制,包括定期审计、风险评估等方面,对风险控制措施的执行情况进行监督和检查。应定期对各项风险进行评估和审计,及时发现和纠正潜在的风险问题。

(3)加强与外部机构的合作与交流,引进先进的风险管理经验和技术。检测机构应加强与外部机构的合作与交流,引进先进的风险管理经验和技术,提高自身的风险管理水平。同时,应积极参加行业内的风险管理培训和学习活动,增强自身的风险管理能力。

4. 风险自留

风险自留是指组织自行承担特定风险的损失并获得相应的经济补偿的策略。这种方式通常是基于成本的考虑或者是暂时无法寻求其他风险管理方法的情况。一般来说,实施自留措施会使组织在一定程度上获得相应的管理灵活性。这主要是由于组织将特定损失纳入整体业务成本中,因此无须再单独考虑这部分损失的风险管理成本。自留计划可以设计为固定成本或者是根据特定情况而定,具体策略应与整体业务目标以及风险状况相匹配。同时,组织也可以通过购买相应的保险产品以规避特定风险的自留风险。

(1)将损失摊入经营成本。很多自留财产损失和责任损失的决定都不包括任何正式的预备基金。损失发生后,组织只是简单地承受这种损失,将损失计入当期损益,摊入经营成本。这种方法能最大限度地减少管理细节,但是如果损失在不同年度里波动很大,那么较大的损失会使企业陷入困境。

（2）建立意外损失基金。意外损失基金的建立可以采取一次性转移一笔资金的方式，也可以采取定期注入资金长期积累的方式。企业愿意提取意外损失基金的额度，取决于其现有的变现准备金的大小，以及它的机会成本。企业每年能负担多少意外损失基金，则取决于当年现金流的情况。建立意外损失基金的方法能够积聚较多的资金储备，因而能自留更多的风险。

（3）借入资金。由于风险事故的突发性和损失的不确定性，企业也可以在风险事故发生前，与银行达成一项应急贷款协议，一旦风险事件发生，企业可以获得及时的贷款应急，并按协议约定条件还款。

综上所述，检测机构在运营过程中面临多种风险，而采取有效的风险控制措施是保证企业稳定发展的关键。通过加强人员管理、设备投入、环境适应、法规政策跟踪、市场竞争等方面的风险控制措施，可以降低潜在的风险影响并提高企业的竞争力。在面对不断变化的市场环境和客户需求时，检测机构应保持敏锐的市场洞察力，持续关注风险动态并采取相应的应对措施，确保企业稳健发展并持续创造价值。

第八章　交通建设工程质量检测机构资产管理

根据有形资产、无形资产的类型及特征，提出针对性资产管理措施，有助于确保检测机构资产得到合理配置和有效利用，从而提高检测机构的整体运营效率，推动机构的持续健康发展。此外，随着技术的发展，检测机构也应逐步引入智能化手段。例如，利用物联网技术对资产进行实时监控，并通过大数据分析预测资产的维护周期和更新需求，从而实现更加精细化和智能化的资产管理。

第一节　资产管理的意义及目标

在当今时代，交通强国已成为国家战略，而检测机构作为保障交通工程质量的关键力量，肩负着推动交通建设高质量发展的重要使命。为响应这一政策号召，检测机构亟须实现自身的转型升级与高质量发展。而要达成这一目标，离不开对高科技技术、高效能运营、高质量服务等关键要素的持续投入与优化，这些要素的实现基础便是大量资产的科学管理。

资产管理对于检测机构而言，并非一项简单的后勤保障工作，而是关乎其核心竞争力与可持续发展的关键环节。科学先进、可靠准确的试验检测设备设施，是获取客观、准确、有效的试验检测数据的物质基础，一旦设备老化、精度下降或配置不当，就无法准确判断工程状况，甚至可能误判。同样，检测作业资料、专有技术等无形资产，是取得客观、准确、及时的试验检测数据的必备条件。若是检测技术过时，作业资料不合规，也将影响检测数据的正确性。因此，交通建设工程质量检测仪器设备、数据软件等资产的可靠性程度，直接决定着检测机构生产产品——检测数据的可靠性，关系到交通建设实体工程的质量判定。

一、资产管理的必要性

近年来，随着无损检测、遥感检测、AI 人工智能和大数据等新技术的不断进步，交通建设工程检测行业势必会朝着无人化、自动化、智能化、信息化、测采一体化的方向快速发展。影响检测产品质量的传统六大主因：人、机、料、法、环、测，其中，“机”对检测机构数据结果的影响权重将会越来越高。

检测机构对“机”的管理，即是对包括检测仪器设备、设施等有形资产，及技术文档、信息化软件等无形资产在内的一系列与检测活动相关的资产实施管理。它包括资产规划、购买、验收、登记、申领、使用、盘点、维护、报废等全过程环节，除具体使用部门外，还涉及资产管理部门、信息部门、财务部门和其他职能部门，是一项复杂的组织管理工作。确保这些资产得到有效管理，是提升检测效率、保障工程质量、维护机构信誉的必要条件。

二、资产管理的重要性

资产管理工作不仅是每个检测机构管理工作的重点,更是难点。在资产管理中,资源优化配置是确保资源高效利用的关键手段。通过科学的资源配置策略,检测机构可以最大化其资产的使用效率,减少浪费并提高生产力。首先,检测机构应进行全面的资源评估,了解现有资源的状况。其次,检测机构应制定合理的资源分配计划,确保各部门和项目能够获得所需的资源支持。除此之外,检测机构还应建立动态调整机制,根据市场变化和业务需求及时调整资源配置,以保持竞争优势。通过这些措施,检测机构可以实现资源的最优配置,提升整体运营效率和效益。

当检测机构具备开展不同板块业务能力时,需要将资产进行多元化配置,配置方案取决于该公司在这些业务板块的生产效率。若各板块的生产效率差别不大,可采取均衡的多元化配置方案,即根据机构自身人力资源、设备资源、资金资源、技术资源、信息资源等有形和无形的资源,结合自身多板块业务活动开展需求将资源均衡、不过多偏倚地投入到各个业务板块中,以扩充自身综合实力的方案;若其在某一优势板块的生产效率较高,则应在充分考虑优势业务及弱势业务的中长期发展趋势,进行一定程度的合理化倾斜资产配置,即将资源主要配置用于优势业务板块中以提升自身专业实力的方案,在资产配置时可按各业务的收益高低来分配不同量的资产,并根据市场形势进行动态调整。

部分大型综合检测机构除了承接交通行业检测业务以外,通常还将业务延伸至市政、铁路、轨道交通等板块,且板块业务量较大,具备良好的发展前景。因此,建议在保证交通行业检测业务稳健运行的同时,采取均衡的多元化资产配置方案,兼顾其余板块协同发展,以降低行业风口投资的周期性风险。相对地,部分规模较小的专项检测机构,则建议深耕优势业务板块,采取合理化倾斜资产配置方案,走“专精路线”以扩大专业优势,提升美誉度,建立无形资产-业务量反馈的正向循环,以壮大自身实力。

综上,检测机构对有形及无形资产进行有效管理,能够提升资产的利用效率;提高对机构资产的监督和管控;降低资产管理的风险;减少管理运营成本;提升机构资产管理的效率和能力,并建立有形-无形资产双向转换增值通道,从而提高机构的核心竞争力,实现良好的经济收益。而机构通过对现有技术进行创新和交叉融合,能进一步增强自身核心竞争力,并扩充有形与无形资产。最终,有效的资产管理及新兴技术的开拓,将促进检测机构持续稳定地高质量发展并日益壮大,这对检测机构具有十分重大的意义。

三、资产管理的目标

机构管理者应高度重视资产管理工作,保证资产的完整性。管理者需通过对有形资产、无形资产和总账、明细分类账中存在的项目及数量等信息进行检查,以了解机构资产的整体情况。

检测机构建立以资产、设备台账为中心的集成信息系统,宜包含设备设施、采购、维修、日常管理、库存、处置、分析等多个环节，可实现数据信息的共享，从而提升故障问题处理的效率以及管理效率。检测机构对资产管理进行信息化管理时，会得到大量资产信息和管理数据，这不仅包括设备属性、供应商、位置信息等静态数据，还包含检校维保、状态情况等动态数据，以及统计报表、分析查询结果等中间数据。检测机构通过资产信息和数据管理建立了有形资产向无形资产转化的有利渠道，并起到了检测机构无形资产增产的积极作用。对有形资产及无形资产的管理是为了最大化检测机构效益、增强检测机构核心竞争力和保障检测机构的稳定发展。

（一）实现效益最大化

检测机构既隶属于高技术服务业机构，也属于生产性服务业机构，检测机构实际为劳动和资产密集型机构。因此，检测机构应加强资产管理，优化资产配置，减少资产的闲置和损耗，这对降低机构的财务风险有重要意义。

检测机构在对资产实施有效管理的过程中，通过对资产管理工作的评估，能够及时发现机构在资产管理中存在的问题，以对资产管理模式进行优化和改进。有效合理的评估不仅利于制定合理的资产管理计划及规范资产管理活动和步骤，还能减少盲目投资造成的资金损耗、资产积压以及产能低下等情况的出现。这既减少了管理运营成本，也实现了效益最大化。检测机构在资产使用过程中应持续关注生产需求以及预期效益，应对设备进行定期检修以及日常维护保养工作，并尽可能降低故障率以免影响检测机构运营效益。检测机构应不断提升资产管理效率和资产管理能力，强化盈利能力，进入良性发展的循环态势，从而实现良好的经济收益。

（二）增强核心竞争力

自21世纪以来，随着我国经济的腾飞，检测机构进入了快速发展轨道。如今，检测行业作为国家八大高技术服务业之一，也逐渐成为国民经济高质量发展的重要保障和支撑。

2022年，国家市场监管总局围绕“质量强国”的主线提出，检验检测行业应向“市场化、国际化、专业化、集约化、规范化”发展，从繁荣期转型进入高质量发展期。要求各行业检测机构应在“政府规范、行业自律、社会监督”框架下，健康有序、优胜劣汰、高质量地发展。

据有关统计，建设工程检测行业机构已达上万余家，交通建设行业的检测机构及相关从业人员数量也不断增多，公路水运检测市场规模逐年扩大。在检验检测市场空前繁荣的同时，竞争也日趋激烈。

如何提升机构自身的核心竞争力便成为各机构管理者必须考虑的一道难题。而对机构实施有效的资产管理，恰恰是资产密集型机构、生产型机构提升核心竞争力的重要手段。机构管理者在对机构实施资产管理时，应注意结合机构自身实际情况、预期目标和市场需求等相关要素。通过建立职权责三者合理有效的治理结构、完善管理体制、健全规章制度、明晰产权关系、落实管理责任、改善资产管理手段、实施动态监管，以达成实现合理的资产管理策略，确保机构在市场中争夺先机，从而提高核心竞争力，实现可持续性发展。

（三）保障稳定发展

资产管理是机构管理系统的重要环节。检测机构通过建立完善的资产管理制度、提高资产管理人员的专业能力、加强对资产管理工作的监管等手段，能够保障自身对资产进行有效管理，从而提高资产的利用效率，降低管理成本，提升资产管理水平，促进机构蓬勃发展，以实现机构长远健康发展的目标。

鉴于目前交通建设工程质量检测行业运营状况日趋复杂，合理而又具备针对性和可操作性的资产管理策略对每个检测机构显得尤为重要。在保证资产安全完整且防止资产流失的基础上，检测机构不仅应通过优化资产配置、充分挖掘自身潜力并不断改进资产利用情况等方法，还应注意让治理结构与制度建设相辅相成、相互促进，实现监督制度与管理制度的有机结合。检测机构还应加强对资产的管理，强化对材料、物品资源、库存等资产进行清查和盘点工作，这样不仅有利于检测机构保证资产的完整性和安全性，有效控制运营风险，降低运营成本，还能提高资产使用的经济效益，提升生产效率，助推扩大生产规模，以满足自身生产和发展的多样化需求，从而推动检测机构自身稳定持续良性发展。

同时，鼓励大型、头部检测机构利用合理的资产管理策略，聚焦检测细分领域、追求管理精细精益、发挥自身独特优势、持续提升创新能力，避免陷入同质化发展陷阱。此外，还应发挥“专精特新”机构的示范作用，促进整个交通建设工程质量检测行业有序高质量发展，为交通建设质量工作保驾护航。

第二节　有形资产

有形资产是指具有实物形态的资产，狭义的有形资产通常是指机构的固定资产和流动资金。广义的有形资产则包括机构的资金、资源、产品、仪器设备、装置等一切生产要素。有形资产管理在资产管理中占据着举足轻重的地位。作为检测机构生产运营的物质基础，有形资产如设备、建筑、车辆及库存等，直接关联到生产效率、成本控制及市场竞争力等方面。有效的有形资产管理不仅能够优化资源配置，减少闲置与过剩，还能通过定期维保，保持资产的良好状态，为机构的持续发展提供有力支撑。此外，它还有助于机构精准评估自身价值，为投资决策及风险管理提供可靠依据。因此，在资产管理的广阔范畴内，有形资产管理不仅是基础性的，更是战略性的，对于推动企业实现长期稳健发展具有不可替代的作用。

一、有形资产的类型

通常情况下，对于检测机构而言，根据其用途和使用情况将其有形资产分为两大类：一类为直接服务于检验过程的各种有形资产，如试验室场所及附属设施、检测仪器设备、辅助机具器材、特种检测作业车辆等；另一类为不直接服务于检验过程中的各种有形资产，如办公设施、生活设施及其他有形资产。

有形资产是检测机构总资产中最直接易见的资产，不仅是机构重要的生产要素之一，还是机构赖以生存的物质基础和产生效益的源泉。充足的有形资产，是检测机构经济实力的体现,是检测机构在激烈市场竞争中的底气。因此,有形资产管理水平的高低直接关系到检测机构的生存与发展。检测机构应当将资产管理的重心放在对有形资产的管理上,充分利用有形资产并发挥其最大功能,促进自身获得更高的经济效益。

对于检测机构而言,试验检测仪器设备及设施是实施试验检测工作的“饭碗”,通常在总资产中占比较大,且有量值溯源管理要求。因此,需要各机构予以重视,在遵循合理的资产管理制度基础上,还应针对检测仪器设备的管理内容编制相应的管理制度,并设置专人专岗。

二、有形资产的管理

交通运输部于 2023 年 10 月 7 日发布的最新版《公路水运工程质量检测机构资质等级条件》中,不但明确规定了不同资质的检测机构应配置的仪器设备设施,还对试验检测用房使用面积(不含办公面积)做出了强制性规定。交办〔2024〕1432 号中提出“仪器设备方面,细化明确检定校准要求,以确保仪器设备正常使用,依法依规出具准确、有效检测数据报告;环境条件方面,细化明确结合现场检测操作对环境条件是否满足标准规范要求开展核查”。由此可见,场地条件、检测设备、环境设施等有形资产的投入和管理与检测机构的资质建设、生产运营息息相关。检测机构对有形资产的管理,应至少满足以下要求:

(一)建立合理有效的治理结构、健全管理制度

建立职权责三者合理有效的公司治理结构,各级相互依存又相互制衡。资产管理各部门及其相关人员要明确权责分工和责任意识,让治理结构与制度建设相辅相成,相互促进,实现监督制度与管理制度的有机结合,建立健全检测机构资产管理制度体系。

资产管理工作的开展很大程度上依靠管理制度进行。各检测机构都建立了资产管理制度,但操作性可能不强,存在长期不更新的情形,已与现在的市场环境和机构发展需求不匹配。同时,资产管理制度不仅要针对有形资产的采购验收、日常使用、量值溯源、报废处置等重点环节,明确流程、操作细则和各部门职责,还需确保流程清晰、定岗定责、可追可查。科学的管理制度有利于提升检测机构的资产管理水平;反之,将使资产管理处于被动的局面,从而降低资产的使用效率,这将会大大影响机构的运营。

(二)落实管理责任、强化日常监管、共同把好“三关”

检测机构各部门要统一思想,重视有形资产的管理工作,切实履行岗位职责,认真组织开展有形资产管理的各项工作,加强对有形资产配置、使用、处置等关键环节的控制,将责任落实到个人,并认真落实奖惩考核。每个人员应尽职尽责,爱护和使用好有形资产,如实做好各类资产记录的填写,在高效利用的同时确保有形资产的良好和完整。

加强有形资产的日常监管工作,确保资产数据准确。资产管理需要机构内部各个相关部门联动。人力部对人员离职、转岗、退休等涉及人员变动的情况要提前告知资产管理部门,以便其督促管理员办好资产变更手续。对于机构搬迁改造等重大工作任务,要及时与使用部门沟通,制定方案,确保资产安全和数据完整准确。资产使用部门也要根据资产的变

动，及时办理资产移位、减值等相关手续。机构的各个部门要根据职能职责通力合作，共同把好资产“入口关、运行关、出口关”，如此才能共同管理好有形资产。

（三）规范管理行为、重视日常管理、提升管理效能

1. 采购验收

检测机构根据检验检测、科研设计、计量检定、安全防护的规划与发展需求，及时制定合理的有形资产采购计划。由专人对年度采购计划中的有形资产进行选型调研，审核部门要严格把关，按机构资产采购管理办法完善相关审批手续，并在采购完成后，组织专人进行验收。

2. 资产标识

对有形资产设置有形资产卡片，对所有资产按照一定标准分类，遵循编码规则对所有资产进行编码。做到有物必登、登记到人、一物一卡、不重不漏。规范有形资产卡片的格式，标明有形资产的基本信息、财务信息和使用信息，并在卡片中增加资产状态栏，注明资产是否处于维修、变更、调剂状态，并及时动态更新。

3. 建立台账

建立有形资产台账，详细记录有形资产的数量、价值和使用状况等信息；对资产的增减变动、检校状态及时进行记录；定期与有形资产卡片进行核对，形成使用单位、资产管理部门和财务部门共享的统一标尺，确保账卡相符。

4. 规范使用

建立健全有形资产的使用管理制度和使用细则，明确有形资产使用者和管理者的责任，落实责任到个人。同时，加强教育培训，提高有形资产使用者和管理者的水平，做到有形资产的合理使用、妥善保管。

5. 清查盘点

定期对有形资产进行清查盘点，全面掌握并真实反映有形资产的数量、价值和使用状况，并与有形资产台账进行比对，确保台账与实际相符。

检测机构要提升有形资产日常记录审查水平，一旦在清查工作中发现账实不符、盘盈、盘亏等历史遗留问题时，应进行统计报告和整改落实，及时进行相应账务处理，进而改善管理现状。此外，在清查阶段既要准确核实有形资产具体数量，又要确认有形资产的实际情况和使用状况，为单位进行有形资产购置和处置提供决策依据。

6. 加强日常维保

管理人员应建立有形资产维保台账，认真记录其日常保养维护情况。从中可以了解掌握有形资产不同使用者、管理者的使用管理水平，为单位组织专业培训提供方向，也为有形资产考核管理提供依据。有效的日常保养维护工作，能适当增加固定资产的使用年限，以免多次维修造成固定资产利用率下降，为正常开展检测业务提供重要保障。

7. 规范处置

有形资产作为机构重要的生产要素，其处置过程直接影响着机构的资产管理效率和财务状况。规范的处置流程不仅能够有效控制资产流失，保障机构利益，更能体现机构对资产管理的重视程度。处置阶段主要涉及报废与处置环节，应明确有形资产的内部处置程序和各部门人员权限，严格按照规定权限履行报批程序，做到对有形资产及时、规范处置。

（四）注重管理者专业培训

有形资产是死的，管理者才是活的。管理者的专业素养和技能水平直接影响着有形资产的管理效率和使用效益。只有管理者对有形资产进行科学合理的管理，才能使有形资产发挥其最大的使用价值。

一方面单位应重视具备专业技能人员的选聘及任职工作，积极吸引更多有才之人参与到有形资产管理活动中。优秀的管理者不仅要熟悉资产的运作原理，还要具备成本控制、风险评估等方面的专业知识。不能仅仅依靠经验，更需要系统的专业知识。

另一方面机构应建立完善的培训机制，为员工提供持续的职业发展机会，鼓励他们不断学习新技术和新方法，从而提升管理水平。机构应定期组织培训，这可以帮助管理者掌握最新的管理方法和技术，例如精益管理、六西格玛等。培训内容应涵盖资产评估、成本控制、风险管理等方面，并结合机构实际情况，制定个性化的培训方案。管理者专业培训是提升有形资产使用价值的关键。通过针对性培训，可以有效提升管理者的专业技能。

（五）完善追责机制，落实奖惩考核

建立健全有形资产损失追责机制，落实损失赔偿责任。对因使用不当、保管不善等原因造成的有形资产的丢失、损毁等情形，按照责任制度要求进行对相关责任人进行责任认定，并根据考核制度对相关责任人进行奖惩考核。

在满足以上有形资产管理基本要求的基础上，各检测机构要及时更新资产管理制度，剔除不符合市场经济需求、不适应新时期发展的旧制度，建立健全与目前资产管理需求相适应的、科学完善的制度体系。鼓励各检测机构探索有形资产全寿命周期管理，综合应用系统论的管理理念，统筹协调、优化有形资产管理各业务环节的目标、标准、制度、流程及方法，实现在风险可控的前提下，协同高效、全局最优的管理目标。

当下正处于数字信息时代，鼓励各机构将5G、AI、大数据等信息技术引入资产管理相关制度体系建设之中，建设一个全面智能化的资产数据信息化管理系统，将管理系统控制流程归入内控制度，实时管理和监控有形资产的状态。通过这种“制度＋技术”的结合，让有形资产的管理真正地“活起来”。

三、检测设备的管理

对检测设备进行管理的目的是保护检测设备的准确性、可靠性和完整性，防止资产流失。检测设备的管理是检测机构质量管理体系的重要组成部分，其环节众多、管理链条较长，存在链式反应。故针对检测设备开展系统化管理难度较大，管理过程中极易出现差错。大体而言，涉及设备的配置采购、量值溯源、日常使用、期间核查、维护保养、故障处置，出库入库等管理环节。因此，检测设备的管理不单是某管理或生产部门的职责，而应由机构各相

关部门通力合作、协作完成。

(一)各职能部门职责分配

1. 管理部门可承担以下职责(不限于)

(1)建立及管理设备一览表、检校状态表、期间核查表等管理台账;

(2)制定设备年度购置计划、量值溯源计划、维护保养计划、期间核查计划;

(3)参与设备购置的招标评标、验收培训、上账入库等环节;

(4)购置及管理标准物质、参考标准及危险化学品;

(5)管理设备操作权限、“三色”状态标识;

(6)编制合格供应商名录;

(7)审批维修、停用、启用、降级、报废流程;

(8)监督设备的动态管理。

2. 生产部门可承担以下职责(不限于)

(1)设备使用及日常管理;

(2)设备自动采集数据的管理及备份;

(3)设备操作规程的编制;

(4)设备检定校准、期间核查、维护保养的实施;

(5)本部门设备采购、维修、停用/启用/报废的申请;

(6)供应商的评价;

(7)设备操作的培训、考核及能力确认;

(8)设备各管理环节记录资料的填写。

3. 财务部门可承担以下职责(不限于)

(1)设备资产财务管理与支付核算;

(2)负责设备购置、检校服务商的招评标;

(3)参与设备报废、处置及清查。

(二)设备管理

设备管理的具体内容详见第六章第三节。

第三节　无形资产

无形资产,一般是指无形资产的资源,是指不具有实物形态而主要以知识形态存在的重要经济资源,是为其所有者或合法使用者提供某种权利或优势的一种资产。对检测机构而言,无形资产包含检测数据、专利软著、专有检测技术及知识等,是构成检测机构核心竞争力的关键要素。从长远角度来看,无形资产能从经济效益、工作效率、商誉等方面给检测机构带来巨大影响。对其管理的意义不仅在于保护机构的知识产权,防止窃取等不法侵害,更在于通过有效的管理策略，逐步提升无形资产所带来的收益，最大化地发挥无形资产的商业价值。

由于不重视无形资产管理而导致经济损失的案例比比皆是。例如，鸿道集团因对商标管理不慎，其未选择自身塑造商标而将主要产品依托于广药集团的“王老吉”商标，在被广药集团限制其使用该商标后承受了极大的经济损失。前车之鉴，后事之师，检测机构对无形资产的有效管理，对自身的高质量发展同样起着举足轻重的作用。

检测机构通过良好的无形资产管理可以有效提升自身品牌影响力，从而吸引更多客户和合作伙伴，提升机构的市场地位；通过转让、融资等方式，实现无形资产的资本化运作，便可为机构创造持续的经济收益。因此，无形资产管理不仅是机构资产管理的重要组成部分，更是推动企业创新发展和提升市场竞争力的关键所在。

一、无形资产的类型

进入 21 世纪以来，商业环境的竞争加剧和信息技术的出现，以及从信息经济、互联网经济到数字经济的发展演变，使得过去多以实物资本为主的资本积累发生了变化。据统计，相对于有形投资，无形投资占国内生产总值的比重一直处于稳步上升态势；而国外各级政府、组织及机构对无形资产的管理都很重视，2013 年美国和欧盟 11 国在无形资产上的投资比有形资产多约 10%，无形资产投资已经占据主导地位。经济合作与发展组织的分析也强调，2000 年以来无形资产在生产率增长中占很大比重，无形资本的积累也被视为扩大生产率差距的重要因素。这些数据均表明，无形资产已成为当今经济中财富和增长的主要驱动因素，也越来越被视为知识创造和创新的关键驱动力。

长期以来，在资产管理方面，检测机构形成了一种传统观念，认为只有有形才是资产，并且对有形资产形成了一整套比较完整的管理方法，检测机构里也有专人对有形资产进行管理。而因为对无形资产的价值缺乏深入理解认知，没有充分认识到无形资产的重要性，再加上缺少无形资产盘活或变现的有效渠道，所以对在长期生产经营活动中形成的无形资产缺少系统化、科学化、规范化的管理。而国外很多检测机构大多建立了无形资产管理制度和管理系统，对包括数据、专利、版权、商标和技术诀窍等无形资产进行有效管理，并由此获得了其带来的红利和增值。

因此我们必须认识到，无形资产是资产的重要组成部分。一切与检测机构生产经营有关，能为检测机构带来经济效益的没有物质实体的资产，都属于无形资产。在当今 5G、云计算的信息化时代，无形资产在机构资产中占据越来越重要的地位，其对于提高检测机构核心竞争力起着至关重要的作用。

（一）按来源分类

按来源不同可分为外购无形资产和自创无形资产。外购无形资产可以是单独购入、与其他资产同时购入、与机构整体一起购入，均指从机构外部购入的无形资产；自创无形资产，由机构自行研究和开发、自机构内部形成。

（二）按使用寿命分类

按使用寿命不同可分为使用寿命有限的无形资产和使用寿命不确定的无形资产。使用寿命有限的无形资产是指有些无形资产的使用寿命受法律法规、协议或合同的限制，可以确定；使用寿命不确定的无形资产，如非专利技术、秘密配方、商号等的寿命是无限、或很难确定的。

（三）按辨认分类

按能否辨认可分为可辨认无形资产和不可辨认无形资产。可辨认无形资产可以进行具体认定，多数无形资产属于可辨认无形资产；不可辨认无形资产与机构整体相联系，但不能单独认定，一般指商誉。

二、无形资产的特征

对于检测机构而言，无形资产是检测机构发展过程中逐步累积下来的无形财富，具体表现为数据、专利、技术文档、商标、著作、荣誉等，一般具备以下基本特征：

（一）非实体性

无形资产的非实体性是其最显著的基本特征，体现在不具有实物形态和发挥作用的形式无形两个方面。因无形资产不存在实物形态，故不存在实体性贬值，但却需要依附于一定的载体。无形资产与有形资产的根本区别在于有形资产的价值主要取决于有形要素的贡献，而无形资产的价值取决于无形要素的贡献。

（二）依附性

无形资产总是在生产经营的一定范围内发挥特定的作用，其形成一定程度上基于有形资产的发展。无形资产没有实物主体，必须依附于一定的实物载体才能够发挥作用，相对而言缺乏独立性，它不可以不依赖于有形资产而独立发挥作用，体现一种权力或取得经济效益的能力。无形资产所依附的载体主要分为直接载体和间接载体。直接载体包括专利证书、商标标记、注册商标、图纸资料、工艺文件、软盘、标牌等实物主体，间接载体是与此项无形资产相关的有形资产及其他资产。无形资产虽然是一种独立的且没有物质实体的资产，但其作用的发挥及其价值的体现却与相关实体资产或载体有着密切的联系。例如，专利技术或非专利技术需要借助于单台设备、组件及其工艺流程体现；品牌的知名度、市场影响力通常需要借助于技术服务表现；而商誉则需要通过检测机构整体经营管理水平和效益体现。

（三）转化性

无形资产虽然是看不见、摸不着的非物质资产，但其重要性在于其发挥的作用，若能使无形资产与有形资产相结合，就可以相互转化并产生巨大的经济效益。如可以通过将某些专利、技术、分析数据等无形资产通过出售或转让，以收取货币资金从而购置有形资产；也可以通过技术改造、升级，将现有闲置的设备加以改造，以盘活有形资产；还可以通过发挥“品牌效应”的作用，扩充建设工程、铁路工程、城市轨道交通等领域的检测生产活动等。

（四）增值性

无形资产能给机构带来强大的增值功能，而且本身并无有形损耗。无形资产的形成不是一蹴而就的，而是展现出一个动态的发展过程。检测机构在生产经营中靠自身日积月累、不断努力，经过长期提高自身实力逐渐培育出来的无形资产，如专有技术、经验、人才、机构精神、职工素质、机构信誉等，都潜在的存在于检测机构中，具备一定程度的隐藏属性。如果能通过长期的高质量、高信誉、高口碑建设，则能在无形中为检测机构带来巨大的社会效益和经济效益。

（五）共益性

无形资产有别于有形资产主要体现在，它可能作为共同财产存在，即一项无形资产可以在不同的地点、同一个时间，由不同的主体所使用。应当注意，无形资产共益性也受到市场有限性和竞争性的制约。例如，由于追求自身利益的需要，各主体对无形资产的使用还必须受相关合同的限制。

（六）专有性

无形资产具有明显的排他性、专有性，受到法律保护。实际控制人可以通过商业秘密、专有技术、合同条款、许可协议等形式，约定无形资产在使用过程中的保密事项。

三、无形资产的管理

从上述无形资产的特性不难看出，如何挖掘出检测机构自身隐藏的无形资产并对其实施有效管理、发挥其积极作用、让其带来经济效益，对检测机构而言具有不小的难度。长期以来对无形资产的重视程度有所缺乏，对无形资产的管理不够专业，造成了管理上的混乱及效益的流失。同时，机构内部也缺乏对无形资产的监管，许多机构的无形资产由其他部门进行监管，造成责任分工混杂，监督不及时，无法形成高效的管理体系。因此，特将无形资产的管理需求要素梳理如下：

（一）树立对无形资产管理的正确观念

检测机构要管好、用好无形资产，首先需要正确认识和充分重视无形资产的价值。无形资产包括品牌、专利、技术、数据等，这些资产对机构的市场竞争力和长期发展具有至关重要的作用。明确无形资产对机构成败的利害关系，能够帮助机构在战略规划中更好地利用这些资源，提升机构的核心竞争力。

无形资产的取得和收回，比有形资产有更大的复杂性和艰巨性。无形资产的获取往往需要大量的时间和资金投入，例如研发新技术、建立品牌声誉等，这些过程充满了不确定性和风险。因此，检测机构需要建立完善的知识产权保护机制，防止无形资产被侵权或滥用。

无形资产的损失对检测机构经管成果的影响比有形资产的损失更深远。无形资产一旦丧失，机构可能会失去市场竞争力，甚至面临生存危机。例如，品牌声誉的损失可能导致客户流失；技术泄密可能导致市场份额下降。因此，机构必须树立对无形资产管理的正确观念，高度重视无形资产的管理，通过科学的管理方法和有效的保护措施，确保无形资产的安全和增值。

（二）加强专业型人才的发掘与培养

无形资产的管理需要具备管理知识和专业技能的对口人才，是一种需要多门相关学科相结合的新兴行业，传统学科的单一学习无法满足其需求。这样一来，一方面需要相关求职者加强自身的学业素养，包括扎实的理论基础以及丰富的经验。检测机构在应试相关求职者时，需要改变传统观念，从更加综合考察的角度挖掘相关人才。从业人员应加强提高专业能力，不断学习相关知识，培养更加良好的从业技术。另一方面，机构也应更加重视无形资产管理人才的梯队建设，形成高质量的人才队伍，以满足新发展之下机构对无形资产管理的充分需求。

（三）高度重视无形资产的投资和积累

机构应该重视无形资产的投资，从提高经济效益和提高产品竞争能力、开拓市场、吸引顾客出发，研究无形资产的投资方向，例如品牌建设、技术研发、专利申请等。同时，还需要合理确定投资规模，确保资金的有效利用。机构要遵循投入和产出、长远利益和眼前利益相结合的原则，切实做好对无形资产投资的可行性研究。机构应当进行充分的技术经济论证，评估无形资产投资的潜在收益和风险，确保投资决策的科学性和合理性。

（四）无形资产的识别

保护和发展无形资产的前提是正确地识别无形资产。只有正确识别何为无形资产，才能意识到其带来的经济利益，并意识到其具有的价值。而对无形资产进行识别的前提则是对无形资产进行合理的定义，通过合理的定义便可按图索骥地识别无形资产。

在会计学、经济学以及资产评估学中均有“无形资产”一词的出现。在会计学领域中，无形资产和其他资产一样，需具备企业拥有或控制性、未来的收益性及收益具备预期性等共同点。而无形资产所具备的个性特征则为没有实物形态，具备附着性及资源有限性。国际会计准则将无形资产看作是附着于产品或劳务之上的资产，其价值首先体现在企业产品或劳务的生产、销售上的应用，其次则是用于出租或者管理目的。美国财务会计准则将无形资产视为经济资源，其能够带来的未来利益决定其价值。在经济学领域中，无形资产被视为一种生产要素，研究它是如何在企业和经济大环境下来推动经济增长的。在资产评估学领域中，《国际评估准则》在2000年出具了关于无形资产评估的相关指南，指南依据产生的来源将无形资产分成三大类，即来源于知识产权创造的资产、来源于市场关系的资产及来源于授予权利的资产。表8-1展示了部分无形资产的类型及其识别要点，并举例予以说明。

国内关于无形资产管理的主流观点认为，无形资产是指企业拥有或者控制的、不具有实物形态的、能持续发挥作用并且能带来经济利益的非货币性资产，并将无形资产划分为分可辨认无形资产和不可辨认无形资产，其中，不可辨认的无形资产特指商誉。资产满足下列条件之一的，符合无形资产定义中的可辨认性标准：

（1）能够从企业中分离或者划分出来，并能单独或者与相关合同、资产或负债一起，用于出售、转移、授予许可、租赁或者交换。

（2）源自合同性权利或其他法定权利，无论这些权利是否可以从企业或其他权利和义务中转移或者分离。

无形资产的识别 表8-1

序号	资产类型	识别要点	举例说明
1	检测资质	(特许经营权)特许经营方式、许可经营期限与范围、许可双方权利与义务等	各类检测资质等级、CMA、CNAS
2	检测数据	事前、事中、事后各类检测相关数据、“人、机、料、法、环、测”相关数据等	原始记录、中间数据、报告信息、数据分析挖掘
3	专有技术	不为外界所知,在生产经营活动中应采用,不享有法律保护,可以带来经济效益的各种技术等	检测流程、信息管理系统、专有检测技术、作业指南、作业指导书
4	专利权	专利的法律保护状况,专有技术的保密情况,专利和专有技术的技术特征、权利属性、实施情况,所实施产品、专利和专有技术资产或服务的经营情况等	检测相关发明专利及实用新型专利
5	著作权	权利登记证书、著作权财产权利类型、权利属性、作品特征、内容导向、收益方式、传播情况、收益水平等	标准规范、技术指南、论文、软著
6	服务网络	服务对象、服务网络的构成、范围及运行效率、收益水平等	行业主管部门、项目建设单位、各级施工承包商、材料供应商、仲裁
7	客户关系	用户黏性、需求倾向、收益水平等	客户满意度、需求分析、业绩
8	商誉	优质的产品和服务、积极的企业文化、良好的社会关系、超额收益情况等	机构知名度、权威性
9	合同权益	合同的合法性、公正性、服务期限,合同约定的激励措施、保密条款,防止商业贿赂、竞业禁止条件等	业务合同、保密协议、廉正合同
10	网络平台	域名、访问量、与网络平台相关的业务发展情况、潜在的需求者等	机构官网、远程业务平台、官方公众号
11	商标权	唯一标识、商标注册情况、权利属性、市场影响力、使用该标识/商标产品或服务的经营情况、广告宣传状况、收益水平等	机构名称、机构标识
12	人力资源(人才)	由人作为载体而呈现的智能成果、脑力劳动等	知识、技能、创造力、管理能力等

注:表中举例部分仅含典型示例,供读者参考。

(五)充分利用、积极保护和发展无形资产

无形资产涵盖生产数据、科研成果、商誉等诸多内容,检测机构可充分利用自身现有的无形资产开拓各项业务,包括:收集检测数据以建立数据库,并通过深度分析挖掘数据的内在价值为客户提供增值服务;充分利用论文、专利等科研成果,积极发展横向联合,提高市场竞争力;有效利用机构的商誉在经营活动中取得优惠。

其中生产数据的收集是无形资产管理的重要基础。通过系统化地收集和存储数据,检测机构能够建立一个丰富的数据库,为后续的分析和决策提供坚实的基础。而对数据的挖掘和分析则能够揭示隐藏在数据背后的规律和价值,有助于检测机构发现新的检测技术路线,还可以为客户提供质量分析、技术改善等增值服务,提高用户黏性,维系良好的服务网络。专利、论文、技术奖项等科研成果作为检测机构科研硬实力的象征,不仅能增强机构在检测行业中的影响力,还能通过一定的技术措施转化为额外的经济效益。若将其应用于自身生产活动中,不但能有助于开发更具有市场竞争力的新技术,还可优化现有的检测业务流程,提高生产运营效率,进一步提升核心竞争力。在充分建立市场良好形象及行业地位优势的条件下,通过商誉在合同权益中获得主动权、商业优惠等隐形价值。

无形资产能给检测机构带来额外收益,若处置不当也会造成大量损失,那么对无形资产的保护就显得至关重要。对于检测机构而言,生产数据是其核心竞争力的重要组成部分,必须确保数据的安全存储与隐私保护。机构可以采取严格的数据加密措施、控制访问权限及冗余备份策略,防止数据篡改、泄露或被恶意利用。同时,建立合理合规的数据使用框架,确保数据的收集、处理和分析活动严谨可靠。科研成果的保护则侧重于知识产权管理,通过申请专利、注册商标、发表高质量论文等方式,明确科研成果的权属,防止被侵权。此外,加强内部知识产权培训,提升员工的保护意识,建立快速响应机制,对侵权行为采取法律手段,维护机构的合法权益。商誉的保护则需从生产经营中的各个环节做起,如坚持诚信经营、提供高质量的服务、积极回应客户反馈、处理投诉与争议时保持公正透明,这些都能有效巩固和提升机构的商誉。同时,通过社会责任项目、品牌建设等策略,积极塑造正面形象,增强社会认可度,从而在市场竞争中占据有利地位。

总之,无形资产的有效管理不仅能够提升检测机构的竞争力,还能为机构的长期发展提供坚实的基础。上文中所提检测机构部分无形资产的利用、保护和发展方式可参考表8-2。

无形资产的利用、保护和发展方式 表8-2

序号	无形资产	利用、保护和发展可采用的方式
1	各类检测资质等级、CMA、CNAS	及时同步更新标准规范、扩充检测参数、提升检测能力、延续或升级资质
2	检测数据	采用信息化手段转化电子数据、建立数据库、分析挖掘提取、为客户提供增值服务

续上表

序号	无形资产	利用、保护和发展可采用的方式
3	专有技术	优化检测流程、提高生产效率、及时申请专利获取法律保护、技术转让获取经济或社会价值(免费公开)
4	发明专利、实用新型专利、著作权	获取法律保护、授权或转让获取经济价值、社会价值
5	服务网络	拓展新市场、提升业绩质量、加强反馈调查、构建良好检测生态网络
6	客户关系	开发新用户、提高用户黏性、防止用户流失
7	商誉	加强技术能力及业绩宣传、关注客户需求、提供“优质低价”服务
8	网络平台	公开服务范围与费用、提升用户使用体验、及时处理用户诉求、扩充检测业务功能,利用流量红利增值

注:表中所列方式仅含典型示例,供读者参考。

无形资产的发展还体现在其对社会发展起到的推动作用。对于交通建设检测行业而言,各检测机构日积月累所形成的无形资产更是为上级交通行业主管部门提供了重要的技术支持,协助其作出更科学的决策,进而推动检测行业高质量地发展。例如,交通建设项目中桥涵结构混凝土对其使用的粗集料品质要求较高,压碎值指标过去采用的试验荷载为400kN,但随着地材资源的大量消耗,若继续采用该要求,高品质地材资源量难以维系大规模交通建设桥涵结构混凝土的需求。故《公路桥涵施工技术规范》(JTG/T 3650—2020)特将粗集料压碎值检验的试验方法作出了调整,增加了结构混凝土中粗集料的压碎值检验试验方法,将试验荷载调整为200kN。从中不难看出,检测机构逐年累积的无形资产也能为交通建设行业做出重要贡献。

(六)完善机构无形资产价值评估核算体系

为了正确反映机构无形资产的投入、计价、摊销和收回,要建立无形资产的基本核算体系,对无形资产进行认定、评估和单独核算。

无形资产相关核算。一方面,由于无形资产具有缺乏物理形式、价值不稳定且与其他业务或活动有关的特点,因此在测算上存在一定的困难。可从无形资产本身出发,分别从宏观层面和微观层面采用分项评估方式进行测算统计,但这种方式在实际运用中还存在整体性不足的缺点,效果并不理想。另一方面,由于无形资产具有可扩展性、溢出性以及在生产中的协同作用,因此其对生产率和增长的贡献可能难以在标准生产函数或使用增长核算技术中体现出来,可采用基于收益的测算方法、多部门一般均衡模型以及基于要素收入的增加值分解法等对无形资产的贡献进行测算。

但想要积极发挥无形资产在检测机构中的重要作用与独特价值,还需要检测机构自身做出相对应的改变。针对存在的代表性问题,检测机构应剖析其原因,并针对影响无形资产发展的各项因素提出应对措施，以盘活无形资产，助推检测机构高质量发展。总之，无形资产的有效管理不仅能够提升检测机构的竞争力和新质生产力，还能为机构的长期发展提供坚实的基础。

四、数据资产的管理

在无形资产的众多组成之中，数据资产因其独特性与重要性值得单独一提。“为深入贯彻党的二十大和中央经济工作会议精神，落实《中共中央 国务院关于构建数据基础制度更好发挥数据要素作用的意见》，充分发挥数据要素乘数效应，赋能经济社会发展”，国家数据局会同有关部门制定了《“数据要素 ×”三年行动计划（2024—2026 年）》；中央人民政府在政策解读中提到“以共享数字经济成果、释放数据资产价值为目标加强数据资产全过程管理。”；2024 年 12 月 19 日财政部以财资〔2024〕167 号明确给出了《数据资产全过程管理试点方案》，方案要求“围绕数据资产台账编制、登记、授权运营、收益分配、交易流通等重点环节，试点探索有效的数据资产管理模式，完善数据资产管理制度标准体系和运行机制”。这些政策的出现足以体现数据资产的重要地位。对于交通建设工程质量检测领域，从原材料检测数据到施工过程中的质量监控记录，再到工程竣工后的验收检测报告，海量数据贯穿于工程建设的各个环节。因此，做好数据资产的管理则显得尤为重要。

（一）检测机构的数据资产

针对检测机构，数据资产是指检测机构在开展业务过程中产生、收集、加工和存储的，能够为机构带来经济利益或竞争优势的各类数据资源。它包括但不限于供应商信息、设备设施信息、客户信息、试验数据、监测数据、检测报告数据、工程案例数据等。

（二）数据资产的特点

1. 价值性

数据资产能够为检测机构创造经济价值，如通过数据分析优化检测流程、提高检测精度，从而降低返工率，节约成本；通过挖掘数据潜在价值，为客户提供更精准的检测服务，提升客户满意度和忠诚度，增加业务收入。

2. 多样性

交通建设工程质量检测涉及的数据类型繁多，包括文本数据、数值数据、图像数据、视频数据等。例如，检测报告中包含大量的文本描述和数值结果；现场监测可能需要采集图像或视频资料以记录施工质量状况。

3. 动态性

随着工程建设的不断推进和检测业务的持续开展，数据资产会持续产生和更新。新的检测项目、新的检测技术和方法的应用，都会带来新的数据资源，使得数据资产处于动态变化之中。

4. 关联性

不同数据之间存在复杂的关联关系。例如，原材料检测数据与施工过程中的质量监控数据相互关联，可以共同反映工程质量的变化趋势；客户信息与检测项目数据相关联，有助于机构更好地理解客户需求，提供针对性服务。

（三）数据资产的管理方法

（1）明确数据收集范围，检测机构应根据业务需求和数据资产的特点，明确需要收集的数据类型和内容。例如，在原材料检测中，需要收集材料的种类、规格、性能指标等数据；在施工过程质量监控中，需要收集施工工艺参数、质量检测结果、现场环境条件等数据。

（2）建立数据收集标准，制定统一的数据收集标准和规范，确保数据的准确性和一致性，包括数据的格式、精度、单位等要求，以及数据收集的时间、频率和责任人等规定。例如，规定检测数据必须按照国家标准或行业标准的格式记录，确保数据的可追溯性。

（3）整合分散数据，检测机构往往存在数据分散存储的情况，如不同部门、不同项目、不同检测设备产生的数据分别存储在各自的系统或文件中。应通过数据整合技术，将分散的数据集中存储和管理，实现数据的共享和流通。可以采用数据仓库、数据湖等技术架构，构建统一的数据存储平台，方便数据的查询、分析和应用。

（四）数据存储与安全

根据数据的重要性和访问频率，选择合适的存储介质。对于频繁访问的热数据，可以存储在高速的固态硬盘或内存中；对于不常访问的冷数据，可以存储在容量大、成本低的机械硬盘或磁带库中。

定期对数据进行备份，以防数据丢失或损坏。可以采用全备份、增量备份或差异备份等方式，将数据备份到本地服务器、异地数据中心或云存储平台。同时，要确保备份数据的安全性和可恢复性，定期进行备份数据的恢复测试。

制定严格的数据安全管理制度，包括数据访问控制、数据加密、数据审计等措施。对不同级别的数据资产进行分类管理，设置相应的访问权限，防止未经授权的访问和数据泄露。采用先进的数据加密技术，对敏感数据进行加密存储和传输，确保数据的机密性和完整性。同时，建立数据安全审计机制，对数据的访问、使用情况进行监控和记录，及时发现和处理数据安全问题。

数据资产管理在检测机构的发展中扮演着至关重要的角色。通过科学有效的数据资产管理方法，机构可以充分发挥数据资产的价值，提高检测工作的质量和效率，增强市场竞争力和可持续发展能力。值得一提的是，数据资产管理是一个复杂而长期的过程，需要机构不断探索和实践，与时俱进地更新管理理念和技术手段，以应对不断变化的数据环境和业务需求。只有这样，机构才能在激烈的市场竞争中占有一席之地，并以此为基础逐日壮大。

第九章　交通建设工程质量检测机构智慧化发展

交通建设工程质量检测机构正迈入一个由现代信息技术驱动的智慧化发展新阶段，此进程不仅涉及利用计算机、网络及通信技术实现工程质量检测全流程的信息化管理，更强调通过大数据分析、人工智能（AI）、算法优化、设备互联以及物联网感知等前沿技术的深度整合与应用，来达成信息的智能化处理。而智慧化管理则是将上述所有元素融合在一起，构建一个全面覆盖、高度集成的生态系统。这个系统不仅具备强大的数据分析能力，还能够提供基于数据驱动的决策支持。鉴于我国交通基础设施建设规模不断扩大以及质量标准日益严格，作为确保工程质量最后一道防线的检测机构的重要性愈发显著。传统管理模式在数据解析、信息流通和资源整合方面的能力已难以适应当前工程检测需求的复杂性和多变性。因此，推进智慧化进程成为强化检测机构综合实力和服务效能的关键策略。经由智慧化转型，不仅能提升检测工作的精确度与效率，还能够加强决策支持能力，优化资源配置，保障工程质量的可靠性与稳定性，从而为我国交通基础设施建设提供坚实的技术支撑。

第一节　智慧化目标

在交通建设工程质量检测的智慧化进程中，我们的目标是融合前沿的信息技术与智能系统，构建一个高效、精准、互联的智能检测生态。通过这一生态，不仅能够显著提升检测工作的效率和精确度，而且可以实现数据的实时共享与智能交换，强化全方位的监管机制，并为决策提供科学、动态的支持平台。此外，智慧化目标还致力于推动整个行业的创新与转型，促进交通工程质量的全面提升，以及支持检测机构的长远发展与提高检测机构适应未来挑战的能力。交通建设工程质量检测的智慧化目标主要包括以下几个方面。

一、数据资源利用

实现检测数据和信息资源的全面数字化、标准化与集中管理，结合智能技术确保数据从采集、处理到存储和共享的全流程高效运作。通过先进的分析工具消除信息孤岛，实现数据的无缝流通和智能交互。借助数据仓库和数据湖等前沿技术，不仅实现数据的集中存储和高效管理，更推动数据的智慧化应用，如自动化的数据分析、预测性维护建议及智能决策支持，为交通建设工程提供坚实可靠的数据支撑。

二、检测效率提升

通过引入先进的自动化和智能系统，优化工作流程，减少重复劳动与人为误差；通过结合实时监控、人工智能分析及智慧化资源调度，实现检测流程的全面信息化管理，大幅提升效率、透明度及服务质量，并为持续改进提供决策支持。

三、检测水平提高

通过智慧化管理工具强化检测过程的监控，确保结果的准确性和可靠性；采用标准化流程减少操作偏差，增强一致性；运用数据分析和人工智能技术深度解析检测结果，优化报告质量，从而全面提升检测水平。

四、内部管理强化

通过智慧化手段，检测机构将强化内部管理，提升管理水平和资源优化配置。建立涵盖人力资源和设备资产等方面的智能化管理系统，实现人、机、料、法、环、测各要素管理的全面数字化与智慧化，促进人力资源和设备资产的精细化管理与高效利用，确保资源的最佳分配和运营的透明度，以及支持决策的科学性和精准性。

五、信息协同共享

通过构建智慧化信息共享平台，检测机构将促进内部及外部之间的高效信息协同与共享，大幅提升整体工作效能，不仅打通与上级部门、行业企业等的信息接口，实现跨部门、跨区域的数据互联互通和实时交换，还利用智能技术优化信息流，支持自动化的数据同步和协同工作流程，确保信息的即时性和准确性，从而增强决策的科学性和响应速度。

六、数据服务增值

检测机构在智慧化发展的过程中，通过数字化技术的应用，实现数据增值。首先大数据分析技术从大规模、复杂、多样化的数据集中提取有价值信息，为科学决策提供依据。通过数据分析，试验室可以发现隐藏在数据中的规律和趋势，优化试验流程和资源配置，提高试验效率。其次在线服务平台提供了便捷、多样化、个性化的服务，提升了用户服务体验。此外，数据共享促进了试验室之间的合作与交流，推动了试验技术和经验的传播，提升了试验水平和创新能力。通过丰富的数据增值服务激发技术创新和商业模式创新，从而促进整个行业的进步，增强市场竞争力。最后，最终目标是实现数据资源的有效整合与深度挖掘，为交通建设领域带来更加科学、精准、高效的管理决策支持，进而推动行业的高质量发展。

尽管智慧化转型为检测机构带来了诸多数据增值的机会，但在转型过程中也面临着数字化基础设施建设滞后、数据安全问题以及人才短缺等挑战。因此，检测机构需要加大数字化建设费用投入、加强数字化管理水平及专业人员队伍建设等，以克服这些障碍并实现更全面的数据增值。

第二节　智慧化管理内容

在当今信息化快速发展的时代，检测机构的各个方面都在经历着深刻的变革。从人员管理到设备设施，从数据采集到样品管理，再到检验检测方法和试验环境的管理，以及档案的信息化管理，每一个环节都融入了先进的信息技术，实现了高效、准确和便捷的管理方式。

一、人员管理智慧化

检测机构应建立和保持人员管理智慧化，对人员资格确认、任用、授权和能力保持等进行规范管理。检测机构应与其人员建立劳动、聘用或录用关系，明确技术人员和管理人员的岗位职责、任职要求和工作关系，使其满足岗位要求并具有所需的权力和资源，履行建立、实施、保持和持续改进管理体系的职责。检测机构中所有可能影响检验检测活动的人员，均应行为公正，受到监督，胜任工作，并按照管理体系要求履行职责。

为此，机构首先应创建一个集成化的人员信息数据库，用于集中存储和管理包括员工基本信息、专业技能、资质证书及培训考核等在内的各项资料。数据库将为管理层提供便捷的数据支持，便于查询员工背景、工作历史及培训情况等信息，从而辅助决策制定。

其次，通过集成资源管理模块，打破部门之间的信息壁垒，提供一个智能化平台，优化人员调度和分配流程，促进检测机构与项目实验室之间人员管理的信息共享和协作，提升整体工作效率和服务质量。

最后，建立科学的绩效评估体系，通过定量和定性指标相结合的方式，全面评价员工的工作表现。同时，根据评估结果制定相应的激励机制，激发员工的积极性和创造力。

二、设备管理智慧化

检测机构应建立和保持检验检测设备和设施管理智能化，配备满足检验检测（包括抽样、物品制备、存储流转、数据采集、处理与分析）要求的设备和设施，以利于检验检测工作的正常开展。设备包括检验检测活动所必需并影响结果的仪器、系统软件、测量标准、标准物质，参考数据、试剂、消耗品、辅助设备或相应组合装置。检测机构可通过设备管理系统实现对检验检测设备设施的静态管理和动态管理。

（一）静态管理

静态管理主要包括设备设施基本信息台账，设备设施采购合同、发票，仪器设备说明书、合格证、保修卡，仪器设备配件以及附件管理等。这些静态信息通过设备管理系统进行线上记录和管理，为设备的使用提供了便捷，全面增强了检测机构的设备管理能力。

（二）动态管理

动态管理主要包括仪器设备检定、校准、维修、维护、期间核查、内部核查、报废以及使用状态管理等。系统能够根据本年度设备使用维护计划，实现计量/校准、期间核查记录的自动汇总。当设备临近检定/校准日期时,系统会提前自动向设备管理员发送检定/校准或维护任务,提醒到期时间、显示需要维护的设备。对于未完成检定/校准的设备,系统会限制其使用,并提醒该设备到期需要检定/校准、期间核查等,确保设备的使用状态和有效性。

三、数据智慧传输管理

利用现代信息技术,实时采集设备的运行状态、性能参数、检验检测结果等数据并进行传输,达到数据管理明细化、运行状态实时化、维修流程标准化、运维作业智能化、数据输出集成化的目标,从而提高数据质量、数据安全以及工作效率。

(一)数据智能传输

建立统一的设备设施接入数据接口,实时从各种设备中采集数据,包括传感器数据(检测结果)、运行参数、故障信息等,实现对设备运行数据和指令的统一采集。

(二)数据协同共享

检测机构应当引入智能终端设备,如自动化养护、抗压试验设备、高精度测量仪器等,提高检测精度和效率。并通过各类数据传输方式,将采集到的数据自动共享到智慧化平台或者系统中,确保数据的持久化存储、共享和可追溯性。

(三)异常数据处理

具备相应条件的机构可以通过部署人工智能系统或智能设备来实施远程监控,当设备设施出现异常或故障时,AI 能够自动发送报警通知,提醒相关人员及时进行处理。

(四)设备维护与保养

检测机构应当部署智能化系统,以全程跟踪设备设施整个维护与保养过程,为设备维护提供科学策略,加设提醒功能,确保设备得到及时维护和保养。

四、样品管理智慧化

检测机构样品管理智慧化是通过物联网技术、人工智能技术来进行样品的智慧化管理,是提升样品管理效率和准确性的过程。这一过程涉及多个方面,包括样品的接收、存储、制备、分析、处理以及流转跟踪等环节的智慧化管理。

(一)样品管理

主要包括样品接收、制样管理、留样管理、销样管理和退样管理全流程,记录样品名称、规格型号、入库时间、数量、接收人、接收时间、有效期限等信息。

(二)样品标识

使用二维码、RFID 标签或其他智能标识技术为每个样品赋予唯一识别码。这不仅有助于快速准确地识别样品,还能通过扫描设备在不同阶段记录样品的流转信息,确保全程可追溯。

(三)样品流转记录

能够自动分配取样或抽样任务给有权限的取样人员,支持通过样品或扫码生成取样记录,记录取样人、取样时间、样品名称、批号、数量等信息,确保样品状态的可追溯性。具备相应条件的机构可以引入AGV自动运输车、全自动芯样切割机、智能混凝土抗压系统等智能化设备,实现样品的自动运输、加工和处理,提高样品流转效率和检测准确性。

(四)制样管理

支持样品拆分功能,跟踪制样流程,将制样工序流程化、标准化。

(五)样品处置

支持检验完成后按批次归还样品。利用传感器技术和机器学习算法对废弃样品进行自动分类,根据材料类型、化学成分等因素决定最佳处理方式。

五、检验检测方法管理智慧化

检测机构应建立和保持检验检测方法管理智慧化。检验检测方法包括标准方法和非标准方法。应优先使用标准方法,并确保使用标准的有效版本。在使用标准方法前,应进行验证;在使用非标准方法前,应进行确认。检测机构应跟踪方法的变化,并重新进行验证或确认。必要时,检测机构应制定作业指导书。如确需方法偏离,应有文件规定,经技术判断和批准,并征得客户同意。

通过集成国家、行业、地方、团体标准规范,检测机构应建立智慧化试验检测标准方法库,该库应包括详细的测试程序、所需设备、操作步骤及预期结果等信息。确保方法库能够及时更新,反映最新的国家标准、行业规范和技术进展。可以订阅相关标准发布机构的通知服务,或使用自动化工具定期检查并导入新版本。

有条件的机构可开发基于规则引擎或机器学习算法的方法推荐系统,根据样品特性(如材料类型、用途等)自动匹配最适合的检验检测方法,并给出理由说明。同时提供直观易用的用户界面,让技术人员能够方便地浏览、搜索和选择合适的方法,并支持关键词检索、分类导航等功能,提高查找效率。

六、试验环境管理智慧化

检测机构应有固定的、临时的、可移动的或多个地点的场所,上述场所应满足相关法律法规、标准或技术规范的要求。检测机构应将其从事检验检测活动所必需的场所、环境要求制定成标准化文件。

检测机构应确保其工作环境满足检验检测的要求。检测机构在固定场所以外进行检验检测或抽样时,应提出相应的控制要求,以确保环境条件满足检验检测标准或者技术规范的要求。

检测机构应部署温度、湿度、光照强度、空气质量等传感器,实时监控实验室内的环境参数。并通过IoT平台收集和分析来自传感器的数据,自动调整空调、照明和其他环境控制系统,保持最佳且符合相应要求的实验条件。

有条件的机构可安装能够根据预设条件或实时数据自动调节的温控器、加湿器、空气净化器等设备,确保实验环境稳定;还应将环境监测数据与LIMS系统集成,使每次实验记录都包含当时的环境条件信息,确保试验结果的可溯源性;同时设置阈值报警功能,当环境参数超出允许范围时，系统会立即通知相关人员采取纠正措施；最后利用历史数据，基于机器学习算法预测设备故障的可能性，提前安排维护工作，避免因设备问题影响实验进度。

七、档案管理智慧化

检测机构档案管理智慧化主要围绕提高档案管理效率、确保档案信息安全、促进档案资源共享等目标进行构建和实施，可为交通建设工程检测机构提高档案管理效率和质量水平，为交通工程质量检测工作提供有力支持。

为了实现档案管理的全面智慧化，检测机构应配备一系列先进的硬件设备，包括高性能服务器、智能存储解决方案、智慧扫描仪和打印机，以及自动化和无人化场地设施，这些设备为档案的数字化处理和信息的安全存储提供了坚实的基础。同时，引入专业的智慧档案管理系统，该系统不仅支持档案信息的智能化录入、存储、检索、统计与分析等功能，具备无人化操作和高度智能化的特点，并能够无缝与其他智慧业务系统进行数据交换和共享。

在此基础上，机构将对现有档案实施智慧化处理，利用人工智能技术自动为每份数字化档案添加详细的元数据，涵盖档案标题、目录、形成时间、责任者、关键词、密级等关键信息，确保著录的准确性和完整性，从而奠定档案高效检索和利用的基础。此外，通过AI技术，根据档案内容和性质自动分类编码，建立科学合理的档案分类体系，并为不同用户角色设定访问权限，保障档案信息的安全保密性，特别是对于涉密档案采取严格的保护措施。

为进一步提升服务便捷性和时效性，机构将通过官方网站和移动应用程序提供在线档案查询、下载和预约服务，使用户可以随时随地获取所需的档案信息资源。平台将提供多样化的检索方式，如关键词检索、全文检索、组合检索等，甚至支持模糊查询和高级查询功能，以帮助用户快速精准地找到所需资料。

最后，为了确保档案信息安全，机构将建立健全信息安全管理制度和操作规程，明确规定档案管理人员的职责和权限，并定期开展信息安全检查和评估工作，及时识别并解决潜在的安全隐患，确保档案信息在全生命周期内的安全可靠。

第三节 智慧化建设

检测机构在智慧化建设方面，通过构建智慧化云平台、系统，建立智慧化数据中心，以及实施质量监督智慧化管理系统，实现了从数据采集、处理到决策支持的全面数字化管理。以下是对各个方面的详细介绍。

一、智慧云平台建设

传统的检测方式往往依赖于人工操作，存在效率低下、数据处理滞后、信息共享困难等问题，难以满足现代工程项目对快速响应和精准管理的需求。因此，搭建检测机构智慧化云平台成为重要的任务。通过集成先进的信息技术、AI技术，如云计算、大数据分析、区块链、机器学习等，在云平台上实现检测数据的实时采集、自动处理和即时反馈，大大缩短了检测周期，提高了工作效率。

云平台支持多源数据的融合，有效减少了人为误差，确保了检测数据的准确性和可靠性。通过深度挖掘历史数据，云平台有助于识别潜在的质量问题，使机构能够提前采取预防措施。此外，云平台打破了信息孤岛，促进了检测数据的广泛共享，使得所有相关方能够及时获取项目进展信息，协同解决出现的问题，从而提升整体管理水平。监管部门可以通过云平台实时监控工程质量，及时发现并纠正违规行为，确保工程质量符合国家标准和规范要求。基于云平台的数据分析能力，可以科学合理地调配检测资源，避免资源浪费，降低运营成本。通过构建这样一个高效、智能、开放的云平台，可以为公路建设项目的顺利实施提供强有力的技术支撑，推动我国公路建设事业向更高水平迈进。

搭建智慧化云平台是一个复杂的过程，涉及多个层面的技术整合和流程创新。以下是搭建云平台的步骤和要点：

1. 多端支持与友好界面

平台应支持大屏端、桌面端、移动端等多种展现形式，通过 Web 网页、App、小程序等多种渠道提供服务，并提供友好的交互界面，易操作、便于管理和维护。

2. 数据采集与安全传输

数据采集与安全运输包括用户管理终端、云数据处理分析平台、数据采集传输设备、检测数据及检测设备。用户管理终端可以是手机 App、计算机软件和视频监控显示大屏；数据采集传输设备包括联网集成软件、数据采集设备等。

3. 实时监控与动态管理

通过安装试验室监控摄像头抓拍试验检测过程视频片段与相应试验检测数据集成远程视频监控设备传输至云数据服务器，实现对公路、工程质量管理的实时跟踪管理。

4. 质量预警与闭环跟踪

平台应建立线上检测流程机制，对检测事前、事中、事后阶段实施情况进行监督，确保检测工作真实、规范开展。同时，严格取样机制，确保原材料取样的真实性和合理性。

5. 智能检测与自动预警

利用智能数据分析，实现安全隐患识别预警，通过数据采集终端和智能视频监控捕捉工程现场数据，并进行识别分析，对超出预置阈值的隐患点作出预警。

6. 全流程智慧化监管

实现交通工程监管向“数智 + 高效”转型升级，通过流程机制创新和数据共享，实现对交通工程质量检测全过程“云监管”。

二、智慧化系统建设

传统试验检测管理模式中，检测委托、财务收费、数据处理等环节多依赖人工操作，存在效率低下、资源浪费等问题。而试验检测管理智慧化系统，将试验流程进行信息化、智能化和智慧化管理，从而规范业务流程，提高工作效率和决策准确性。试验室检测智慧化管理流程可参照图9-1建设。

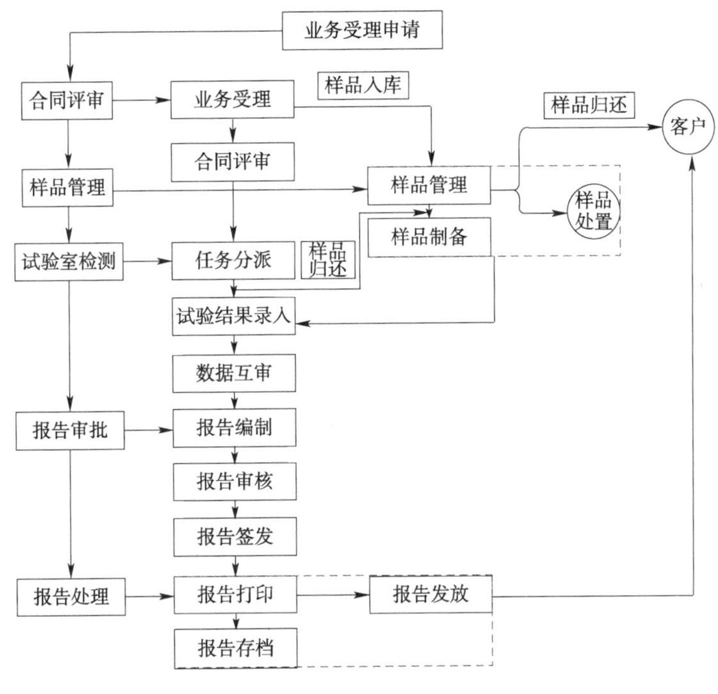

图9-1　试验检测管理流程

检测机构应采用试验检测智慧管理系统实现全过程的智慧化管理，以提升试验检测工作效率和管理水平。智慧管理系统应包括以下内容：

1. 业务受理

为了推进业务受理的智慧化转型，检测机构应当构建一个专属的公路试验检测网上服务平台。此平台应支持远程委托、在线支付、试验进度实时查询、检测报告下载及防伪码验证等功能，为客户提供全方位、一站式的数字化服务体验。

该平台需提供多样化的业务受理方式，使客户能够快速下单，如系统自动匹配相应的检测项目、费用标准及评定依据，以此提高受理效率和准确性。此外，平台还应具备参数打包功能，根据客户需求预设必检参数，简化委托流程，确保不会因疏忽而遗漏必要的检测项，从而提供更加便捷、高效且高质量的服务体验。

2. 合同评审

对于每一项业务，依据其类型的不同，若需进行合同评审的任务单，可在受理完成后由指定人员在线启动评审流程。合同评审是一个涉及多个部门和角色协作的过程，通过线上平台处理此过程可以实现快速响应和高效协作。

一旦合同评审通过，系统将自动将业务下达至相应的试验组；如果评审不通过，则会及时联系客户,并详细告知具体情况及后续步骤。这种方式不仅极大地减少了沟通成本,还显著提高了服务效率和服务质量,确保了每个环节的透明度和可追溯性。

3. 样品管理

现有的公路试验检测的样品管理信息填写不够规范,样品流程管理高度依赖于纸质版台账,管理查询耗时费力。智慧化管理可以对样品的接收、存储、制备、分析、处理以及流转跟踪等环节进行实时管理。支持一键打印样品标签、自动生成样品二维码,通过扫描二维码可以实时查询样品流转情况,同时自动提醒到期应处置的样品,确保试验结果的准确性,方便样品的质量管理。具备相应条件的机构可利用自动化机器人和自动化设备来实现样品自动存储和自动检索、自动分拣以及自动运输管理,提高样品管理的效率和准确性,并减少人工操作的误差。

4. 检测过程管理

在智慧化管理的框架下,通过集成先进的信息技术与智能算法,系统能够基于大数据分析自动完成任务调度,综合考虑任务复杂度、样品特性、项目需求以及检测人员的专业技能和负荷率,精准匹配最适合的人员与设备,确保高效的任务分配。

利用物联网(IoT)技术,要求所有参与检测的仪器设备实时联网,使系统可以持续监控设备状态、使用频率、校准情况及检测人员的工作量,并通过直观的图形界面展示给管理者,便于即时调整工作安排。这种实时监控与可视化展示的能力极大地增强了管理透明度和灵活性。

对于数据采集,系统配备智能终端或接口,直接从检测仪器获取原始数据,以避免人为操作误差。同时,为应对无法直接采集数据的情况,提供了便捷的软件输入选项。内置的自动计算功能按照国家标准或行业规范对结果进行精确修约,保证计算的准确性。

所有检测活动及相关数据均在线上完成记录,包括从初始数据录入到中间计算步骤,直至最终报告生成的全过程。每次数据修改都会被系统详尽记录,形成完整的操作轨迹,确保数据的真实性和可追溯性,从而加强质量控制。

智慧化管理系统不应只致力于提高效率,还需强调质量管理,系统应具备自动预警机制,一旦发现异常即刻通知相关人员处理。系统应严格遵守安全协议,确保信息传输的安全性和用户权限的有效管理,以保障系统的安全性。

5. 报告审核审批

报告中的样品信息、检测结果、检测结论判定等均可按照内置模板内容自动生成,报告编制人员只需要核实确认,无须手动查询判断。审核无误后提交后续流程,同时可以根据审核签发人员的工作量指定有权限的审核、签发人员进行审核签发。每个环节结束后即可实现自动签章功能,不受工作地点的限制,即使出差休假也可以完成审核签发工作,极大提高工作效率。

6. 报告处理

在报告签发后但尚未归档的阶段,系统将自动生成电子签章,使得报告可以直接根据需要进行打印，无须再经过人工盖章的过程，从而大大节约人力成本。同时，通过选项设置实现一键发放报告的功能，系统会自动生成报告领取台账，简化了报告发放的管理流程，使其更加便捷有序。

此外，所有报告将以 PDF 格式进行电子化存档，确保文档的安全性和完整性。当需要查阅时，用户可以直接在线查看，实现了全流程的无纸化办公。这一系列措施不仅减少了纸质文件的使用，降低了存储空间的需求，同时也便于长期保存和快速检索，真正做到了绿色环保与高效工作的完美结合。

7. 财务管理

在公路工程试验检测领域，费用管理的复杂性和多样性要求管理系统具备精细化和灵活性。现代智慧化管理系统通过支持多元化的智能计费模式，不仅涵盖固定单价计费，还能依据具体条件（如锚具孔数、支座规格等）自动调整费用，确保精准计费。系统提供灵活多样的折扣策略，满足客户个性化需求，提供良好的付费体验。此外，该系统实现了合同管理与自动计费的无缝对接，关联合同定价与基础定价，提高了计费的准确性和透明度。

三、智慧化数据中心建设

随着公路建设项目的规模不断扩大和复杂度不断增加，工程质量检测的要求也越来越高。传统的检测方法和数据管理方式已经难以满足现代工程项目对数据处理速度、准确性和安全性的需求。因此，建设高效、可靠、智能的检测机构数据中心尤为重要。

数据中心可以集中处理大量检测数据，利用高性能计算资源和分布式计算技术，实现数据的快速处理和分析。通过数据中心的实时数据处理能力，可以及时发现和响应质量问题，提高检测效率和反应速度。数据中心采用先进的加密技术，确保数据在传输和存储过程中的安全性，防止数据泄露和篡改。数据中心可以整合来自不同来源的数据，如传感器数据、检测报告、历史档案等，形成统一的数据资源池。通过数据中心，各相关部门可以实时共享数据，打破信息孤岛，提高协作效率。以下是建设数据中心应遵循的原则：

1. 遵循数据元规范

数据中心应建立一套完整的数据元规范，包括定义、标识、表示以及允许值等属性描述。数据元的编制规则及值域引用代码应符合《交通信息基础数据元　第 1 部分：总则》（JT/T 697.1—2013）的规定，确保数据的标准化和规范化。

2. 数据采集与整合

建立全要素、全寿命周期的数据信息集成系统，包括静态数据和动态数据。实现实时数据采集，通过部署先进的传感器网络、移动端应用程序（App）、物联网（IoT）设备等方式，实现实时、准确的数据收集，并利用高速稳定的网络将这些数据上传至云端数据中心进行集中处理。同时，还应该建立数据清洗、转换和加载（ETL）流程，确保不同来源的数据能够有效整合，为后续分析提供高质量的数据基础。

3. 数据中心的架构

搭建动态扩展的数据中心架构,此架构需确保每个数据项都只有一个官方来源,保证数据来源的准确性与权威性,即“一数一源”。采用分布式文件系统或对象存储解决方案来容纳不断增长的数据量,并结合虚拟化技术和容器化部署提高系统的弹性和资源利用率。此外,数据中心应当具备强大的安全防护措施,保护敏感信息免受未经授权的访问或篡改。最后,建立统一的身份认证和服务授权机制,确保只有经过许可的用户才能获取所需的数据服务。

4. 数据融合与分析

利用智能数据分析、机器学习算法、数据挖掘技术以及大数据处理框架,开发出面向特定业务场景的应用程序和服务。通过创建各种业务主题的算法模型,更深入地理解数据背后的规律,从而指导实际工作中的决策制定过程。

5. 数据共享与服务

建立统一的高速公路数据资源目录体系和数据共享交换体系,避免数据孤岛现象。各相关方建立的信息系统应实现与数据中心通过数据接口进行数据交换,其协议应基于标准的互联网协议,如 HTTP 和 SOAP,并支持跨平台、跨系统的数据交换。此外,需要提供数据报表、数据可视化、知识库、数据分析工具及数据开放的功能。

检测机构在日常工作中产生的大量检测数据,包括但不限于材料测试结果、施工质量评估、结构健康监测等,构成了其独特的数据资产。具备条件的机构可以通过高级分析技术和机器学习算法,挖掘数据中隐藏的价值,为工程项目的规划、设计、施工及维护提供科学依据,提高决策的准确性和预见性。同时基于积累的数据资产,机构可以开发新的服务产品,例如预测性维护建议、性能评估报告等,甚至可以向其他领域如智慧城市、智能交通扩展服务。

检测机构通过强化数据融合与分析能力,不仅能够提升自身的专业服务水平,还可以借助形成的独特数据资产实现从传统服务提供商向数据驱动型企业的转型,进一步开拓市场空间和发展机遇。

第四节　智慧化技术要求

检测机构的智慧化是确保工程质量检测准确性、提高检测效率和保障数据安全的关键,应对检测机构的智慧化提出高质量的技术要求。

一、本地/云服务器数据中心技术要求

(一)本地服务器配置要求

本地服务器应设置主、备服务器,存储容量应能支持 TB 级数据,支持容灾备份,确保主服务器故障不影响业务操作。服务器应有配套网络设备、不间断电源、空调系统及网络安全

设备等。检测机构应选择满足自身智慧化需求使用的设备，从 CPU、内存、存储、带宽、网络性能以及安全性等方面综合考虑。

(二)云服务器配置要求

云服务器配置要求涉及多个方面，包括 CPU、内存、存储、带宽、网络性能以及安全性等，根据各检测机构发展水平，选择满足机构智慧化需要的云服务器配置。选择云服务运营商时，机构应当选择具有工信部颁发的 IDC 或可信云服务许可证书的运营商。

二、硬件技术要求

(一)仪器设备

检测机构应积极推进仪器设备的智能化升级改造，以确保满足现代数据采集、传输与分析的需求，实现检测数据的全程智慧化管理。具体要求如下：

1. 智能化设备的应用

对于现有的智能化设备，应确保其性能良好、功能完备，能够高效完成数据采集、实时传输和智能分析任务，从而支持质量检测工作的无缝衔接和高效运作。同时，应当符合最新的行业标准和技术规范，保证检测数据的准确性和可靠性。

2. 非智能化设备的改造

针对尚未具备智能化特性的现有设备，需实施必要的技术升级或改造工作，使其能够满足基本的数据采集与传输要求。通过加装传感器、接口适配器等辅助装置，并引入相应的软件系统，实现数据的自动化获取和上传。同时，应制定相应的设备更新计划，逐步淘汰性能落后、维护成本高的设备，从而达到智能化和智慧化管理的目标。

3. 设备的过渡处理

对于无法进行智能化改造的手动操作设备，在短期内仍需依赖人工方式进行数据录入。为此，应建立严格的数据输入流程，包括但不限于双人复核、数据比对与校验机制，以确保所记录数据的真实性和完整性。在此基础上，应加快智能设备的引进步伐，逐步替代传统手动工具，最终实现全面的智能化到全面的智慧化转型。

(二)检测场所

检测机构应逐步对检测场所进行智慧化改造。现阶段下，智慧化设备仓储、智慧化养护、智能门禁、智能环境监控、可视化场所管理实施方案已日趋成熟，检测机构可根据情况对场所设施进行改造升级。

三、软件技术要求

软件是检测机构智慧化建设的灵魂，为满足智慧化需要，检测机构的智慧化软件应满足以下技术要求。

(一)建立适用于检测机构的质量检测云平台

云平台作为软件系统的聚合平台，应包括但不限于试验检测系统、人员管理系统、质量检测设备管理系统、质量检测监督管理系统、自动化物料、设备仓储物流管理系统等。

试验检测系统应包含全过程的室内试验相关流程,包含委托、试验过程、记录管理、报告出具、样品流转等功能;全过程的外检相关流程,包括试验过程、记录管理、报告出具等功能;全过程的交竣工相关流程,包括交竣工合同管理、项目管理、试验管理等功能。

人员管理系统应包含检测机构人员管理相关内容,包括基本信息管理、人员调拨管理、人员持证管理、人员考核管理、人员薪酬管理、人员奖惩管理等。

质量检测设备管理系统应包含检测机构设备管理相关内容,包括设备基础信息管理、设备检定/校准管理、设备维修/保养管理、设备调拨管理、设备使用记录管理等内容。

检测机构可引入自动化物料、设备仓储物流管理系统,应配备无人化仓储管理系统,应包含机器人管理、物料仓储管理、设备仓储管理、出入库管理、样品流转管理、基础信息管理等内容。

(二)建立适用于检测机构的数据仓库和共享中心

质量检测数据是检测机构智慧化的核心内容,应建立检测机构数据仓库,对所有质量检测数据进行存储、备份和共享。

数据仓库应满足检测机构的数据存储使用,采用可持久化存储的数据存储方式,对数据进行定期的容灾备份存储,对数据进行权限管理,不同权限的员工可查看不同的数据内容。

数据共享应建立统一的数据上传和接入接口,为各检测机构、政府部门和监管机构提供数据共享,保障数据传输的安全性、实时性和有效性。同时,也可接入上述部门分享来的数据,打破信息孤岛,实现数据的互联互通和共享融合。

第五节　信息化安全

信息安全主要包括数据安全、网络安全、服务器安全三个类型,检测机构应针对这三种类型制定不同的安全策略,以确保整个智慧化系统的稳定运行和数据的完整。

一、数据安全

数据安全是指通过一系列措施和实践保护数据免受未授权访问、泄露、篡改、破坏或丢失,确保数据在其生命周期(从创建到销毁)的每个阶段都得到充分的安全保障,其核心目标是维护数据的机密性、完整性和可用性。检测机构应制定并发布覆盖整个组织的数据安全方针政策,明确数据资产分类分级管理原则,特别指定敏感数据的使用权限、存储位置及传输方式;根据业务需求和风险评估结果,划分具体的角色和职责,限定各角色在不同场景下的数据操作权限,并为各操作场景制定详细的指导文件和操作流程,确保员工清楚了解权限范围及行动准则;通过内部审计、绩效考核等方式强化制度落实,设立监督机制,规避数据报告潜在的安全漏洞或违规行为。同时,结合实际业务流程,部署自动化监控系统,加强数据在各个生命周期阶段的行为监测,防范未经授权的操作;定期开展灾难恢复演练,在异常活动触发警报时，立即启动应急响应及恢复计划，确保各项工作正常运作。

二、网络安全

数据传输安全是确保数据在互联网和网络环境中进行传输时的机密性、完整性和可用性的关键措施。数据传输安全应通过以下方法和技术进行实现：

1. 数据加密

使用密码学算法保护信息的机密性、完整性和可信性，并使用加密算法和加密技术将数据转换为密文，确保数据在传输过程中不被未经授权的人访问和破解。

2. 边缘计算技术

通过在接近数据源的网络边缘部署处理节点，提升数据通信的效率与安全性。处理节点会根据数据的类型和特定需求，对数据进行分层分类，并实施相应的处理策略。

3. 防火墙

建设网络防火墙，采用符合规范的、安全的网络防火墙监控和控制数据传输，防止未经授权的访问，确保数据网络传输安全。

4. 法律法规遵守

遵守相关的网络安全和数据安全法律法规，如《中华人民共和国网络安全法》《中华人民共和国数据安全法》等，确保数据传输活动的合法性和安全性。

三、服务器安全

服务器是网络环境中的关键组件，通常存储和处理大量敏感数据，因此它们成为黑客和恶意软件的主要攻击目标。服务器安全是为保护服务器免受各种威胁和攻击的一系列措施和实践，用以确保服务器的稳定性、可靠性和安全性。服务器安全的目标是保护服务器免受未授权访问、数据泄露、服务中断和其他安全威胁。为保障服务器安全，检测机构应采取以下措施：

（一）物理安全

确保服务器所在的数据中心或机房有严格的物理访问控制，如门禁系统、监控摄像头等。保护服务器免受自然灾害（如火灾、洪水）和环境因素（如温度、湿度）的影响。

（二）操作系统安全

定期更新操作系统，修补已知漏洞。禁用不必要的服务和应用程序，减少攻击面。配置防火墙和入侵检测系统（IDS），监控和过滤网络流量。

（三）账户和访问控制

实施强密码策略，定期更换密码。限制对服务器的物理和远程访问，只允许授权用户访问。使用多因素身份验证（MFA）增加安全性。

（四）数据安全

对存储在服务器上的敏感数据进行加密。定期备份数据，并确保备份数据的安全。

（五）监控和日志记录

启用日志记录，记录所有关键操作和系统事件。定期审查日志，以便及时发现和响应安全事件。

（六）安全审计和合规性

定期进行安全审计，评估服务器的安全状况。遵守相关的法律法规和行业标准，如ISO27001、PCI-DSS等。

（七）应急响应和恢复计划

制定应急响应计划，以便在发生安全事件时迅速采取行动。制定数据恢复计划，确保在数据丢失或损坏时能够快速恢复。

四、安全管理

信息安全不仅需要技术手段来实现，作为质量监管机构，也需要通过管理手段来进行提升。管理安全通常比较考验检测机构的管理水平，为实现高质量的管理安全水平提升，应使用以下措施进行：

（一）制度建设

制度建设作为管理安全工作的核心，需要制定和完善智慧化安全规章制度、信息安全操作规程以及信息安全教育培训工作。

（二）风险管理

质量识别、评估和缓解信息安全风险，成立风险工作小组，制定风险相关应急预案，有效减少或避免信息安全风险造成的直接损失。

（三）安全意识和培训

定期进行信息安全培训，增强检测机构员工的信息安全意识，提高检测机构整体的信息安全水平。

（四）安全审计和合规性

检测机构应定期检查和评估各类信息安全措施的可行性和有效性，并确保各类措施的合法合规性，保障检测机构的信息安全措施的正确实施。

（五）安全等级保护测评

根据相关网络安全标准要求，检测机构智慧管理系统安全等级保护测评须达到二级，即"指导保护级"。该保护等级增加了外部攻击防范和访问控制要求，适用于多数检测机构内部系统，通过测评可以全面查找存在的网络安全漏洞，并要求软件开发商根据测评报告中的安全漏洞提示，全面解决已知的安全漏洞和隐患，最终达到二级及以上网络安全等级。安全等级保护测评是保障检测机构智慧化管理系统安全的重要措施之一，通过科学的测评方法和流程，可以及时发现并修复系统中的安全漏洞和隐患，提高智慧系统的整体安全性。

第十章　交通建设工程质量检测机构文化建设

企业文化是指企业在生产经营实践中逐步形成的、为整体团队所认同并遵守的价值观、经营理念和企业精神，以及在此基础上形成的行为规范的总称。“企业使命”“企业愿景”“核心价值观”构成企业文化的三个核心要素，是企业文化内容的集中体现。完整的企业文化在核心三要素的基础上衍生出众多要素，这些要素在内容上又被分为四个层次，即行为文化、制度文化、战略文化和精神文化，它们相辅相成、层层递进，构成了企业文化的主要内容。

企业使命是企业存在的目的和价值观，是企业的核心理念和宗旨，它为企业的发展提供方向和动力。企业愿景是企业未来的发展期望，体现了企业家的立场和信仰，是企业最高管理者对企业未来的设想。核心价值观是企业决策者对企业性质、目标、经营方式的取向作出的选择，是员工所接受的共同观念，是长期积淀的产物，它确立了企业的行动原则和明辨是非的标准。

在交通建设工程领域，检测机构作为精密的“质量阀门”，把控着公路水运工程的质量关卡，对交通基础设施的安全与稳定起着决定性作用。在这个竞争激烈且技术迭代迅速的行业环境中，文化建设正逐渐从幕后走向台前，成为检测机构发展的核心驱动力之一，其重要性日益凸显且影响深远。

一方面，随着交通事业的蓬勃发展，交通建设工程规模不断扩大，技术复杂性与日俱增，客户对检测机构的要求已不再局限于单纯的检测数据和结果，他们更加注重机构的整体素质、价值取向以及文化底蕴。与此同时，行业竞争愈发激烈，各检测机构在技术、人才、服务等方面的竞争日益白热化。在这种形势下，文化建设作为一种软实力，成为检测机构塑造独特竞争优势、实现可持续发展的关键要素。

文化建设并非孤立存在，而是与机构的各项业务紧密相连、相互渗透。它贯穿于机构的运营管理、人才培养、技术创新以及客户服务等各个环节，以一种无形却强大的力量影响着机构的发展轨迹。从深层次来看，文化建设能够为机构提供明确的价值导向，引导全体员工的行为和决策，并凝聚人心，激发员工的工作热情和创造力。同时，还能够塑造机构的品牌形象，提升机构在市场中的知名度和美誉度。

新形势下，检测机构建设高质量的企业文化，就是要把提升企业公信力、塑造企业靓丽品牌、强化企业廉洁自律、培育企业高质量发展战略作为企业提升“软实力”的重要内容。公信力是检验检测行业发展的生命线，是规范检验检测市场秩序，营造公平竞争市场环境的基础。品牌形象是检测机构服务质量的重要体现，塑造良好的品牌形象是加深客户对检测机构信任度和满意度的重要手段。廉洁文化建设是企业文化建设的重要组成部分,能够为营造风清气正的政治生态提供重要支撑,有助于保障企业生产经营活动的安全、健康、高效。一个清晰、明确的企业战略能够为企业指明方向,激发员工的斗志,确保企业在激烈的市场竞争中保持竞争优势。发展战略引领企业文化,企业文化支撑发展战略,二者相互适应、相互协调,确保企业战略的有效实施和企业文化的持续发展。

第一节　党建在企业文化建设中的作用

企业文化和党建工作不是孤立的,而是相辅相成的。党建工作以企业文化建设为载体开展,有利于增强党建工作的吸引力和感染力。在企业文化建设过程中可以带动党建工作落到细处,成为党建工作创新的新渠道。

一、党建引领企业文化建设

坚持党的领导、加强党的建设,是企业的"根"和"魂"。企业文化作为企业发展过程中形成的个性特征,对提升企业软实力具有不可替代作用。新时代基于党和国家发展要求,党建工作与企业文化深度融合、引领企业文化发展是必要之举。以党的理论涵养企业文化的根和魂,将其内化于心,外化于行,促进全体员工知行合一,实现企业战略目标。

(一)把握方向引领,使企业文化保持先进性

新时代企业文化建设必须坚持以习近平新时代中国特色社会主义思想为核心,特别是以习近平文化思想为统领,把握党建对企业文化的方向引领。

(二)重视价值引领,使企业文化秉承人民性

检测机构企业文化建设一定要把"为了谁"作为文化发展的出发点和落脚点。党建引领企业文化,就是要凸显"以人民为中心、服务发展、造福社会"这一检测机构的宗旨和根本立场的价值引领,彰显发展为了造福人民、造福社会的价值追求。

(三)强化使命引领,使企业文化富有时代性

新时代的企业文化建设必须体现新时代的主题,强化党建的使命引领。具体来讲,就是要用党中央、交通运输部的新决策、新部署、新要求激活文化使命、充实文化内涵,使企业文化体现时代特色、充满时代气息、富有时代特征。发展新质生产力已经成为新时代党的奋斗目标和工作重点。作为中国式现代化建设的主力军,检测机构是公路建设领域发展新质生产力的骨干力量,新时代企业文化建设必须彰显这一时代主题。要积极培育和倡导"创新、质优、先进"的价值理念,引导企业大力发展新质生产力,以科技创新推动产业创新,以颠覆性技术和前沿技术催生新产业、新模式、新动能;要勇于突破关键核心技术,勇于锻造精品工程,加快发展新质生产力,加快实现科技自立自强,服务企业高质量发展而奋斗,为国分忧、为民造福,为以中国式现代化全面推进加快建设交通强国和高质量发展而奋斗。

(四)坚持方法引领,使企业文化具有科学性

文化建设离不开科学的方法论。构建先进企业文化必须坚持党建的方法引领,坚持人民立场、坚持文化自信、坚持守正创新、坚持问题导向、坚持系统思维、坚持开放包容。企业文化建设既要立足自身的实践创造,也要善于吸收借鉴世界最新文化研究成果,先进文化理念,如"企业文化理论之父"埃德加·沙因的"文化管理让个体产生自我驱动"等研究成果,马斯克倡导的"追求卓越与冒险"、苹果倡导的"关注细节、不可替代"等优秀文化理念都值得吸收借鉴。只有坚持开放包容,企业文化才能生生不息、历久弥新。

(五)关注功能引领,使企业文化展现实践性

文化虽然是一种理念和价值追求,但它只有付诸实践才会产生价值,只有付诸实践才能成为企业广大干部职工的思想自觉和行为习惯。党建引领企业文化,就要始终强调文化的实践性,不断在企业改革发展的生动实践中提炼文化、塑造文化、检验文化、完善文化,用鲜活丰富的企业实践推动文化发展,在守正创新、博采众长的实践中不断超越自我,开辟企业文化建设新境界。

二、"党建"与企业文化融合发展途径

(一)打造特色党建品牌,引领企业文化

突出党建引领,是把旗帜鲜明讲政治融入检测机构企业文化建设的工作中,树立"一盘棋"思想,增强"四个意识"、坚定"四个自信"、做到"两个维护"。只有始终在政治上、思想上、行动上同以习近平同志为核心的党中央保持高度一致,才能确保企业文化建设工作方向以及企业发展方向不偏离。这既是对高质量发展要求的落实,也是对不折不扣推动党中央决策部署在企业落地的落实。

(二)用党建思想为企业文化强基固本

在企业文化顶层设计中融入党的意志,融入党的先进政治理念和管理方法,树立正确的世界观、人生观和价值观,筑牢精神之基,巩固思想基础,以确保企业文化的先进性以及持续的生命力与影响力。

(三)强化人才建设,打造企业文化排头兵

企业文化建设体现的是以人为本。党群牵头,与人力资源紧密配合,加强党的人才建设,发挥党员在企业文化践行中的先锋模范作用,以点带面,以个体带动整体,塑造高素质的干部队伍、员工队伍。

(四)通过企业文化彰显党建价值创造力

党建引领的企业文化,得益于党建的高号召力、凝聚力和影响力。以企业文化为切入点,依托其强大的渗透联动作用,将对企业文化的认知和认同贯穿到规章制度、日常决策、标杆典范、培训和宣传推广中去,充分调动和发挥广大干部职工积极性、主动性、创造性,进一步影响到自身的行为习惯和工作表现并最终影响企业效益和发展。

(五)坚持纪律作风建设,维护良好生态

企业文化建设不是一蹴而就的,需要全体成员持续的参与和维护。运用党在坚持作风

纪律建设上的先进方法与经验，加强对员工的教育，是巩固文化阵地、保护文化果实、维护企业文化良好生态以做到持续改善的必要手段。

第二节　公信力建设

2022 年公路水运工程质量检测机构纳入国务院行政许可清单，质量检测机构等级评定转变为行政许可，充分体现了国务院有关部门对交通工程质量安全的高度重视，也是对多年来检测工作的高度认可。行政许可是法律赋予检测机构的一项重要职责和权力，同时也将检测机构公信力建设提升到一个新的高度。在这一背景下，检测机构必须进一步加强内部管理，完善信用评价管理体系，确保每一项检测工作都能达到国家规定的标准和要求。通过严格的内部审核和外部监督，提升检测机构的透明度和公信力，为交通建设工程质量提供可靠保障。

一、机构的信用评价管理

机构的信用评价管理是指建立检测机构的信用管理体系，对持有交通建设工程试验检测师或助理试验检测师（试验检测工程师或试验检测员）资格证书的试验检测从业人员（简称“人员”）和取得交通建设工程试验检测等级证书并承担交通建设工程质量试验、检测及监测业务的检测机构（简称“机构”）的从业承诺履行状况等诚信行为进行记录、综合评价并向社会公布。

（一）管理实施

根据交通运输部关于印发《公路水运工程试验检测信用评价办法》的通知（交安监发〔2018〕78 号），交通运输部负责公路水运工程试验检测机构和人员信用评价工作的统一管理，负责对持有试验检测师（试验检测工程师）资格证书的检测人员和取得公路水运甲级（专项）等级证书并承担高速公路、独立特大桥、长大隧道及大中型水运工程试验、检测及监测业务试验检测机构的信用评价和信用评价结果的发布。交通运输部工程质量监督机构负责信用评价的具体组织实施工作。上一级质监机构应当对下一级质监机构信用评价工作进行监督检查。

机构信用评价工作由质监机构指定专人负责，开展相关信用信息的数据录入、整理、资料归档等工作。建立的检测机构信用档案主要包括以下内容：

（1）基本信息：机构名称、地址，法定代表人姓名，工商营业执照、资质证书，其他认证、认可或授权证书等证书编号，机构人员名单等；

（2）变更情况：变更事项、变更内容、变更时间等；

（3）信用评定情况记录：良好行为记录和不良行为记录；

（4）违法违规信息：司法裁判、行政处罚、行政强制等处理结果信息；

（5）履约能力信息：能力验证、年报直报、不动产抵押登记、股权出质登记、知识产权出质登记、商标注册等信息。

(二)机构信用评价标准

根据交通运输部关于印发《公路水运工程试验检测信用评价办法》的通知(以下简称评价办法),检测机构的信用评价实行综合评分制,由检测机构设立的工地试验室及单独签订合同承担的工程试验、检测及监测等现场试验检测项目组成。根据评价办法附录中的评价标准,检测机构、工地试验室及现场检测项目应从以下方面加强管理。

1. 公路水运工程试验检测机构

(1)严重违规类行为(5类):租借试验检测等级证书承揽试验检测业务;以弄虚作假或其他违法形式骗取等级证书或伪造、涂改、转让等级证书;出具虚假数据报告并造成质量安全事故或质量标准降低;所设立的工地试验室及现场检测项目总得分为0分;存在严重失信行为,作为责任单位被部、省级交通运输及以上有关部门行政处罚。

(2)较严重违规类行为(2类):使用已过期的等级证书和专用标识章出具报告;参加质监机构组织的比对试验等能力验证时,无故遮挡或未显示试验数据。

(3)中等违规类行为(7类):存在虚假数据报告及其他虚假资料;未对设立的工地试验室及现场检测项目有效监管的;聘用重复执业的检测人员从事试验检测工作的,或所聘用的试验检测人员被评为信用差;评价期内,检测机构技术负责人、质量负责人上岗资格达不到相应等级要求;评价期内,试验检测设备配备不满等级标准要求;无故不参加质监机构组织的比对试验等能力验证活动;对各级交通运输主管部门及质监机构提出的意见整改未闭合。

(4)一般违规类行为(10类):在等级证书注明的项目范围外出具试验检测报告且使用专用标识章;检测机构的变更未在规定期限内办理变更手续;评价期内,持证人员数量达不到相应等级标准要求;试验检测环境达不到技术标准规定要求;试验检测结论表述不正确;试验检测记录报告使用标准不正确;参加质监机构组织的比对试验等能力验证活动,结果为不满意;报告签字人不具备资格;试验记录、报告存在代签事实;试验检测设备未按规定检定校准;试验检测记录或报告不规范,格式未做统一要求的,相关内容不完整。

2. 公路水运工程工地试验室及现场检测项目

(1)严重违规类行为(2类):出具虚假数据报告造成质量安全事故或质量标准降低;工地试验室未履行合同擅自撤离工地。

(2)较严重违规类行为(3类):未按规定参加信用评价;存在严重失信行为,作为责任单位被部、省级交通运输及以上有关部门通报批评或行政处罚;工地试验室或授权负责人未经母体机构有效授权。

(3)中等违规类行为(6类):存在虚假数据和报告及其他虚假资料;聘用重复执业试验检测人员从事试验检测工作的,或所聘用的试验检测人员被评为信用差;授权负责人不是母体机构派出人员或长期不在岗;未按规定上报发现的试验检测不合格事项或不合格报告;对各级监督部门提出的检查意见整改未闭合的或监督部门认定的监理工程师、项目业主提出的检查意见整改未闭合;严重违反试验检测技术规程操作。

(4)一般违规类行为(8类):超出授权范围开展业务;未按规定或合同配备相应条件的试验检测人员或擅自变更试验检测人员;试验样品管理存在人为选择性取样、样品流转工作失控、样品保管条件不满足要求、未按规定留样等不规范行为;试验检测档案管理不规范;试验检测原始记录信息及数据记录不全,结论不准确,试验检测报告不完整(含漏签、漏盖及错盖章),试验检测频率不满足规范或合同要求;未按规定或合同配置满足要求的仪器设备,设备未按规定检定校准;试验检测环境达不到技术标准规定要求;报告签字人不具备资格;试验记录、报告存在代签事实。

3. 评价程序

结合评价办法中的相关要求,检测机构应及时配合质监机构开展信用评价,主要关注以下几个方面。

(1)自评时间及报送:检测机构需于次年1月中旬前完成信用评价自评,并将自评表报其注册地的省级交通质监机构;对于所设立的工地试验室及现场检测项目,未完工的要在当年12月底前、已完工的应在项目完工时完成信用评价自评,并将自评表报项目业主。

(2)关注业主评价:要关注项目业主根据项目管理情况提出的评价意见,因为其评价意见及扣分依据材料等将作为质监机构评价的重要参考,且业主需对评价意见的客观性负责。

(3)配合质监机构评价:积极配合负责项目监督的质监机构的评价工作,其会结合业主评价意见与日常监督情况进行评价,评价结果于1月底前报省级交通质监机构。

(4)关注省级复核评价及转送:关注省级交通质监机构对工地试验室和现场检测项目信用评价结果的复核评价,若授权检测机构为外省、区注册的,信用评价结果于2月上旬前转送其注册地省级交通质监机构。

(5)本省注册机构的综合评分及结果公布:本省注册的检测机构要关注省级交通质监机构进行的综合评分,属交通运输部发布范围的,其信用评价结果及相关资料经省级交通运输主管部门审核后于3月中旬前报送部质监机构;属本省发布范围的,信用评价结果由省级交通运输主管部门审定后于4月底前完成公示、公布。

(6)关注部质监机构复核评价及公示:属交通运输部发布范围的检测机构,需关注部质监机构在汇总各省信用评价结果基础上,结合相关信用信息进行的复核评价,其结果于4月底前在“信用交通”网站等指定渠道向社会统一公示、公布。

(三)信用评价管理

机构信用评价对于检测机构的生存与发展具有至关重要的意义。机构需时刻保持警觉,规范自身行为,为信用评价做好充分准备。同时,信用考核平台建设的推进以及科学合理的评价指标体系,要求机构全方位提升自身实力,从人员到设备,从质量到市场行为,都应契合高标准。此外,信用机制中的信息共享互认、守信激励与失信惩戒,时刻提醒机构珍视信用,积极守信,避免失信。检测机构可从以下五个方面着手进行信用评价管理,确保增强机构自身市场竞争力。

(1)评价周期与时间:明确机构信用评价周期为1年,时间段是从1月1日至12月31

日,需在该年度内注重自身信用表现,规范各项行为,以良好的状态迎接评价。

(2)结果公示与查询:关注信用评价结果公布前的公示,公示期为10个工作日,可在此期间核对结果是否准确、有无异议。同时要清楚最终确定的评价结果自正式公布之日起5年内可被社会公开查询,意识到信用评价结果的长期公开性及对机构声誉的重要影响。

(3)信用考核平台建设:重视机构信用考核平台的建设进展,积极配合相关部门完善该平台,因为平台是信用评价的重要依托,其建设情况会影响到评价工作的效率和准确性。

(4)评价指标体系:深入研究并关注信用评价指标体系的具体内容和要求,以此为导向,有针对性地加强机构在人员管理、设备维护、质量控制、市场行为等各方面的工作,确保符合评价指标要求,提升信用评价得分。

(5)信用机制:了解并重视信用信息共享互认、守信激励和失信惩戒等机制。在日常运营中,注重维护良好信用记录,积极争取守信激励,避免出现失信行为导致受到惩戒,以保障机构在行业内的良好信誉和市场竞争力。

(四)信用修复

由于主观或客观的原因,当检测机构出现受到行业主管部门或其他部门的行政处罚、信誉降低等不良行为导致信用评价得分较低,可从以下方面着手进行信用修复。

1. 内部整改

(1)全面自查自纠:对导致信誉问题的原因进行深入调查和分析,对机构内部的管理体系、质量控制流程、人员操作规范等各个环节展开全面自查,找出存在的问题和漏洞。

(2)加强人员培训:针对自查中发现的人员专业知识不足、操作不规范等问题,组织开展有针对性的培训活动,提高检测人员的专业素养和职业道德水平,确保其在工作中能够严格遵守相关标准和规范。

(3)完善管理制度:根据自查结果和相关法律法规要求,修订和完善内部管理制度,明确各部门和人员的职责,加强对检测工作全过程的管控,从制度层面防止类似问题再次发生。

2. 积极沟通与配合

(1)与监管部门沟通:主动与行业主管部门及其他相关监管部门保持密切联系,及时汇报信誉修复的计划和进展情况,积极配合监管部门的调查和检查工作,按照要求提交相关整改材料和报告,展现积极的态度和诚意。

(2)与客户沟通解释:与现有客户及合作伙伴进行坦诚的沟通,说明信誉问题产生的原因、机构采取的整改措施以及未来的改进方向,争取他们的理解和信任,尽量减少信誉问题对业务合作的影响。

3. 质量提升与透明化

(1)严格质量把控:在后续的试验检测工作中,严格执行质量管理体系,加强对检测设备的维护校准、检测环境的控制、样品的管理以及检测过程的监督,确保检测数据的准确性和可靠性,以高质量的检测服务重新赢得市场信任。

(2)信息公开透明:建立信息公开机制,通过官方网站、公众号等渠道,主动公开机构的资质信息、检测能力范围、质量方针和目标、检测流程、收费标准等内容,增加工作透明度,接受社会监督。

4. 参与公益与行业活动

(1)积极参与公益检测:主动承担社会责任,参与一些公益性质的检测项目,如为贫困地区的基础设施建设提供免费检测服务、协助政府部门开展公共安全检测等,通过实际行动提升机构的社会形象和美誉度。

(2)加强行业交流合作:积极参加各类行业会议、技术研讨会、能力验证活动等,与同行分享经验教训,学习先进的管理经验和检测技术,展示机构在信用修复方面的努力和成果,增强在行业内的影响力和认可度。

5. 建立信用管理长效机制

(1)设立信誉管理部门或岗位:明确专人或专门部门负责机构的信誉管理工作,制定信用管理计划和目标,定期对机构的信用状况进行评估和监测,及时发现潜在的信用风险并采取相应措施加以防范。

(2)持续改进与跟踪:将信用修复作为一项长期任务,持续关注机构的信誉变化情况,根据市场反馈和监管要求,不断优化内部管理和服务质量,确保信用修复工作取得长效成果,防止问题再次反弹。

二、人员的信用评价管理

检测机构人员信用评价管理是指对从事检测工作的人员进行信用评价的一系列管理活动。这些活动包括但不限于对检测人员的专业能力、工作态度、遵守法规和标准的情况以及历史业绩等进行综合评估。

(一)管理实施

与检测机构的信用评价管理工作相同,试验检测人员信用评价的具体组织实施工作同样由交通运输部工程质量监督机构负责。质监机构将指定专人负责人员信用评价工作,包括完成相关信用信息的数据录入、整理、资料归档等工作。建立的试验检测人员信用档案主要包括以下内容:

(1)基本信息:检测人员的姓名、性别、工作单位、身份证号、社保编号、出生年月、学历、职称、工作简历、培训情况等;

(2)变更情况:变更事项、变更内容、变更时间等;

(3)信用评定情况记录:良好行为记录和不良行为记录。

(二)人员信用评价标准及程序

1. 信用评价标准

根据交通运输部关于印发《公路水运工程试验检测信用评价办法》的通知,试验检测人员的信用评价实行累计扣分制,结合相关评价标准,检测机构应从以下方面加强人员管理。

1)相关负责人

(1)严重违规类行为(2类):租借试验检测等级证书承揽试验检测业务、以弄虚作假或其他违法形式骗取等级证书或承接业务的;伪造、涂改、转让等级证书(相应负责人)。

(2)较严重违规类行为(5类):出具虚假数据报告并造成质量安全事故或质量标准降低的;所设立的工地试验室及现场检测项目总得分为0分;存在虚假数据报告及其他虚假资料;在《等级证书》注明的项目范围外出具试验检测报告且使用专用标识章(相应负责人);工地试验室信用评价得分小于70分(授权负责人)。

(3)一般违规类行为(15类):未对设立的工地试验室及现场检测项目有效监管;试验检测设备未按规定检定校准;试验检测环境达不到技术标准规定要求的(技术或质量负责人);聘用重复执业的检测人员从事试验检测工作的,或所聘用的试验检测人员被评为信用差;检测机构的变更未在规定期限内办理变更手续;评价期内,持证人员数量达不到相应等级标准要求;检测机构技术负责人、质量负责人上岗资格达不到相应等级要求;试验检测设备配备不满等级标准要求;无故不参加质监机构组织的比对试验等能力验证活动;参加质监机构组织的比对试验等能力验证时,无故遮挡或未显示试验数据(行政负责人);工地试验室存在虚假数据和报告及其他虚假资料;聘用重复执业试验检测人员从事试验检测工作的,或所聘用的试验检测人员被评为信用差;超出授权范围开展业务;未按规定上报发现的试验检测不合格事项或不合格报告;工地试验室未履行合同擅自撤离工地(授权负责人)。

2)一般检测人员

(1)严重违规类行为(3类):有关试验检测工作被司法部门认定构成犯罪;出具虚假数据报告造成质量安全事故或质量标准降低;授权检测工地人员资料虚假;出借试验检测人员资格证书。

(2)较严重违规类行为(3类):同时受聘于两个或两个以上检测机构;在试验检测工作中,有徇私舞弊、吃拿卡要;利用工作之便推销建筑材料、构配件和设备。

(3)中等违规类行为(1类):出具虚假数据和报告。

(4)一般违规类行为(3类):未按相关标准、规范、试验规程等要求开展试验检测工作,试验检测数据失真;未按相关标准、规范、试验规程等要求开展试验检测工作,试验检测数据失真;越权签发、代签、漏签试验检测报告。

2.信用评价程序

结合交通运输部关于印发《公路水运工程试验检测信用评价办法》的通知,试验检测人员的信用评价与机构信用评价息息相关。评价期间,机构应要求本机构试验检测人员及时关注以下几个方面。

(1)信用评价负责机构:了解各省级交通质监机构负责对在本省从业的试验检测人员进行的信用评价。

(2)试验检测师评价结果报送:作为试验检测师,需关注其信用评价结果及相关资料经省级交通运输主管部门审核后于3月中旬前报送部质监机构这一要求。

(3)跨省从业助理试验检测师评价结果转送:若为跨省从业的助理试验检测师,要注意信用评价结果及相关资料须于2月上旬前转送其注册地省级交通质监机构。

(4)本省注册助理试验检测师结果公示公布:本省注册的助理试验检测师应关注本省交通运输主管部门审定后于4月底前完成公示、公布的信用评价结果。

(5)部质监机构对试验检测师的累加评价公示:试验检测师要特别关注部质监机构对其在全国范围内的扣分进行累加评价,并于4月底前在"信用交通"网站等指定渠道向社会统一公示、公布的情况。

(三)信用评价管理

作为试验检测人员,应重点关注以下三个方面。

(1)评价周期:明确人员信用评价周期为1年,时间段是从1月1日至12月31日,需在该周期内注意自身行为对信用评价的影响。

(2)结果公示:关注信用评价结果公布前的公示情况,公示期为10个工作日,可在此期间查看自己的初步评价结果是否准确、有无异议。

(3)结果查询期限:了解最终确定的信用评价结果,自正式公布之日起5年内,社会可进行公开查询。

三、如何提升社会公信力

检测机构的社会公信力是指社会和公众对机构的认可度、信任度和满意度,主要包含两方面的内涵:首先,社会公信力是一种认知评价体系,包括对检测机构的合法性、宗旨、诚信、能力、效率等方面的认可、信任和满意程度;其次,社会公信力的评价主体是社会和公众,包括政府机构、服务对象、大众媒体等多方主体。

基于"自律+他律+问责=公信力"公式,提升检测机构的社会公信力可以从以下途径着手。

(一)强化机构自律

(1)遵守法律法规。作为最基本的原则,检测机构及人员应严格遵守国家和地方的法律法规,确保检测活动的合法性。同时,机构应安排专人管理本机构相关文件,及时更新和传达最新的行业标准和法规要求。

(2)严格落实检测机构主体责任。鼓励检测机构通过向社会公开承诺、发布诚信声明、公开检验检测报告等方式接受社会监督。定期开展机构诚信自我评价或第三方评价进行自身诚信验证,同时应建立有效的有关诚信申诉、投诉处理程序,并采取有效的纠正措施和预防措施。通过制定诚信要素识别和诚信要素监控等程序,建立以法律为保障、技术和管理为支撑、责任为基础的诚信保障机制。推动检测行业协会等建立健全行业经营自律规范、自律公约和职业道德准则,规范会员机构行为。完善检测机构自查平台建设,引导行业开展自我约束和自我监督。

(3)提升机构专业化水平。专业化是检测机构能力建设的核心,更是机构公信力建设的关键。面对市场变化新需求,检测机构要走"专""精""新"的科技发展之路,鼓励创新检测方法、优化检测设备，着力提升人才竞争力，科技和信息化水平、装备配置和服务水平，促进行业良性发展。

（4）加强质量控制。机构应建立和维护严格的质量管理体系，定期进行内部审核和外部审核，确保检测流程和结果的准确性。同时，定期对员工进行专业培训及标准解读培训，提升人员的检测技能和知识水平。引进先进的检测设备和技术，提高检测的精确度和效率。此外，对于检测过程中出现的紧急情况，应建立快速响应和处理机制。对于检测结果的争议，提供公正的解决方案。

（5）透明管理体系构建。在机构官网及营业场所显著位置公示检测流程、收费标准、服务承诺等信息，并定期更新相关内容，确保信息及时性。

（6）开展以诚信为核心的文化建设。检测机构应开展以诚信为核心的文化建设，树立诚信理念，参与内部和外部诚信文化传播活动。通过制定诚信管理制度和健全服务体系，加强业务、取（抽）样及检测人员、设备、环境、样品、标准、记录及报告证书管理，加强信息披露和沟通及保护客户隐私和商业机密，从而健全机构内部诚信文化建设。

（7）履行社会责任。机构应积极以多种形式和方式履行社会责任，如积极投身公益检测项目、与政府部门联合开展质量监督抽检行动等。树立良好社会形象和品牌效应，包括公共责任、道德行为和公益支持等方面的行为。

（8）监督与评估。可通过成立公信力提升监督小组，由机构高层领导担任组长，各部门负责人为成员，每季度对各项措施的执行情况进行检查。建立月度、季度、年度评估机制，依据设定的目标，通过客户满意度调查、检测数据准确率统计、行业反馈等多维度数据进行量化评估，对未达标的项目及时分析原因，调整改进策略。

（二）加大对外宣传和公开力度

（1）加大宣传力度。充分发挥报刊、电视、社交 App 等新闻媒体和网络新媒体作用，结合“世界认可日”“全国检验检测机构开放日”等重要活动，积极组织开展实验室开放、科普宣传、便民检测、技术培训等各种活动，增进社会公众对检测机构的了解和信任，宣传检验检测服务经济社会高质量发展的经验和成效，加大对检验检测违法违规典型案例的曝光力度。

（2）参与外部合作与交流。积极加入行业协会，尽可能多地参与协会组织的技术研讨、标准制定等活动。与其他检测机构、行业协会和监管机构合作，共享最佳实践，同时积极参与行业标准的制定和修订，提升行业整体水平；与国内交通领域高校、科研院所建立产学研合作联盟，签订合作协议，在人才培养、科研项目联合攻关、实验室共建等方面开展深度合作，建立科研成果转化平台，并将研究成果转化为实际工程应用技术或产品并在交通领域内进行推广应用，借助合作单位的学术影响力提升机构知名度。

（3）建立客户反馈机制。鼓励客户提供反馈，机构应及时响应并改进服务。通过客户满意度调查来评估和提升服务质量。

（4）获取资质认证和荣誉。机构应积极申请并获取相关的资质认证，如 CNAS（中国合格评定国家认可委员会）认可、CMA（检验检测机构资质认定）资质等。同时，鼓励检测人员参加职业技能竞赛及各类质量奖项评选活动,获得荣誉称号。

第三节　品 牌 建 设

品牌是指区别一个机构及其所提供的产品或服务与其竞争者的差异性的标识和象征,它包含着机构对市场和客户保证其产品或服务质量的承诺,也承载着一个机构的文化和价值观。检测机构作为第三方服务机构,其品牌的特点与传统商品有很大不同,传统商品直接面对的是消费者,而检测机构直接面对的客户主要是企业。因此,对于检测机构而言,品牌承载的是市场,尤其是目标客户对检测机构的认可程度。

一、品牌目标

机构品牌形象是影响检测服务质量的关键指标和关键因素之一。结合《市场监管总局关于进一步深化改革促进检验检测行业做优做强的指导意见》(国市监检测发〔2021〕55号),检测机构的品牌目标应该为以企业需求、客户满意为宗旨,以产业发展为导向,打造区域知名、国内有影响力、走向世界的检测机构品牌。进一步地,检测机构的品牌目标可分解为:

(1)塑造检测机构积极向上的品牌形象,形成机构个性化、稳定的品牌文化,丰富检测机构的品牌内涵,以适当的方式向目标消费者传递这些内容,以品牌效应推动事业可持续发展。

(2)通过机制创新、管理创新和科技创新,形成优势项目和核心技术,提升检测机构品牌功能价值。

(3)改进服务流程,提高服务质量和水平,提供科学、公正、权威的证书报告,提升机构品牌满意度和忠诚度。

(4)通过品牌营销、品牌传播和推广,提高检测机构的知名度、美誉度,营造良好的品牌发展氛围。

(5)通过建立健全品牌保护和品牌维护措施和机制,保障检测机构品牌安全。

二、品牌定位

品牌定位主要包括两方面,即明确目标市场和确定品牌价值主张。前者强调确定检测服务的行业领域和识别目标客户的规模、地域分布等特征。后者包括:①强调专业性,如拥有高学历、经验丰富的检测人员,先进的检测设备等,让客户相信检测结果的准确性和可靠性;②突出服务的及时性,能够在规定的短时间内提供检测报告,满足客户项目进度的需求;③宣扬诚信,保证检测过程严格遵循相关标准,不受外界干扰,确保检测结果的公正性。

(一)诚信品牌

(1)建立诚信文化:将诚信作为机构的核心价值观,贯穿于日常运营和管理的各个环节。

通过内部培训、会议等形式，向全体员工强调诚信的重要性，使诚信理念深入人心，形成良好的诚信文化氛围。

(2)严格质量管控：确保检测数据的真实性和可靠性，从样品采集、运输、保存到检测分析、报告出具，每一个环节都严格按照标准规范操作，建立完善的质量追溯体系，对每一个数据都能做到有据可查，以高质量的检测服务赢得客户的信任。

(3)透明公正服务：向客户公开检测流程、收费标准、资质证书等信息，确保服务过程透明公正。在与客户签订合同时，明确双方的权利和义务，避免出现模糊不清或不合理的条款，保障客户的知情权和选择权。

(4)积极履行承诺：对客户做出的承诺，如检测周期、报告准确性等，要严格履行，树立良好的口碑。建立客户反馈机制，及时处理客户的投诉和建议，不断改进服务质量，增强客户对机构诚信度的认可。

(二)技术型品牌

(1)持续投入研发：设立专门的研发部门或投入一定比例的经费用于技术研发。关注行业前沿技术和发展趋势，积极开展与高校、科研机构的合作，引进先进的检测技术和方法，不断提升机构的技术水平和创新能力。

(2)培养专业人才：加强人才队伍建设，招聘和培养一批具有丰富经验和专业技能的检测人员。鼓励员工参加各类技术培训、学术交流和专业考试，不断更新知识结构，提高技术水平。同时，建立合理的人才激励机制，留住优秀人才，为机构的技术发展提供人才保障。

(3)配备先进设备：根据业务发展需求，及时更新和配备先进的检测设备和仪器，确保设备的性能和精度满足检测要求。建立设备管理档案，定期对设备进行维护保养和校准，保证设备的正常运行，为准确可靠的检测数据提供硬件支持。

(4)拓展技术领域：不断拓展检测技术领域，除了常规的检测项目外，积极开展一些高端、复杂的检测业务，如新材料检测、环境适应性检测、无损检测等，提高机构在行业内的技术竞争力，树立技术领先的品牌形象。

(三)服务型品牌

(1)定制化服务方案：深入了解客户的需求和特殊要求，为客户量身定制个性化的检测服务方案。针对不同的客户群体和项目特点，提供差异化的服务，满足客户在特殊检测项目、紧急检测需求、数据解读与分析等方面的个性化需求。

(2)建立专家团队：组建一支由行业专家、资深技术人员组成的专家团队，能够为客户提供专业的技术咨询和解决方案。在面对复杂的检测问题或特殊的工程需求时，专家团队能够迅速响应，提供准确有效的技术支持，帮助客户解决实际问题。

(3)应急检测服务：建立应急检测机制，配备应急检测设备和人员，能够在短时间内响应客户的紧急检测需求。例如，在发生自然灾害、工程事故等紧急情况下，迅速开展检测工作，为应急救援和后续处理提供及时准确的数据支持。

(4)增值服务:除了基本的检测服务外,为客户提供一系列增值服务,如检测技术培训、检测方案优化、质量控制咨询等。通过这些增值服务,帮助客户提升自身的质量控制水平和管理能力,增强客户对机构的依赖度和忠诚度。

(四)创新型品牌

(1)鼓励创新思维:营造创新氛围,鼓励员工提出新的检测技术、方法和理念,对有价值的创新建议给予奖励和支持。建立创新激励机制,激发员工的创新积极性,使创新成为机构发展的内在动力。

(2)开展科研项目:积极申报和承担国家级、省部级科研项目,围绕行业热点和难点问题开展研究,争取在关键技术领域取得突破。通过科研项目的实施,提升机构的科研水平和创新能力,为行业发展作出贡献。

(3)推动技术创新应用:将科研成果及时转化为实际应用,推动检测技术的创新发展。例如,开发新的检测设备、改进检测方法、建立新的质量评价体系等,提高检测效率和准确性,为客户提供更加优质、高效的检测服务。

(4)加强合作与交流:与国内外同行业机构、科研院校等建立广泛的合作关系,开展技术交流与合作项目。通过合作,引进先进的创新理念和技术成果,同时将自身的优势技术和经验推向国际市场,提升机构的国际影响力和竞争力。

通过以上几个方面的品牌定位,检测机构可以明确自身的发展方向和优势特色,打造具有核心竞争力的品牌形象,在激烈的市场竞争中脱颖而出,实现可持续发展。

三、品牌管理

基于上述建立的品牌目标,可立足以下三个原则进行检测机构的品牌管理。

(1)立足检测机构科研、管理、服务、人才、技术等业务优势,培育具有自身特色的品牌个性、核心技术和优质服务。

(2)围绕检测机构的发展目标,符合自身发展定位,体现品牌的核心价值。贯穿于机构各项工作中,有效融入经营管理的全过程。

(3)积极吸收国内外先进的品牌管理思想和经验,对现有的品牌资源进行整合、创新和发展,不断赋予品牌新的内涵。

四、品牌监测维护与提升

(1)品牌监测。定期监测市场上关于本机构品牌的言论,包括在线评论、社交媒体提及、行业论坛讨论等。及时发现正面评价以便加以利用,同时快速处理负面评价,避免影响扩大。

(2)持续改进。根据市场反馈和技术发展,不断提升检测能力,引进新的检测技术和设备,扩大检测服务范围。同时,对内部管理流程进行优化,提高服务效率和质量,以持续提升品牌的竞争力。

第四节　廉 政 建 设

检测机构的廉政建设至关重要,它不仅关系到检测结果的公正性和准确性,也影响着整个行业的健康发展。廉政建设制度管理是检测机构为了维护公正、公平、透明的检测环境,确保检测结果的准确性和权威性,而制定的一系列内部管理规范和操作流程。这些制度旨在预防和减少腐败行为的发生,提升检测机构的公信力和专业形象。

一、廉政风险防控

(1)开展廉政风险排查:全面梳理机构内部的各项工作流程,包括试验检测业务的委托受理、样品采集与管理、检测过程操作、报告出具等各个环节,查找可能存在的廉政风险点。例如,在样品采集环节,可能存在采集不规范、样品被替换或篡改的风险;在报告出具环节,可能出现虚假报告、人情报告等风险。对每个风险点进行详细分析,确定风险的等级和可能产生的后果。

(2)建立风险预警机制:设置关键指标和阈值,当检测工作中的某些行为或数据接近或超过设定的风险阈值时,及时发出预警信号。例如,若某一检测项目的不合格率突然大幅下降或上升,超出正常波动范围,可能预示存在违规操作风险,应立即启动调查程序。同时,畅通内部举报渠道,鼓励员工对发现的廉政风险及时报告,对举报属实的员工给予奖励和保护。

(3)实施风险防控措施:针对不同等级的风险点,制定相应的防控措施。对于高风险环节,如涉及重大工程的关键检测项目,可采取双人负责、定期轮岗、全程监控等方式进行防控;对于低风险环节,加强日常监督和定期检查,确保各项工作按规范进行。同时,加强对外部合作单位和供应商的管理,签订廉政协议,明确双方的廉政责任和义务,防止利益输送等问题的发生。

二、廉政制度管理

(一)建立健全廉政制度体系

1. 制定明确的廉政准则

首先,明确规定检测机构工作人员在业务活动中不得接受客户的贿赂、回扣、礼品等不正当利益。对可能影响检测结果公正性的宴请、娱乐活动等也应严格禁止。另外,还应规范工作人员与供应商的关系,防止在采购检测设备、试剂等过程中出现利益输送行为。

2. 完善内部监督制度

设立独立的内部监督部门或岗位,负责对检测业务流程进行全程监督。包括样品接收、检测过程、报告出具等环节,确保每个环节都符合廉政要求。同时建立举报机制,鼓励员工和外部人员对违规行为进行举报,并对举报人进行保护。同时,对举报内容进行认真调查处理,对查实的违规行为严肃惩处。

3. 规范财务管理制度

加强对检测费用的管理,确保收费标准公开透明,杜绝乱收费、多收费现象。严格按照财务制度进行收支管理,防止资金被挪用或滥用。对检测机构的财务收支情况进行定期审计,发现问题及时整改,确保财务管理的廉洁性。

(二)加强廉政教育和培训

1. 开展定期廉政教育

组织员工学习国家法律法规、行业规范以及机构内部的廉政制度,包括组织员工参加廉政培训、专题讲座,观看警示教育片等方式,提高员工的法律意识和廉洁自律意识。可结合案例分析、警示教育等方式,让员工深刻认识到腐败行为的危害,增强拒腐防变的能力。

2. 针对关键岗位进行重点培训

对检测机构中的关键岗位人员,如检测人员、审核人员、管理人员等,进行有针对性的廉政培训,重点培训这些岗位可能面临的廉政风险以及防范措施。加强职业道德教育,培养员工的职业操守和责任感,使他们在工作中始终保持公正、客观、廉洁的态度。

(三)强化制度执行和监督检查

1. 严格制度执行

要求全体员工严格遵守廉政制度,对违反制度的行为零容忍。一旦发现违规行为,立即按照规定进行处理,绝不姑息。领导干部要带头遵守廉政制度,以身作则,为员工树立榜样。同时,加强对下属员工的管理和监督,确保制度得到有效执行。

2. 加强监督检查

对内,机构应定期对廉政制度的执行情况进行监督检查,通过内部审计、专项检查等方式,及时发现制度执行中的问题和漏洞,并采取有效措施加以整改。

对外,主动接受行业主管部门、客户、社会公众等外部主体的监督,定期公开机构的检测业务信息、廉政建设情况等,增加工作透明度。对于外部监督反馈的问题,及时进行整改并公开整改结果,不断提高检测机构的廉政建设水平。

(四)营造廉政文化氛围

1. 开展廉政文化活动

组织开展廉政文化主题活动,如廉政演讲比赛、征文活动、书画展览等,营造浓厚的廉政文化氛围。通过内部刊物、宣传栏、网站等渠道,宣传廉政文化理念和先进事迹,激发员工的廉洁自律意识。同时,将廉政教育纳入新员工入职培训和员工年度培训计划,确保廉政教育的常态化和制度化。

2. 建立激励机制

对在廉政建设方面表现突出的员工进行表彰和奖励,树立正面典型,激励更多员工积极参与廉政建设。同时将廉政建设纳入员工绩效考核体系,对违反廉政制度的员工进行扣分或降职等处罚,促使员工自觉遵守廉政制度。

第五节　发展战略

企业发展战略与文化建设相互依存、相互促进，共同推动机构的持续发展。文化建设为发展战略提供深厚的思想基础和强大的价值导向。企业的文化理念会深刻影响其发展战略的制定。秉持诚信文化的企业，在战略规划中会将维护良好的声誉和客户信任作为重要考量，避免因短期利益而损害长期发展。创新文化则激励企业在战略上积极探索新技术、新业务模式，以保持领先地位。责任文化则促使企业在战略布局中充分考虑社会责任，提升企业的社会形象和影响力。

同时，发展战略的实施过程也是文化传播和强化的过程。当机构按照既定战略推进业务拓展、人才培养等工作时，相应的文化理念会在组织内部得到更广泛的传播和认同。这种文化的传播和强化，又会进一步凝聚员工的共识，为发展战略的顺利实施提供有力的精神支持。

发展战略作为文化建设的重要组成部分，承载着机构的愿景和使命。一个清晰明确、符合文化内核的发展战略，能够让全体员工明确努力方向，将个人目标与机构目标紧密结合，形成强大的凝聚力和向心力。这种凝聚力和向心力反过来又会推动文化建设不断深入，使机构文化更加丰富和完善。

随着经济的快速发展和城市化进程的加速，交通基础设施建设成为推动社会进步的重要力量。检测机构作为确保工程质量的关键主体，其发展战略的重要性不言而喻。为了实现可持续发展，检测机构在制定与实施发展战略时需要从多个维度进行综合考量。

一、发展战略规划

公路交通是中国基础设施建设的重要领域，是国家交通网发展的物质载体，是支撑国土空间开发、物质流通、社会交往和国际合作的大动脉。截至 2023 年底，中国公路总里程 543.68 万 km，其中，高速公路里程 18.36 万 km。中国已建成了世界规模最大、类型最丰富的高速公路交通系统，中国公路建设条件和服役环境之复杂多样也位居世界之最。

《交通强国建设纲要》和《国家综合立体交通网规划纲要》确立交通运输建设目标：到 2035 年，基本建成便捷顺畅、经济高效、绿色集约、智能先进、安全可靠的现代化高质量国家综合立体交通网，实现国际国内互联互通、全国主要城市立体畅达、县级节点有效覆盖，有力支撑“全国 123 出行交通圈”。交通基础设施质量、智能化与绿色化水平位居世界前列。交通运输全面适应人民日益增长的美好生活需要，有力保障国家安全，支撑我国基本实现社会主义现代化。到本世纪中叶，全面建成现代化高质量国家综合立体交通网，拥有世界一流的交通基础设施体系，交通运输供需有效平衡、服务优质均等、安全有力保障。新技术广泛应用，实现数字化、网络化、智能化、绿色化。出行安全便捷舒适，物流高效、经济可靠，实现“人享其行、物优其流”，全面建成交通强国，为全面建成社会主义现代化强国当好先行。

《"十四五"现代综合交通运输体系发展规划》确立目标:到 2025 年,综合交通运输基本实现一体化融合发展,智能化、绿色化发展水平取得实质性突破,综合能力、服务品质、运行效率和整体效益显著提升,交通运输发展向世界一流水平迈进。其中,公路里程由 2020 年的 519.8 万 km 增加到 550 万 km,高速公路建成里程由 16.1 万 km 增加到 19 万 km。

与此同时,我国交通运输发展还存在一些短板,不平衡、不充分问题仍然突出。综合交通网络布局仍需完善,结构有待优化,互联互通和网络韧性还需增强;综合交通统筹融合亟待加强,资源集约利用水平有待提高,交通运输与相关产业协同融合尚需深化,全产业链支撑能力仍需提升;综合交通发展质量效率和服务水平不高,现代物流体系有待完善,科技创新能力、安全智慧绿色发展水平还要进一步提高;交通运输重点领域关键环节改革任务仍然艰巨。

检测机构要把握住未来交通建设发展的基本趋势——便捷顺畅、经济高效、绿色集约、智能先进、安全可靠的现代化高质量国家综合立体交通。在制定企业发展战略规划时,将自身发展需求与国家总体发展战略相结合,积极融入新时期交通建设发展的新方向,才能制定出科学合理、指导自身发展壮大的战略规划。

在当今瞬息万变的商业环境中,制定科学的高质量发展战略对企业的长远发展至关重要。企业制定战略规划需考虑以下四个方面。

1. 有效评价企业内外部环境

制定发展战略的首要步骤,是对企业的内外部环境进行全面而深入的分析。这一过程能够帮助企业识别当前或未来可能面临的市场环境变化和国家政策调整等因素,从而及时发现潜在的威胁和机遇。通过这种分析,企业能够针对内外部环境的变化做出快速而有效的应对。只有正确识别和评估内外部环境的变化,企业才能设计出实现长期战略目标所需的经营策略。这种前瞻性的规划,使企业能在未来的环境变化中获得持续发展的优势。

2. 明确企业发展的竞争力

发展战略的制定有助于企业明确自身的核心竞争力,并据此规划有效的战略活动领域。这使得企业能在业务经营中获得最大效益,并形成长期的竞争优势。通过分析企业的主营业务优势、其他业务的竞争环境以及内部资源的优劣势,企业可以清晰地认识到自身的核心竞争能力和未来的主要发展方向,从而在激烈的市场竞争中实现可持续发展。

3. 提高企业员工工作活力

科学的发展战略能够激发企业员工的工作活力,从而提高决策的执行能力。通过制定符合企业长期发展的企业文化,特别是对于规模较大的企业而言,可以显著提升整体的战略执行力。这一点对于质量检测等高新技术企业尤为重要,因为检测结果的生成通常需要不同部门的紧密配合。

4. 及时调整企业发展状态

企业发展战略的另一个重要作用是帮助企业根据既定的目标,及时调整发展状态。在战略实施过程中,对实施情况进行检查、评估与控制是极其重要的环节。这是因为在实际运营中,各部门的发展和员工的行为可能会偏离企业的整体发展方向。

二、发展战略实施

企业发展战略的制定与实施是战略规划落地成效的具体措施,是一个复杂而系统的过程,涉及多个方面的协同努力。本部分内容将详细阐述检测机构在制定和实施发展战略时需要考虑的七个关键方面。

(一)完善并严格执行检测质量管理体系规定

检测机构的质量管理体系是确保检测工作可靠性和有效性的基础。这个体系包含质量手册、程序文件、操作规程以及质量记录等重要文件。机构应严格遵循《检验检测机构资质认定管理办法》和《检验检测机构资质认定评审准则》,建立健全质量管理体系并确保其有效运行。在实际运作中,机构应不断发现并改进体系中的不足之处,持续优化管理流程。

同时,加强内部审核和管理评审的力度也是至关重要的。机构应对检测的关键步骤、薄弱环节以及新增项目和新上岗人员进行严格的日常监督。通过定期使用有证标准物质、留样复测、人员比对、仪器比对等方式进行内部质量控制,可以有效确保检测结果的准确性和可靠性。这种持续的自我监督和改进机制不仅能提高检测质量,还能增强机构在行业中的竞争力。

(二)建立健全诚信体系

诚信体系的建立和完善对于检测机构的长远发展至关重要。一个完善的诚信系统能够有效规范机构的检测行为,不断提升检测操作的规范性,进而提高机构监管的质量和效果,保障检测机构行业的稳定发展。

在诚信系统的完善过程中,机构应以《检验检测机构诚信评价规范》为基础,结合检测行业的实际情况,建立健全机构诚信体系。对于诚信等级较高的人员,相关部门应给予适当奖励,以激励更多人员遵守职业道德。同时,对于失信机构,则需要进行严格处理,以维护行业的整体信誉。

诚信系统的管理应实行信息公开,接受社会大众的监督。在行业监管方面,一方面需要完善建设工程质量检测的顶层制度设计,加大对违规行为的处罚力度,引入退出机制,遏制弄虚作假、低价竞争等不良行为,为检测机构的良性发展营造良好的市场环境。另一方面,应健全检测机构诚信评价体系。这种评价体系不仅可以促使检测机构提高工作质量,自觉规范自身行为,还能为监管部门实行动态管理、规范检测市场提供有力的客观依据。

在实际操作中,可以结合国家市场监督管理总局和国家标准化管理委员会联合批准发布的《检验检测机构诚信评价规范》,并考虑建设工程质量检测行业的实际情况,逐步构建相应的诚信评价体系。在检测机构的市场准入、资质管理、招投标、表彰评优等工作中,实行差别化管理,依法对守信行为给予激励,同时加大对失信机构的惩处力度。建立检测机构和检测人员信用档案,增强检测机构和检测人员的信用意识,不断促进诚信信息的使用和公开。

（三）优化检测设备，使其符合行业发展需求

建设工程质量的检测不仅依赖于人员的技术水平，还需要精良的检测设备作为支撑，以实现“1 + 1 > 2”的协同效果。检测设备的精度直接关系到检测结果的准确性，同时也影响检测业务的运行效率。因此，为了不断适应和满足市场需求，检测机构应加大对仪器设备的投入力度。

机构应积极引入和利用最新的科学技术和设备，不断提高检测质量和工作效率。要进一步增强检测手段，提高检测能力和精确度。同时，积极探索新的检测方法，简化检测流程，缩短检测时间。对于资金实力较弱的检测机构，应主动寻求投资方的支持，及时更新仪器设备，以获取更多的实际效益。通过不断优化和升级检测设备，机构可以在竞争激烈的市场中保持技术优势，提供更高质量的检测服务。

（四）推进组织品牌形象建设

工程质量检测本质上是一项高技术服务，检测能力直接体现服务能力，检测结果则代表服务质量。为客户提供可靠、准确的数据是检测机构的核心竞争力。只有能提供满意服务的检测机构才能在竞争激烈的检测市场环境下生存和发展。

为了扩展建设工程质量检测服务的纵深发展，检测机构应与时俱进，不断补充和完善检测技术参数，合理、有效地利用检测资源。机构应从思想、组织、管理和技术等多个层面加强自身建设，以市场为导向，以技术创新为动力，在检测技术、设备和手段等方面加大投入。同时，加强检测人员的培训，积极探索提升整体竞争力的方法，争取做大做强，最终建立起自己的品牌。

通过培育品牌意识，加强品牌运营，检测机构可以循序渐进地提高自身的核心竞争力。通过扩展声誉效应创造客户资产，在激烈的市场竞争中赢得优势。品牌建设是一个长期的过程，需要机构在日常工作中不断积累口碑，提供高质量的服务，最终在行业中树立起特有的品牌形象。

（五）严格规范工程质量检测流程

在检测机构的日常工作中，严格按照相关规定开展工作，落实各部门颁布的工程质量检测管理文件是至关重要的。机构在日常检测中，应重视检测设备的性能，定期开展区间核查，确保检测设备在稳定状态下运行。

同时，基于工程质量检测的具体内容，机构需要严格控制实验室的环境设施，包括室内温度和湿度，以保证检测数据的真实性。机构应基于三级审核制度完成相关工作，为检测数据的真实性提供保证。

从委托、检测试验、原始记录到最后出具报告的每个环节，检测机构都必须严格执行质量管理体系文件的规定。定期开展仪器设备的检测核查，按时完成所有设备的计量检定，保持设备的准确、可靠和稳定运行。严格控制检测环境，确保温度和湿度等环境条件满足规范要求。加强对样品流转过程的控制管理，确保标识清楚，记录翔实齐全。同时，加强对检测报告的控制和管理，执行检测、审核、批准三级审核制度，并将各级责任落实到位，切实做到记录核实正确、信息充分，确保检测报告数据和结论的真实性、准确性。

（六）完善检测机构信息化管理系统建设

在检测机构的发展中，积极构建信息化管理系统能够显著提升工作质量和安全性。基于信息化管理系统，机构能够提高检测数据分析的质量和效率，对机构的稳定发展具有重大意义。

在信息化管理系统的建设过程中，应积极采用先进的信息技术手段，为检测机构的业务拓展提供技术保证，提升检测数据的真实性。

检测机构需以计算机技术应用为核心，对计算机管理体系进行合理构建，积极推行检测试验自动化管理系统。通过这个系统，管理者可以及时了解和掌握内部情况，并在此基础上制定切实可行的监督检查措施，为未来各项考核工作的有效开展奠定坚实基础。

此外，机构还应加强检测样品的唯一性标识管理，对要求自动采集的项目，按要求采集并上传曲线，规范记录修改程序。同时，对留样进行规范管理，并建立视频监控系统进行电子留痕管理。这些措施能够进一步提高检测过程的可追溯性和透明度，增强检测结果的可靠性。

（七）提升工作人员检测能力和综合素养

检测机构的核心竞争力在于其人才。因此，全面提高检测人员的综合能力，重视人才培养，加强技术培训是机构发展的关键。机构可以通过多种方式提升员工能力，如组织人员参加培训考核，内部开展质量知识宣贯、检测标准更新培训，联系外来技术装备公司进行操作培训，派员工到先进检测机构参观学习等。通过这些措施，机构可以不断增强技术储备和队伍素质，建立高水平、专业化的检测队伍。同时，加强对检测人员的法律法规和职业道德教育也是非常重要的。这不仅可以促进检测人员不断提高自律意识，自觉抵制不良行为，还能提升整个机构的职业素养和社会形象。

检测机构的发展战略制定与实施是一个全面、系统的过程。通过完善质量管理体系、建立健全诚信体系、优化检测设备、推进品牌建设、规范检测流程、提升信息化管理水平以及加强人才培养等多方面的努力，检测机构可以在激烈的市场竞争中不断提升自身实力，为建筑工程质量的提高做出更大贡献。

三、发展战略控制

战略管理是一个动态的过程，涉及规划、执行、控制和评估等多个阶段。战略控制是在战略实施过程中，检查组织为达到发展目标所进行的各项活动的进展情况，评价实施战略后的发展绩效，将其与既定的战略目标及标准相比较，从中找出战略差距，分析产生偏差的原因，并纠正偏差。通过控制，使发展战略的实施更好地与组织当前所处的内外环境、发展目标协调一致，从而实现发展战略。

（一）战略控制的主要内容

对企业战略实施进行控制的主要内容有：

(1)设定绩效标准。根据企业战略目标,结合企业内部人力、物力、财力及信息等具体条件,确定企业绩效标准,作为战略控制的参照系。

(2)绩效监控与偏差评估。通过一定的测量方式、手段、方法,监测企业的实际绩效,并将企业的实际绩效与标准绩效对比,进行偏差分析与评估。

(3)设计并采取纠正偏差的措施,以顺应变化的条件,保证企业战略的圆满实施。

(4)监控外部环境的关键因素。外部环境的关键因素是企业战略赖以生存的基础,这些外部环境的关键因素的变化意味着战略前提条件的变动,必须给予充分的注意。

(5)激励战略控制的执行主体,以调动其自控制与自评价的积极性,以保证企业战略实施的切实有效。

(二)战略控制的主要方法

从控制时间来看,企业的战略控制包括事前控制、事中控制和事后控制。

事前控制:在战略实施之前,要设计好正确有效的战略计划,该计划要得到企业高层领导人的批准后才能执行。其中,有关重大的经营活动必须通过企业的领导人的批准同意才能开始实施,所批准的内容往往也就成为考核经营活动绩效的控制标准。这种控制多用于重大问题的控制,如任命重要的人员、重大合同的签订、购置重大设备等等。

由于事前控制是在战略行动成果尚未实现之前,通过预测以发现战略行动的结果是否会偏离既定的标准。因此,管理者必须对预测因素进行分析与研究。一般有三种类型的预测因素:

(1)投入因素。即战略实施投入因素的种类、数量和质量,将影响产出的结果。

(2)早期成果因素。即依据早期的成果,可预见未来的结果。

(3)外部环境和内部条件的变化,对战略实施的控制因素。

事中控制:事中控制也叫随时控制或过程控制。企业高层领导者要控制企业战略实施中的关键性的过程或全过程,随时采取控制措施,纠正实施中产生的偏差,引导企业沿着战略的方向进行经营。这种控制方式主要是对关键性的战略措施进行随时控制。

事后控制:这种控制方式发生在企业的经营活动之后,才把战略活动的结果与控制标准相比较。这种控制方式工作的重点是要明确战略控制的程序和标准,把日常的控制工作交由职能部门人员去做。即在战略计划部分实施之后,将实施结果与原计划标准相比较,由企业职能部门及各事业部定期向高层领导汇报战略实施结果,由领导者决定是否有必要采取纠正措施。事后控制的方法的具体操作主要有联系行为和目标导向等形式。

(1)联系行为。即对员工战略行为的评价与控制,直接同他们的工作行为联系挂钩。员工比较容易接受,并能明确战略行动的努力方向,使个人的行动导向和企业经营战略导向接轨。同时,通过行动评价的反馈信息修正战略实施行动,使之更加符合战略的要求;通过行动评价,实行合理的分配,从而强化员工的战略意识。

(2)目标导向。即让员工参与战略行动目标的制定和工作业绩的评价。既可以看到个人行为对实现战略目标的作用和意义,又可以从工作业绩的评价中看到成绩与不足,从中得到肯定和鼓励，为战略推进增添动力。

从控制的对象来看，企业的战略控制可分为财务控制、生产控制、销售规模控制、质量控制和成本控制。

财务控制：这种控制方式覆盖面广，是用途极广、非常重要的控制方式，包括预算控制和比率控制。

生产控制：即对企业产品品种、数量、质量、成本、交货期及服务等方面的控制，可以分为产前控制、过程控制及产后控制等。

销售规模控制：销售规模太小会影响经济效益，太大会占用较多的资金，也影响经济效益，为此要对销售规模进行控制。

质量控制：包括对企业工作质量和产品质量的控制。工作质量不仅包括生产工作的质量，也包括领导工作、设计工作、信息工作等一系列非生产工作的质量。因此，质量控制的范围包括生产过程和非生产过程的其他一切控制过程。质量控制是动态的，着眼于事前和未来的质量控制，其难点在于全员质量意识的形成。

成本控制：通过成本控制使各项费用降低到最低水平，达到提高经济效益的目的。成本控制不仅包括对生产、销售、设计、储备等有形费用的控制，而且还包括对会议、领导、时间等无形费用的控制。在成本控制中要建立各种费用的开支范围、开支标准并严格执行，要事先进行成本预算等工作。

四、发展战略调整

战略调整是企业经营发展过程中，对正在实施战略方向或线路的改变。企业战略调整的来源主要有两个方面：一是通过战略控制发现正在实施的战略规划与战略目标不一致而进行的纠偏调整；二是企业为适应性新的内外部环境的变化而调整整体战略目标和战略规划。影响企业战略调整的因素可能包括企业核心竞争力、管理者的行为倾向、企业文化等。

检测机构在进行企业战略调整时，应当考虑以下问题：

（一）聚焦行业发展需求

企业在调整发展战略时，应当根据国家发展战略决策、行业发展需求和地方政策导向，顺应行业发展模式的变化来确定自身的发展目标。如未来公路建设主要围绕公路绿色化、韧性化、智能化、长寿命和交能融合等方向；发展重心由东部地区向中西部地区、集中连片地区和建设条件复杂的地区推进，由高速公路向国省干线和农村公路逐渐转移；建设模式由传统的由公共部门主导的供给方式转向政府与社会资本合作模式（PPP）为主的供给方式。企业应当迅速抓住并适应这种变化，细化目标市场，集中优势经营力量，及时调整经营策略。

（二）拓展智慧交通等新业务

近年来，建筑信息模型（BIM）、地理信息系统（GIS）、立体摄影、激光扫描等数字化技术的兴起为公路基础设施的虚拟建模与可视化管理提供了技术支撑。数据驱动的公路运维是实现交通运输基础设施数字化、智能化的重要路径之一。随着海量新型数据的获取，公路安全性及功能性需求的提升，未来数据驱动的公路运维发展趋势主要包括：①基于海量倾斜摄影、激光点云等新型检测监测数据的挖掘分析，提升公路多尺度性能评估维度与精度；②针对公路运维过程中检测、监测、养护多源异构数据，进行像素级、特征级及决策级的融合分析；③面向公路智能化、功能化、能源自洽等需求，构建多元化的公路运维决策目标及决策优化体系框架；④探地雷达等公路无损智能检测技术在道路结构层厚度、密度、隐蔽病害的检测中的应用；⑤聚氨酯、纤维封层、自愈合微胶囊、TiO_2光催化材料在高性能预防性养护中的应用。

（三）绿色、低碳技术的应用

道路交通环境污染是世界各国共同面临的严峻挑战。其总量占环境污染的1/4以上，是重要的污染源。道路交通排放包括尾气排放和非尾气排放。尾气排放带来的环境空气污染中的化学成分主要有SO_2、NO_2、CO、O_3，一般使用空气质量监测站或便携式监测设备来测量机动车辆排放的污染物浓度；非尾气排放中的化学成分主要包括重金属、无机以及有机物颗粒，其在悬浮状态和沉降状态时均会对环境产生严重危害，一般采用电感耦合等离子光谱发生仪（ICP）和气相色谱质谱联用仪（GC-MS）等仪器对其含量进行检测。而对于空气中的PM，目前主要通过以锥形元件振荡微天平（TEMO）为代表的仪器以及基于光散射法的仪器进行监测。低环境影响路面涵盖绿色建造、低碳生产和循环利用等多范畴研究，涉及原材料低排放、施工工艺低碳环保及建设周期内循环可持续。其核心理念在于通过材料设计、技术革新和资源整合，保证道路质量要求和经济效益的同时，降低能源消耗和污染排放，进而推动绿色道路的发展。

附　　录

附录一　常用法律法规、政策、管理标准及管理制度索引

序号	名称	制定机关	文件编号	公布日期	施行日期
1	中华人民共和国计量法	全国人民代表大会常务委员会		2018-10-26	2018-10-26
2	中华人民共和国计量法实施细则	国务院		2022-03-29	2022-05-01
3	中华人民共和国标准化法	全国人民代表大会常务委员会		2017-11-04	2018-01-01
4	中华人民共和国标准化法实施条例	国务院		1990-04-06	
5	中华人民共和国认证认可条例	国务院		2023-07-20	2023-07-20
6	中华人民共和国产品质量法	全国人民代表大会常务委员会		2018-12-29	2018-12-29
7	中华人民共和国数据安全法	全国人民代表大会常务委员会		2021-06-10	2021-09-01
8	中华人民共和国网络安全法	全国人民代表大会常务委员会		2016-11-07	2017-06-01
9	中华人民共和国安全生产法	全国人民代表大会常务委员会		2021-06-10	2021-09-01
10	中华人民共和国环境保护法	全国人民代表大会常务委员会		2014-04-24	2015-01-01
11	中华人民共和国噪声污染防治法	全国人民代表大会常务委员会		2021-12-24	2022-06-05
12	中华人民共和国大气污染防治法	全国人民代表大会常务委员会		2018-10-26	2018-10-26

续上表

序号	名称	制定机关	文件编号	公布日期	施行日期
13	中华人民共和国招标投标法	全国人民代表大会常务委员会		2017-12-27	2017-12-28
14	中华人民共和国招标投标法实施条例	国务院		2019-03-02	
15	中华人民共和国劳动法	全国人民代表大会常务委员会		2018-12-29	2018-12-29
16	中华人民共和国劳动合同法	全国人民代表大会常务委员会		2012-12-28	2013-07-01
17	中华人民共和国劳动合同法实施条例	国务院		2008-09-18	
18	中华人民共和国劳动争议调解仲裁法	全国人民代表大会常务委员会		2007-12-29	2008-05-01
19	中华人民共和国劳动保险条例	国务院		1953-01-02	1953-01-02
20	劳务派遣暂行规定	人力资源和社会保障部	2014 年第 22 号	2014-01-26	2014-03-01
21	最高人民法院关于审理劳动争议案件适用法律问题的解释(一)	最高人民法院	法释〔2020〕26 号	2020-12-29	2021-01-01
22	生产安全事故报告和调查处理条例	国务院		2007-04-09	
23	关于修改《生产安全事故报告和调查处理条例》罚款处罚暂行规定等四部规章的决定	国家安全生产监督管理总局	2015 年第 77 号	2015-04-02	2015-05-01
24	生产安全事故应急条例	国务院		2019-02-17	
25	危险化学品安全管理条例	国务院		2013-12-07	
26	关于全面实行行政许可事项清单管理的通知	国务院办公厅	国办发〔2022〕2 号	2022-01-30	

续上表

序号	名称	制定机关	文件编号	公布日期	施行日期
27	中华人民共和国强制检定工作计量器具检定管理办法	国务院	国发〔1987〕31 号	1987-04-14	1987-07-01
28	市场监管总局关于调整实施强制管理的计量器具目录的公告	国家市场监督管理总局	2020 年第 42 号	2020-04-26	2020-04-26
29	市场监督管理严重违法失信名单管理办法	国家市场监督管理总局	2021 年第 44 号	2021-07-30	2021-09-01
30	市场监督管理信用修复管理办法	国家市场监督管理总局	国市监信规〔2021〕3 号	2021-08-01	2021-09-01
31	检验检测机构资质认定管理办法(修正案)	国家市场监督管理总局	2021 年第 38 号	2021-04-22	
32	检验检测机构监督管理办法	国家市场监督管理总局	2021 年第 39 号	2021-04-08	2021-06-01
33	市场监管总局关于进一步推进检验检测机构资质认定改革工作的意见	国家市场监督管理总局	国市监检测〔2019〕206 号	2019-10-25	
34	市场监管总局关于全面推进"双随机、一公开"监管工作的通知	国家市场监督管理总局	国市监信〔2019〕38 号	2019-02-17	
35	检验检测机构资质认定评审准则	国家市场监督管理总局	2023 年第 21 号	2023-06-01	2023-12-01
36	公路水运工程质量检测管理办法	交通运输部	2023 年第 9 号	2023-08-31	2023-10-01
37	公路工程竣(交)工验收办法实施细则	交通运输部	交公路发〔2010〕65 号	2019-12-19	2010-05-01
38	关于公布《公路水运工程试验检测机构资质等级条件》及《公路水运工程质量试验检测机构资质审批专家技术评审工作程序》的通知	交通运输部	交安监发〔2023〕140 号	2023-10-07	2023-10-07
39	关于做好公路水运工程质量检测机构资质评审有关工作的通知	交通运输部办公厅	交办安监函〔2024〕1432 号	2024-08-01	

续上表

序号	名称	制定机关	文件编号	公布日期	施行日期
40	关于将公路水运工程试验检测人员资格调整为水平评价类职业资格工作的通知	交通运输部办公厅	交办安监〔2015〕4 号	2015-01-07	
41	关于印发《公路水运工程试验检测专业技术人员职业资格制度规定》和《公路水运工程试验检测专业技术人员职业资格考试实施办法》的通知	人力资源和社会保障部、交通运输部	人社部发〔2015〕59 号	2015-07-03	
42	关于印发《公路水运工程试验检测人员继续教育办法(试行)》的通知	交通运输部办公厅	厅质监字〔2011〕229 号	2011-10-25	
43	关于公路水运工程试验检测人员职业资格有关事项的通知	交通运输部办公厅	交办安监〔2015〕143 号	2015-09-23	
44	检验检测机构诚信基本要求		GB/T 31880—2015	2015-09-21	2015-11-01
45	公路水运工程试验检测信用评价办法	交通运输部	交安监发〔2018〕78 号	2018-07-27	2018-07-01
46	建设工程质量管理条例	国务院	2000 年 279 号	2019-04-23	
47	建设工程质量检测管理办法	住房和城乡建设部	2022 年第 57 号	2022-12-19	2023-03-01
48	建设工程质量检测机构资质标准	住房和城乡建设部	建质规〔2023〕1 号	2023-03-31	2023-04-19
49	检测和校准实验室能力认可准则	中国合格评定国家认可委员会	CNAS - CL01:2018	2018-03-01	2018-09-01
50	检测和校准实验室能力的通用要求	国家市场监督管理总局、国家标准化管理委员会	GB/T 27025—2019	2019-12-10	2020-07-01
51	质量管理体系　要求	国家质量监督检验检疫总局、国家标准化管理委员会	GB/T 19001—2016	2016-12-30	2017-07-01

续上表

序号	名称	制定机关	文件编号	公布日期	施行日期
52	良好实验室规范原则	国家质量监督检验检疫总局、国家标准化管理委员会	GB/T 22278—2008	2008-08-04	2009-04-01
53	公路水运工程试验检测等级管理要求	交通运输部	JT/T 1181—2018	2018-02-26	2018-05-01
54	检验检测实验室技术要求验收规范	国家市场监督管理总局、国家标准化管理委员会	GB/T 37140—2018	2018-12-28	2019-07-01
55	化学品理化及其危险性检测实验室安全要求	国家质量监督检验检疫总局、国家标准化管理委员会	GB/T 24777—2009	2009-12-15	2010-07-01
56	工地试验室标准化建设要点	交通运输部办公厅	厅质监字〔2012〕200 号	2012-09-05	
57	检验检测机构管理和技术能力评价 设施和环境通用要求	国家认证认可监督管理委员会	RB/T 047—2020	2020-08-26	2020-12-01
58	公路水运试验检测数据报告编制导则	交通运输部	JT/T 828—2019	2019-03-15	2019-07-01
59	水运工程试验检测仪器设备检定/校准指导手册	交通运输部	交办安监〔2018〕33 号	2018-03	
60	公路工程试验检测仪器设备服务手册	交通运输部	交办安监函〔2019〕66 号	2019-07	
61	关于加强公路水运工程质量和安全管理工作的若干意见	交通运输部	交安监发〔2014〕233 号	2014-12-01	
62	关于印发《公路水路行业产品质量监督抽查管理办法》的通知	交通运输部	交科技规〔2020〕2 号	2020-12-02	
63	关于加强公路水运工程建设质量安全监督管理工作的意见	交通运输部	交安监规〔2022〕7 号	2022-08-15	
64	实验室废弃化学品收集技术规范	国家质量监督检验检疫总局、国家标准化管理委员会	GB/T 31190—2014	2014-09-03	2015-05-01

续上表

序号	名称	制定机关	文件编号	公布日期	施行日期
65	实验室化学药品和样品废弃物处理的标准指南	国家质量监督检验检疫总局	SN/T 3592—2013	2013-08-30	2014-03-01
66	测量设备期间核查的方法指南	中国合格评定国家认可委员会	CNAS-GL 042:2019	2019-12-01	2019-12-01
67	实验室化学检测仪器设备期间核查指南	国家认证认可监督管理委员会	RB/T 143—2018	2018-06-04	2018-12-01
68	化学检测仪器核查指南	中国合格评定国家认可委员会	CNAS-GL 046:2020	2020-12-24	2020-12-24
69	检测和校准实验室标准物质标准样品验收和期间核查指南	中国合格评定国家认可委员会	CNAS-GL 035:2018	2018-12-19	2018-12-19
70	风险管理　指南	国家市场监督管理总局、国家标准化管理委员会	GB/T 24353—2022	2022-10-12	2022-10-12
71	实验室风险管理指南	中国合格评定国家认可委员会	CNAS-TRL-022:2023	2023-03-20	
72	危险化学品重大危险源辨识	国家市场监督管理总局、国家标准化管理委员会	GB 18218—2018	2018-11-19	2019-03-01
73	危险源辨识、风险评价和控制措施策划指南	中国职业安全健康协会	T/COSHA 004—2020	2020-11-26	2020-12-01
74	实验室信息管理系统管理规范	国家认证认可监督管理委员会	RB/T 028—2020	2020-08-26	2020-12-01
75	检测实验室信息管理系统建设指南	国家认证认可监督管理委员会	RB/T 029—2020	2020-08-26	2020-12-01
76	实验室内部审核指南	国家认证认可监督管理委员会	RB/T 196—2015	2015-12-02	2016-07-01
77	测量不确定度评定和表示	国家质量监督检验检疫总局、国家标准化管理委员会	GB/T 27418—2017	2017-12-29	2018-07-01

续上表

序号	名称	制定机关	文件编号	公布日期	施行日期
78	测量不确定度评定与表示	国家质量监督检验检疫总局	JJF 1059.1—2012	2012-12-03	2013-06-03
79	检验检测机构能力验证管理办法	市场监管总局令	2023 年第 13 号		
80	合格评定　能力验证的通用要求	国家质量监督检验检疫总局、国家标准化管理委员会	GB/T 27043—2012	2012-12-31	2013-07-01
81	能力验证规则	中国合格评定国家认可委员会	CNAS-RL02:2023	2023-09-30	2023-0930
82	利用实验室间比对进行能力验证的统计方法	国家市场监督管理总局、国家标准化管理委员会	GB/T 28043—2019	2019-12-10	2020-07-01
83	化学分析实验室结果有效性监控指南	国家市场监督管理总局、国家标准化管理委员会	GB/Z 27426—2022	2022-10-12	2022-10-12
84	能力验证结果的统计处理和能力评价指南	中国合格评定国家认可委员会	CNAS-GL002:2018	2018-03-01	2018-03-01
85	数据的统计处理和解释　正态性检验	国家质量技术监督局	GB/T 4882—2001	2001-03-05	2001-09-01
86	数据的统计处理和解释　正态样本离群值的判断和处理	国家标准化管理委员会	GB/T 4883—2008	2008-07-16	2009-01-01
87	化学分析实验室内部质量控制　利用控制图核查分析系统	国家质量监督检验检疫总局、国家标准化管理委员会	GB/T 32464—2015	2015-12-31	2016-07-01
88	化学分析方法验证确认和内部质量控制要求	国家质量监督检验检疫总局、国家标准化管理委员会	GB/T 32465—2015	2015-12-31	2016-07-01
89	化学分析方法验证确认和内部质量控制实施指南	国家质量监督检验检疫总局、国家标准化管理委员会	GB/T 35655 ~ 35657—2017	2017-12-29	2018-07-01

续上表

序号	名称	制定机关	文件编号	公布日期	施行日期
90	数据的统计处理和解释 在成对观测值情形下两个均值的比较	国家标准局	GB/T 3361—1982	1982-12-30	1984-01-01
91	数据的统计处理和解释 测试结果的多重比较	国家质量监督检验检疫总局、国家标准化管理委员会	GB/T 10092—2009	2009-10-15	2009-12-01
92	数据的统计处理和解释 统计容忍区间的确定	国家质量监督检验检疫总局、国家标准化管理委员会	GB/T 3359—2009	2009-10-15	2009-12-01
93	标准样品工作导则	国家技术监督局	GB/T 15000.1 ~ 15000.8		
94	能力验证样品均匀性和稳定性评价指南	中国合格评定国家认可委员会	CNAS-GL003:2018	2018-03-01	2018-03-01
95	实验室内部研制质量控制样品的指南	中国合格评定国家认可委员会	CNAS-GL005:2018	2018-03-01	2018-03-01
96	建工建材检验检测机构能力验证的选择与结果应用标准	中国工程建设标准化协会	T/CECS 1197—2022	2022-11-08	2023-04-01

注:依次按照法律法规、同类型、国务院或全国人民代表大会、部委、管理与技术标准(又按国家、行业)的顺序排序。

附录二　中国认证认可协会《认证认可检验检测从业人员自律行为准则》

为促进高质量发展和高水平安全良性互动，树立从业人员高度的社会责任感，坚持诚信为本，恪守承诺，共同营造和维护认证认可检验检测行业的良好信誉和形象，服务国家发展大局。中国认证认可协会结合《中国认证认可自律公约》及原有注册认证人员行业自律规范相关要求，制订《认证认可检验检测从业人员自律行为准则》（中认协办〔2024〕4 号），并于 2024 年 5 月 14 日公开发布。具体内容为：

（1）坚持遵纪守法，反对商业贿赂。

遵守相关法律法规和机构道德准则，不采取欺骗手段获取商业利益，不参与买证卖证、虚假挂证行为；不利用职权或专业技术优势地位索取/接受贿赂或回扣、不参与任何形式的腐败行为。

（2）坚持客观公正，反对关联交易。

保持业务透明，秉公办事，客观评价，不利用关联关系获取不当利益，不参与影响认证认可检验检测结果的咨询、培训等技术服务活动。

（3）坚持诚实信用，反对弄虚作假。

确保从业行为的真实性和准确性，不承担本人不能胜任的任务，不提供虚假信息或数据，不篡改或伪造文件、报告或记录，不隐瞒重要信息或事实以影响评价结论。

（4）坚持优质优价，反对低价竞争。

确保提供的认证认可检验检测服务质量符合标准要求，不以低价诱导服务对象忽视服务质量和安全，不以降低服务质量谋取经济利益。

（5）坚持公平竞争，反对不正当竞争。

积极维护行业良好形象，不恶意破坏市场秩序，不恶意抄袭或模仿，不操纵市场价格或垄断资源，破坏公平竞争环境。

（6）坚持团结共赢，反对诋毁同行。

不恶意散布虚假信息或谣言贬低竞争对手，遵守商业道德，在诚信和公平的基础上有序竞争。

附录三　中国交通建设监理协会《交通建设监理检测行业职业道德准则》

2019 年 10 月 31 日,中国交通建设监理协会发布《交通建设监理检测行业职业道德准则》,其内容如下:

一、遵纪守法,诚实守信。遵守国家法律法规和交通运输部的各项制度及行业公约,讲信誉,守承诺,坚持科学求实,公平公正的原则开展监理检测工作。

二、程序规范、保质保量。严格按照监理检测标准、规范、操作规程进行工作,资料齐全,结论规范,保证每一项监理检测工作过程的质量。

三、遵章守纪、尽职尽责。遵守职业资格制度和本单位规章制度,认真履行岗位职责,杜绝“挂证”行为,保证不同时在其他相关单位兼职。

四、热情服务、维护权益。树立为社会服务的意识,维护建设各方的合法权益,对监理检测工作中的文件和数据应按规定严格保密。

五、坚持原则,刚直清正。坚持真理、实事求是,不做假资料,不出假报告,敢于揭露举报各种违法行为。

六、顾全大局、团结协作。树立全局观念,团结协作,维护集体荣誉,谦虚谨慎、尊重同志,协调好各方面关系。

七、勤奋工作,爱岗敬业。热爱监理检测工作,具有坚定的事业心和高度的社会责任感,工作有条不紊,处事认真负责,恪尽职守,踏实勤恳。

八、廉洁自律、杜绝舞弊。廉洁自律、自尊自爱,不接受可能影响监理检测公正的宴请和娱乐活动。不发生违规行为,不收受礼品、礼金和各种有价证券,杜绝吃、拿、卡、要现象。